读懂
老子道德经

张毅◎解注

文匯出版社

目录

老子《道德经》原文校定说明

《道德经》又称《老子》《道德真经》《五千言》等。其传本众多，情况复杂，这在国学经典中绝无仅有。因此，科学选取有参考价值的传本进行客观校对，让校定后的经文最大限度地接近《道德经》原貌，对于读懂、正解《道德经》至关重要。

一、老子《道德经》传本的情况分析

老子《道德经》传世版本繁多，仅《老子集成》（宗教文化出版社 2011 年出版）所登载的截至 1949 年 10 月 1 日前的传本就有 265 种。此外，还有不少碑刻本、幢刻本流传于世。另外，还存在古典著作分散引用老子《道德经》语句的情况，比如《庄子》《韩非子》《淮南子》《史记》《战国策》《列子》等。

对于不同传本的价值，自然是越古老其参考价值越高，因其更接近原著成书年代。在众多的古本中，汉朝以前的主要有楚简本、帛书甲本、帛书乙本、河上公本、严遵本、老子想尔注本、张镇南本（又称敦煌五千文本）等。三国至唐朝初期，又以王弼本、傅奕本为代表；唐朝以后的传本数量虽然众多，但追根溯源，主要是由河上公本、严遵本、张镇南本、王弼本、傅奕本等版本的再流传。其中，又以王弼本、河上公本为盛，在道教界又以张镇南本为主要传本。因此，校对经文应该理清传承脉络，选取接近源头的上游古本作为校对的主要参考依据（主校本）。

下面对主要传世古本做一下简单介绍。

1. **楚简本。**是 1993 年湖北荆门郭店楚墓中出土的《老子》竹简本简称。

它内容不全，只有通行本的三分之一左右，是目前见到的最古老的老子《道德经》文本。一方面，它版本古老，接近源头，极具参考价值；另一方面，它是出土的竹简，由于年代久远，氧化腐蚀严重，考古所提取的文字又存在不确定性，所以对它的应用应当辩证进行。

2. **帛书甲本、帛书乙本**。是1973年12月湖南长沙马王堆汉墓出土的老子帛书甲本、乙本的简称。甲本不避汉高祖刘邦名讳，抄写年代应在汉代之前。乙本避刘邦名讳而不避刘盈、刘恒名讳，抄写年代应该在汉高祖在位时期。两者结构一致，相似度很高，应属同一源头，是目前所见到的内容最完整的早期古本。

3. **河上公本**。是河上公《道德真经注》（道藏本）所引用的《道德经》文本简称，又称河上公章句。河上公，姓名不详，《神仙传》载："河上公者，莫知其姓名也"，其所在时代有先秦、西汉、东汉之说，但应不晚于东汉。河上公《道德真经注》是最早的《道德经》流行注本，是传世的主要古本之一。

4. **严遵本**。是西汉严遵（前39年—41年）《道德真经指归》（又名《老子指归》）所引用的《道德经》文本简称。但该本道篇佚失，现存只有德篇（按通行本的顺序称之为下部）。

5. **老子想尔注本、张镇南本（敦煌五千文本）**。老子想尔注本是东汉张道陵（一说是其孙张鲁）的《老子想尔注》所采用的《道德经》文本简称。目前留存的只有道篇残卷（经文始自第三章"不见可欲，使心不乱"，终至第三十七章"无欲以静，天地自止"），今本出自敦煌写本，抄写时代应该是北朝（见饶宗颐《老子想尔注校正》）。张镇南本是东汉末年道教正一派系师张鲁校定的河上真人章句文本简称。张鲁曾任东汉镇南将军，故将此本称为张镇南本；因为经文删定为五千字，今本又传自敦煌写本，故又称敦煌五千文本，其道篇与老子想尔注本基本一致，应该属于同一古本。

6. **王弼本**。是三国时期魏国王弼（227—249）《老子道德经注》所引用的《道德经》文本简称。其采用的经文应当是汉代流传的主要文本，是流传至今的主要古本之一。现在的通行本就是王弼本和河上公本的合成体。

7. **傅奕本**。是隋唐时期的傅奕根据北齐项羽小妾之墓出土的《老子》与其他九种流传古本参合校订而成的《道德经古本篇》所引用的《道德经》文本简称。傅奕本虽然成书于隋唐交替时期，但因其采用的经文是根据楚汉时期的古本校定而成，所以参考价值很高。

8. **韩非子本。**是战国末期《韩非子·解老》与《韩非子·喻老》所采用的老子《道德经》语句简称。《解老》《喻老》虽然只是对老子《道德经》中的部分语句（一千余字）进行解读，但是算得上最早解读老子道德经的著作。

9. **淮南子本。**是《淮南子》解读、引用老子《道德经》部分语句（九百余字）的简称。其引用的老子《道德经》是汉初的文本，因此参考价值较高。

二、本书对老子《道德经》经文的校定原则

本书所用经文，以王弼本为底本，以帛书本（甲、乙）、楚简本、河上公本、严遵本、傅奕本、张镇南本（结合老子想尔注本）、韩非子本、淮南子本为主校本，并参考《老子集成》所载明代以前的各种传本、易州龙兴观道德经碑等十余种碑（幢）文、《庄子》《史记》等古典著作所引用老子《道德经》语句校定而成。对于分歧不大的地方沿用王弼本，不做校对说明；对于分歧较大的地方，对王弼本和各主校本进行比对并结合《道德经》文脉作出校定，并逐一列举底本、各主校本的原文（未列举的表示该本此处内容缺失或无法辨认）；对于王弼本和各主校本差异很大的地方，参考《老子集成》所载其他明代以前的各传本、易州龙兴观道德经碑等碑（幢）文、《庄子》《史记》等古典著作，从整体角度进行校定。此项内容按“原文校对情况”放在每章“解读”环节。

王弼本、河上公本等传世本与中华人民共和国成立后出土的帛书本、楚简本相比，部分用字有所不同。主要原因是前者在经历各封建王朝时，为了规避皇帝名讳而对有关用字作了替换更改。最典型的是汉代前期，为了避汉高祖刘邦、汉文帝刘恒等人的名讳，将“邦”改为“国”、“恒”改为“常”等。为了准确地理解老子《道德经》原义，本书根据帛书本、楚简本，将其中比较关键的“常”字恢复为原来的“恒”字（全文共有23处），并对还原的地方在注解中加以注明。

另外，《北京大学藏西汉竹书》之《老子》，因为其出处不明，真伪无法确定，所以不将其作为校定老子《道德经》的参考依据。

一 章

【导读】

《道德经》是一部让我们认清世界真相、正确生存的著作。世界是有本源（本原）的，认识了本源就能顺流直下地认识世界。《道德经》带领我们认识世界，就从认识世界的本源（用“道”表示）入手。

道可道①**，非恒道**②**；名可名**③**，非恒名**④**。**
无名⑤**，天地之始**⑥**；有名**⑦**，万物**⑧**之母**⑨**。**
故恒无欲⑩**，以观其妙**⑪**；恒有欲**⑫**，以观其徼**⑬**。**
此两者⑭**同出而异名，同谓之玄**⑮**。玄之又玄**⑯**，众妙之门**⑰**。**

【译文】

道是可以讲述的，虽然不能完全讲清楚永恒大道的样子。道的名字可以命名，虽然所起的名字并不是它固有的名字。

道没有名气，它是天地的根源，却一直隐于幕后，人们连它是谁、叫什么都不知道；道又有名气，它是万物的养育者而被人们所感知。

因此，从道的没有名气可以看出，道虽然是天地的根源却一直没有主宰天下、炫耀自己的欲望，以此来观察体会它的精神奥妙；从道的有名气可以看出，道一直有养育万物的欲望并且一直在践行，以此来观察认识它的存在状态和运行规律。

一直没有欲望（“恒无欲”）、一直有欲望（“恒有欲”）这两点都是道的表现，叫法却不一样，都用“玄”字来称呼它们。既从道的这方面的表现（此“玄”）又从道的另一方面的表现（彼“玄”）一分为二、辩证统一地去认识，就对道有了比较完整的把握，这也是认识世界一切奥妙的方法。

【注解】

① 道可道：道是可以讲述的。第一个“道”是名词，指世界本源、宇宙本体。第二个“道”是动词，是“讲述”“说”的意思。《诗经·鄘风·墙有茨》：“中冓之言，不可道也。”

② 非恒道：不能完全讲述出永恒大道的样子。恒：永恒的、不变的、固有的。王弼本作“常”。

③ 名可名：道的名字可以命名。第一个“名”是名词，名字。第二个“名”是动词，命名、起名。

④ 恒名：固有的名字。“恒”，王弼本作“常”。

⑤ 无名：没有名气的，不出名的。

⑥ 始：根源，本源。

⑦ 有名：有名气的，出名的。

⑧ 万物：一切有生命的物体的统称。

⑨ 母：母体，生养者。

⑩ 恒无欲：一直没有主宰天下、显摆自我的欲望。“恒”，王弼本作“常”。

⑪ 观其妙：观察体会道的精神奥妙。观：观察、探究。妙：奥妙，这里指道的精神奥妙。

⑫ 有欲：有欲望、有意愿，这里指道运行世界、养育万物的欲望。

⑬ 徼（jiào）：事物存在的界限和轨迹，这里指道的存在形态及其运行规律。

⑭ 两者：指道的“恒无欲”和“恒有欲”两个方面的特点。

⑮ 玄：原意是“深远的”，但在《道德经》里赋予了“玄”字新的含义，用它来表示“道的表现”或者“关于道的、与道有关的”，诸如后文的玄牝、玄德、玄览、玄同等。

⑯ 玄之又玄：既从这方面的“玄”（道的表现）去观察认识道，又从另一方面的“玄”（道的表现）去观察认识道，即用一分为二、辩证统一的方法去认识道。第一个“玄”，对道的没有欲望的表现进行认识；第二个“玄”，对道的有欲望的表现进行认识。

⑰ 众妙之门：认识一切奥妙的方法。众妙：一切奥妙，一切事物。门：途径，方法。

【解读】

道可道，非恒道；名可名，非恒名。

开门见山地指出道是可以叙说的（“道可道”），是可以用语言文字为它定义命名的（“名可名”），充分肯定了人的认知能力，为下文的论道奠定了基础。同时又客观地点出了人类认识水平是有局限的。人类作为宇宙的被产生者，没有神一般的内外通透认识事物的能力，更何况对产生它的本源？因此，所描述的道并不能将道的真正面貌完全清晰地表达出来（“非恒道”），给道定义的名字也不是它固有的名字（“非恒名”）。反之，如果道不可言说，就陷入了不可知论，后面的论道就成了无稽之谈；如果对道不能命名定义，下文也就无法对道展开描述。客观性，是贯穿于老子《道德经》全文的重要特点。

“恒道”，此处也强调了道的永恒性。在这个世界上，只有道（世界本源）是永恒的，其他都是道的产物，都是在发展变化的。

原文校对情况：

“非恒道”的恒，帛书甲本（乙本此处残缺）为“恒”，王弼本等流通本为“常”。《道德经》后文中的“恒无欲”“恒有欲”等二十余处均属此类情况。这是因为世上流通本在经历汉朝时为避汉文帝刘恒的名讳，“恒”字被“常”字所替换，而帛书本（帛书甲、乙本的合称，下同）、楚简本是现代出土的，因此没有被改动。为了更准确地理解原著，本书按照帛书本、楚简本将书中所有被替换的“常”字恢复为原有的“恒”字，并在注解环节予以注明。

无名，天地之始；有名，万物之母。

既然道可以认识、可以叙说，圣人老子就从道的根本特点入手，带领我们去认识道。

首先，道没有什么名气（“无名”）。为什么？因为它虽然是天地的根源（“天地之始”），却一直隐于幕后、隐姓埋名、默默无闻，从来不说自己是谁、叫什么，所以大家对它知之甚少，连名字也不知道是什么。从表面上看，它似乎与这个大千世界毫无关系，以至于我们几乎忽视了它的存在，自然没有什么名气。

同时，道又赫赫有名（“有名”）。为什么？世界必有源头和主宰，是它一直在运行世界，为万物提供生存、生长环境（“万物之母”）。人们在心中能深切地感知到它的存在，只是对它的称呼不一样，我们称它为道，有的人叫它上天，有的人称它天老爷、造物主，等等。所以是有名气的。

无名，源于道自己只做不说、不追求名声；有名，则是因为道养育万物的行动所产生的影响力给它带来了名气。两者不矛盾。

另外，这两句也确切地指出了道是世界的本源，是运行世界、养育万物的不竭动力。这是老子明确给出的世界观。

原文校对情况：

“天地”，王弼本、河上公本、傅奕本、张镇南本（敦煌五千文本，下同）如此，帛书本作“万物”。另外，《史记·日者列传》有“此老子所谓‘无名者，万物之始也’”。

需要说明的是，在校对《道德经》原文的主要参考古本中，由于楚简本、韩非子本、淮南子本篇幅不全，严遵本缺失前半部（道篇），帛书甲本、乙本缺损部分字句，如果在“原文校对情况”环节没有专门列出它们，即说明该版本此处的相关内容不存在。

故恒无欲，以观其妙。

为什么用“故”呢？因为这句话是从“无名，天地之始”推出来的。意思是道作为世界的本源、主宰，却一直表现得没有名气、默默无闻，说明道一直没有主宰天下之心、没有炫耀自我之欲（“恒无欲”）。是主宰却不表现出来，这是一种无我、忘我的最高境界。我们要从这方面去观察体会大道精神上的高明之处、高尚精神（“以观其妙”）。什么是妙？就是美妙，妙到无法用语言形容的那种无欲无我、默默奉献的大公无私精神。

“无名”与“无欲”的关系：“无欲”是内在本质，“无名”是外在表现，道因为“无欲”所以才表现得“无名”。

恒有欲，以观其徼。

同样，本句是从“有名，万物之母”推出的结论。道一直在养育万物，说明道一直有欲望并在坚持践行（“恒有欲”）。既然道一直践行养育万物的使命，为了更好地生存，我们有必要去观察认识它是什么样子以及怎么运行世界、养育万物的，也就是去观察道的存在形态和运行规律，这就叫“观其徼”。徼，本义是边界、界限，指事物存在的外部界限、运行的轨迹，这里指道的存在形态及其运行规律。潮起潮落、云行雨施、昼夜交替、四季轮回、日月运行、星转斗移等，都是以道为核心的大自然的现象和运行规律。《道德经》倡导探索客观世界，利用自然规律，这与科学研究（探索世界、发现规律、应用规律）的实质是一致的。因此，《道德经》是科学的。

“有名”与“有欲”的关系：“有欲”是内在本质，“有名”是外在表现，道因为“有欲”才会“有名”。

从人的角度，“恒无欲”代表的是主观思想，“恒有欲”代表的是行为表现。“有名”“有欲”揭示了道一直在做，“无名”“无欲”则揭示了道一直不自我表现。“妙”，指道的内在精神；“徼”，则是指道的外在表现。只做不显摆，这就是道的伟大所在。

此两者同出而异名，同谓之玄。

上面讲的这两个特点，“无名”→“无欲”和“有名”→“有欲”，都是出自道的表现，对它们的叫法却不一样，都用“玄”这个字来统一称呼它们。用“道”来表示道本身，用“玄”来表示道的表现以及与道有关的东西，这样既逻辑严谨，又便于表达。比如后文的“道冲”，就是表达道的形态是空虚的，而“玄德”则是表达道所表现出的品质。特别指出的是，此处用的是“玄”这个字，而不是“玄”的本意（深远、幽深）。就好比用“御”字来称呼皇帝相关的东西一样，如御笔、御书房、御驾亲征等。

原文校对情况：

本句其他主要古本如此，帛书本作“两者同出，异名同胃”。

玄之又玄，众妙之门。

既然道的“恒无欲（无名）”的表现称为“玄”，道的“恒有欲（有名）”

的表现也称为“玄”，那么“玄之又玄”就像认识自己的手一样，看了手心又看手背，既要从道的“恒无欲（无名）”方面的“玄”去观察认识道，又要从道的“恒有欲（有名）”方面的“玄”去观察认识道，这样一分为二、合二为一，就实现了对道的表现的整体认识。而一分为二、合二为一的方法也是认识世界一切奥妙的途径（“众妙之门”）。

一分为二、合二为一的方法是认识道和世界一切奥秘的方法，这是《道德经》在认识世界上的方法论，类似于西方哲学的辩证统一。

本章既给出了世界观，又提出了方法论，后文将围绕它们，抽丝剥茧、层层展开地去认识道、认识世界。所以《道德经》也是一部典型的哲学著作，而且是人类最早的系统性哲学著作。

道真的存在吗？这个问题很简单。因为人类和万物的存在不是固有的，甚至天地也不是一直存在的，这个世界是有起源的。这个起源，我们就称为道。“名可名，非恒名”，当然也可以用别的名字来称呼它，但不影响它的存在。关于这一点，老子在第五十二章所构建的认识宇宙的模型中有详细阐述：“天下有始，以为天下母。既得其母，以知其子。既知其子，复守其母，没身不殆。”因此，老子对于世界的起源不是捕风捉影，也不是想象，而是源于缜密的科学逻辑推理。

原文校对情况：

“无名，天地之始；有名，万物之母。故常无欲，以观其妙；常有欲，以观其徼”（王弼本），宋朝以前的注解本基本是按照这种断句方式解读的。从宋朝的王安石、司马光开始将此句断为“无，名天地之始；有，名万物之母。故常无，欲以观其妙；常有，欲以观其徼”，此后一直很是流行。直到 1973 年马王堆汉墓出土的帛书本为“无名，万物之始也；有名，万物之母也。故恒无欲也，以观其妙；恒有欲也，以观其所噭（徼）”，再按照王安石、司马光的断句方式就行不通了。另外，《史记·日者列传》也有“此老子所谓‘无名者，万物之始也’”。

【小结】

第一章是全文的总纲，既鲜明地亮出了道是产生世界、运行世界的世界观，又明确给出了用一分为二、合二为一（辩证统一）的认识世界的方法论；既指明了从道的“无名无欲”去认识道的大公无私、甘于默默奉献的伟大精神，又指明了从道的“有名有欲”去认识道的存在形态和运行规律；既肯定了人的认知能力，又指出了认知的局限性。本章内容非常丰富，也是全书最难懂的部分，需要我们去认真领会。弄懂了第一章，就把握住了《道德经》的要领。

道是有名与无名、有欲与无欲的统一。

二 章

【导读】

既然一分为二、辩证统一的方法是认识世界一切事物的途径，本章就用它去认识一下具体事物。

天下皆知美之为美①，斯恶已②；皆知善之为善，斯不善已。故有无相生③，难易相成④，长短相形⑤，高下相倾⑥，音声相和⑦，前后相随⑧。恒⑨也。

是以圣人⑩处无为⑪之事，行不言⑫之教。万物作⑬焉而不为始⑭，为而不恃⑮，功成而弗居。夫唯弗居，是以不去。

【译文】

天下的人如果都知道美好之所以为美好，那么一定也知道丑恶之所以为丑恶；都知道善之所以为善，那么一定也知道不善之所以为不善。

因此，有无、难易、长短、高下、音声、前后的概念都是在认识事物的过程中相对产生的。相对性是一分为二认识事物的不变规律。

所以圣人做的是顺应自然而为的事情，施行的是不妄加干涉的教化措施。任由万物自然生存发展而不去主导它们，为社会做了有益的事情而不自恃本领大，有了功绩而不归于自己。正因为不居功，所以功绩不会失去。

【注释】

① 美之为美：美好的事物美好在哪里。

② 斯恶已：那么也就知道什么是丑恶了。这是“斯皆知恶之为恶已”的省略句。斯：那么。恶：丑恶。已：了，语气词。下句的“斯不善已”同此。

③ 有无相生：有、无的概念出自对事物产生与否的对比。生：产生，发生。

④ 难易相成：难、易的概念出自对成功难度的对比。成：成功，成事。

⑤ 长短相形：长、短的概念出自对事物形体长度的对比。形：形体。

⑥ 高下相倾：高、下的概念出自对不同高度事物的对比。倾：上下倾斜，指观察两个高度不同的物体会产生倾斜的感觉。

⑦ 音声相和：音、声的概念出自对混合响动中不同响动的区分对比。音：人或动物昆虫通过自身发声器官发出的声音，如人说话声、牛叫声。声：物体之间碰撞等发出的声音，如风声、脚步声。相和：对混杂声音中的不同声响进行对比区分。和：混合。

⑧ 前后相随：前、后的概念出自对互相伴随的事物位置或时间顺序的区分对比。随：伴随，在一起。

⑨ 恒：永恒不变的、固有的。这里指固有的规律。

⑩ 圣人：上通天地大道，下通事理人情，是最善于生存和社会治理的人类理想领导者化身。圣人是《道德经》中的特有概念，不同于通俗意义上的圣人。

⑪ 无为：没有以我为主的欲望而是顺应以道为核心的自然规律去作为。简称顺应自然而为。与以我为主的有为相对。无：无欲，没有以我为主的欲望。

⑫ 不言：不随意说教，不随意干预。言：说话，这里指说教、干预。

⑬ 作：生发。

⑭ 始：根源，本源。这里指发挥根本性的作用，即主宰、主导。

⑮ 恃：自恃，自负。

【解读】

天下皆知美之为美，斯恶已；皆知善之为善，斯不善已。故有无相生，难易相成，长短相形，高下相倾，音声相和，前后相随。

从最贴近人们生活的美和善的观念入手，指出美的观念源于恶的对比，善的观念源于不善的对比，美与恶、善与不善其实是一体两面，没有恶就不存在美，没有不善就不存在善。然后引出“有无”“难易”“长短”“高下”“音声”“前后”等相对观念的产生都是出自对事物一分为二的主观认识。进一步确定了一分为二、合二为一是认识一切事物的固有规律。

原文校对情况：

“有无相生”等六句，王弼本、河上公本、张镇南本如此，帛书本、楚简本、傅奕本在“有无”等之后有“之”字。

“长短相形”，帛书本、河上公本、傅奕本、张镇南本如此，楚简本作“长短相型”，王弼本作“长短相较”。

“前后相随”，王弼本、河上公本、傅奕本如此，帛书本、楚简本、张镇南本作“先后相随”。

恒也。

相对性，是一分为二认识事物的固有特点。

原文校对情况：

虽然只有帛书甲、乙本有此句，但考虑到其与前文的紧密关系，起到画龙点睛之效，因此暂且将此句添入原文。可商榷。特此说明。

是以圣人处无为之事。

什么是无为？无为这个词不是凭空而来的，它源于道的“恒无欲”（是天地的产生者却一直没有主宰天下、炫耀自己的欲望）和“恒有欲”（一直有养育万物的欲望并按规律作为）。也就是说，道一方面产生天地并以规律运行来养育万物，一方面又没有主宰天下、炫耀自己的欲望，是无欲之为，这是道的无为。作为人而言，第一，人是大道产生的万物之一，是被主宰者、被养育者，自然没有主宰天下、炫耀自我的资格和能力，所以在世界上不能有以我为主的欲望；第二，道以规律运行来养育万物，人正确的做法就是遵循大道、按规律办事。两者结合，就是人的无为。道的无为是无欲之为，是主导；人的无为则是无欲而为，是顺应。人的无为可以具体概括为：没有以我为主的欲望而是顺应以道为核心的自然规律作为。简称为顺应自然而为。圣人是人类最善于生存和最善于社会治理的领导者，自然更应该做到无为。圣人的无为本质是无欲而为，所以第八十一章最后一句是“圣人之道，为而不争”。

因此，无为不是什么也不做，它是一种有条件的作为，是以尊重道的精神、遵循以道的运行规律为核心的自然规律为前提的作为，贵在因循自然。

无为与有为的区别：凡是认为人类就是世界的主宰，为人处世主要以人的主观意志去进行的就是有为，特点是主观因素占主要地位，客观因素占次要地位；凡是认为世界另有主宰存在，为人处世不是以我为中心，不以人的主观意志为转移，而是以尊重客观世界、遵循客观规律为前提的，这样的行为模式就叫无为，特点是客观因素为主，主观因素为辅。

行不言之教。

不言，字面意思是不说话。这个词也不是凭空而来的，它源于道的“无名”“无欲”：道产生天地万物却从不说什么，既不显摆自己，也不主宰、干预万物。因此，人的“不言”就是不用言语去劝说、干预他人；延伸到社会治理上，就是统治者不用政令、伦理规范等让民众按照自己的主张去做，简称不干预。

圣人为什么要“行不言之教”？第一，效法大道。作为世界的产生者、运行者、万物的养育者，大道一直沉默不言、不干涉万物；第二，以道为核心的大自然在有规律地运行，人类万物从产生开始就按自然模式生存，圣人只需遵循、无须出言教化；第三，圣人也是人，能力有限，不具备干预的资格。“万言万当，不如一默”是清朝名臣张廷玉的名言，说得有些绝对，但很有道理。

不言不是什么事情也不管，而是尊重个体和社会按照自然模式发展，强调不主动干预。当个体遇有紧急情况、社会发展出现偏差时，必要的互相帮助和社会矫正还是要做的，这个原则将在后面的第三十六章阐述。

认识道、认识世界的最终目的，是落实到人的生存和治理。“处无为之事，行不言之教”是通过前面一分为二、合二为一地认识道、认识世界，结合人在世界中的正确定位而得出的结论，是客观认识世界的结果。所以在“处无为之事，行不言之教”前面用的是“是以”（所以）。

“无为”是侧重处理人与自然的行事方式；“不言”则是侧重于处理人与人、人与社会的行为准则。在《道德经》中，如果说“玄之又玄”（一分为二、辩证统一）是认识世界的方法论，那么“无为”“不言”就是为人处世、社会治理的方法论。它既适用于治理天下、管理社会，也适用于社会个体生存处世。后文将从多角度、多层次对它展开阐述与论证。

我们常说人生不如意事十有八九，原因就是我们的认知水平和能力非常有限，凭着主观做事十有八九都是错的，这充分说明“无为、不言”的意义所在。

万物作焉而不为始，为而不恃，功成而弗居。夫唯弗居，是以不去。

这几句是圣人“处无为之事、行不言之教”的主要表现，强调摆正位置，不要以我为主、不要自高自大、不要表现自我。

道运行世界、养育万物，万物以相应的自然模式生存发展，这就是自然之道。因此圣人因循自然，不存在以我为主、主导天下的思想和行为。这既是自我正确定位，也是无为、不言的根本所在。

世界的运行是在道及其规律的作用下进行的，人在大自然面前非常渺小，圣人有意义的作为在大自然面前也是微不足道的。因此圣人不会因为自己有所作为就觉得本领大并展现自己，也不会因为自己做出了功绩而居功自傲。这两点体现了圣人正视自己能力和作用、只做而不显摆的无为特点。

原文校对情况：

“万物作焉而不为始，为而不恃，功成而弗居”，各主要参考古本差异很大。

王弼本虽作“万物作焉而不辞，生而不有，为而不恃，功成而弗居”，但王弼在解读第十七章“太上，下知有之”时说：“太上，谓大人也。大人在上，故曰‘太上’。大人在上，居无为之事，行不言之教，万物作焉而不为始，故下知有之而已。言从上也。”第一，是“始”不是“辞”，把“始”错抄为“辞”或者在其后流传过程中错写的可能性极大；第二，“居无为之事，行不言之教，万物作焉而不为始”的主语是人而不是道。

河上公本作“万物作焉而不辞，生而不有，为而不恃，功成弗居”。“始”作“辞”，有“生而不有”。

帛书乙本作“万物昔而弗始，为而弗侍也，成功而弗居也”，没有“生而不有”。

帛书甲本作“□□……□也，为而弗志也，成功而弗居也”（□表示缺损字，……代表缺损的字数不详。下同）。

楚简本作“万勿复而弗忖也，为而弗志也，成而弗居”，没有“生而不有”。“忖”楚简整理者释文作“忖”，读为“始”，以“始”释义（《郭店楚简老子集释》第182页，巴蜀书社，2011）。与第六十四章“慎终如始”的“始”一个写法，因此以“始”释义是恰当的。

傅奕本为“万物作焉而不为始，生而不有，为而不恃，功成不处”，有“生而不有”。

张镇南本作“万物作而不为始，为而不恃，成功不处”，没有“生而不有”。

综上对比，对于是“辞”还是“始”的问题，在主要参考古本中只有河上公本确定是“辞”不是“始”，因此校定为“始”。对于有没有“生而不有”的问题，帛书乙本（甲本缺损难以辨别）、楚简本、张镇南本没有这句，王弼本、傅奕本、河上公本有这句。对万物“生而不有”，只有道才有资格，但此处的主语是圣人，圣人不具有“生而不有”的资格，而第七十七章的“是以圣人为而不恃，功成而不处”也证明了这一点，所以最终校定没有“生而不有”。

没有“生而不有”，是根据主要古本校定的结果，但并不代表原著一定没有这句。假设原著没有这句，那么河上公本、王弼本、傅奕本存在这句的原因最大可能是受第十章、第五十一章“生而不有，为而不恃，长而不宰”的影响而将原本不存在的“生而不有”加了进去。假设原著有这句，那么“万物作焉而不为始，生而不有，为而不恃，功成而弗居”的主语就变成了道，其作用就变成了以道的表现来说明圣人为什么“处无为之事，行不言之教”。

【小结】

用我们认识道的方法，来认识世界一切事物。而认识只能从一面开始，然后到另一面，才能做到整体认识。这就是一分为二，统一认识。一分为二、合二为一地看问题，就会做到客观全面，就会将事情做到恰到好处。

认识了道，认识了世界，就要按照道的法则办事：处无为之事，行不言之教。这是人类生存、治理的根本原则。

三 章

【导读】

紧接上一章，本章将把“处无为之事，行不言之教”落实到社会治理上。

不尚贤[①]，使民不争；不贵[②]难得之货，使民不为盗；不见[③]可欲[④]，使民心不乱。

是以圣人之治，虚[⑤]其心，实其腹[⑥]，弱其志，强其骨[⑦]。恒[⑧]使民无知[⑨]无欲[⑩]，使夫[⑪]知者[⑫]不敢为[⑬]也。

为无为，则无不治[⑭]。

【译文】

不推崇贤能，让民众不起纷争；不推崇金银珠宝等难得的物品，让民众不去偷窃；不出现为所欲为的行为，让民众平静的心境不受到扰乱。

所以圣人的治理方法是，让民众的内心保持纯净，满足民众的生理需求；弱化民众大有作为的志向，增强民众的身体健康；始终让民众保持没有心机、没有非分之想的淳朴状态，让那些投机取巧的人不敢为所欲为。

按照顺应自然而为的方式去治理天下，就没有治理不好的。

【注释】

① 尚贤：推崇贤能。尚：推崇，标榜。

② 贵：以……为贵，推崇。

③ 见（xiàn）：通“现”，出现，显露。

④ 可欲：可以由着欲望去做，即放纵欲望、随心所欲。

⑤ 虚：空虚，指清净、杂念少。

⑥ 腹：肚子，指身体需求。

⑦ 骨：筋骨，指身体体质。

⑧ 恒：永远，一直。王弼本作“常”。

⑨ 知：通“智”，聪明，巧智，指投机取巧。“知”是“智”的本字，在表达聪明的意思时，“知”与“智”通用。

⑩ 欲：贪念、杂欲，指超出正常欲望的非分之想。

⑪ 夫：这，那。

⑫ 知者：有投机取巧心思的人，自认为比别人聪明的人。

⑬ 不敢为：不敢随意作为。为：凭主观行事。

⑭ 治：治理好的，安定太平的。与“乱”相对。

【解读】

不尚贤，使民不争。

人生在世，各有所长。人类社会按照自然模式生存，各尽其才，和谐发展，只有分工不同，没有贵贱之分。但如果推崇贤人，按照一分为二的认识论，就会轻视不贤的人，人就有了三六九等、贵贱之分；同时，以偏概全的“一刀切”也会抹杀上天赋予人类适应大自然的方方面面的特长。见贤思齐，于是民众的攀比、竞争之心就产生了。竞争逐渐普及生活的方方面面而演化为纷争，原有的和谐局面就会被打破，乱世就来了。

推崇贤能，看似能激发人的竞争积极性，但它会动摇社会稳定和谐的根基，会引发长期的社会纷争，所以是得不偿失的。社会如此，国家如此，家庭如此，一个集体也是如此。一个和睦的家庭，如果开始讲究谁的贡献大，这个家庭就不会再和睦了；一对配合默契的冠军选手，如果开始讲究谁的功劳大，他们将很难再续辉煌；一支军队，如果将领们在讲究谁才厉害，这支军队将很难打胜仗……

原文校对情况：

“不尚贤”，王弼本、河上公本、傅奕本如此，帛书本、张镇南本作“不上贤”。

不贵难得之货，使民不为盗。

物的价值在于用途。金银珠宝等稀有物品，并非生活必需品，并没有非同一般的实用价值。但如果统治者人为地凸显它们的价值，就会引发民众的追捧，所以贪占之心就产生了。由于稀少难得，偷盗犯罪也就不可避免地出现了。

不见可欲，使民心不乱。

有欲望，才会有行为。统治者不随心所欲、为所欲为，民众就会遵循自然生存模式生活发展，内心平静，不会产生乱七八糟的欲望和想法。反之，如果统治者随心所欲，一方面必然朝令夕改，民众无所适从，心自然就乱了；另一方面，统治者随心所欲，成为破坏自然模式的始作俑者，开启了破窗效应，必然导致上行下效而欲望泛滥。在欲望泛滥的社会，面对各种诱惑，人们必然心乱如麻，举止失措。另外，社会上如果人人随心所欲、各怀心思、各行其是，人心就散了。

“可欲”，由着自己的意愿去做，即随心所欲、放纵欲望；“不见可欲”，就是不做随心所欲的事情、不让随心所欲的情况出现。

原文校对情况：

“使民心不乱”，王弼本、傅奕本如此，河上公本、张镇南本、淮南子本作“使心不乱”，帛书乙本作“使民不乱”。

以上三点，“尚贤”就是人为地将人划分三六九等，“贵难得之货”就是人为地将物品划分贵贱；“见可欲”就是人为地开启人的欲望，这都是对以道为遵循的自然主义的干预，违反无为、不言的原则，所以要禁止。

是以圣人之治。

道所产生、运行的世界是稳定和谐的世界。天地在有序地运行、万物在有序地生存。人与自然、人与万物、人与人之间也是和谐的。但上面的“尚贤”“贵难得之货”“见可欲”这些人为干预社会的行为，引发人们的竞争之心、贪占之心、妄为之心，是典型的只考虑一面不顾整体的执一端行为，必然会破坏原有的平衡和谐局面，把社会推向混乱。所以圣人要从维护稳定和谐的根本入手，给出解决方案。

虚其心，实其腹，弱其志，强其骨。

社会的稳定，一方面取决于人心的稳定，一方面取决于生活物资的保障。所以圣人一方面要以身作则，让民众保持一颗按自然规律行事的纯净心灵，没有乱七八糟的欲望，也没有不切合实际的大有作为的志向；另一方面要率先垂范，围绕生存这个根本去努力生产出更多更好的生活物资，解决大众的温饱需求，让民众健康生活，消除后顾之忧。做到这两点，社会自然就稳定了。

恒使民无知无欲，使夫知者不敢为也。

欲望决定行为，没有非分的想法，也就没有非分的行为，所以要从根上解决问题。上面的“虚其心”就没有了投机取巧的心机（“无知”）；“弱其志”就没有了非分之想和乱七八糟的欲望（“无欲”）。做到了“无知无欲”，人们也就没有了非分的行为，社会风气自然敦厚朴实，那些想投机取巧的聪明人也就没有了用武之地，社会就会按照自然模式稳步前进。

知（智）者，从大的方面说，是那些有思想有智慧的能人，他们因为比一般人知识面广、看得远，因此有强烈的为社会设计规则、规划未来、出人头地的欲望；从小的方面说，就是类似喜欢赚别人便宜的聪明人。他们认为自己比一般人强，有强烈支配他人、从他人身上渔利的欲望。民众保持淳朴，则社会将安定和谐；智者肆意妄为，社会将出现问题。因此，一定要让民众保持无知无欲的淳朴状态，不能让智者为所欲为。

以上三点，“虚其心”“弱其志”是思想上做到节欲少欲，从根本上消除争端的产生；“实其腹”“强其骨”是满足大众的基本生理需求，保障身体健康，解决生存的根本问题。“恒使民无知无欲，使夫知者不敢为也”是造就淳朴的社会环境，让那些极少数自以为聪明的智者不敢破坏社会秩序而为所欲为。

原文校对情况：

“知者”，王弼本作“智者”，帛书本、河上公本、傅奕本、张镇南本作“知者”。

为无为，则无不治。

无为的要点是尊重客观世界、没有以我为主的欲望、按规律办事，因此从另一方面说就是不要主观妄为。上面的“不尚贤”“不贵难得之货”“不见可欲”就是在社会治理上的不妄为。统治者做到无为，民众按照自然模式生存生活，上下一致，相得益彰，社会自然大治。

【小结】

本章将前两章的一分为二、辩证统一的认识方法和“无为”“不言”的处世方略落实到具体的社会治理上。治理举措要遵循自然本性，主观服从客观，做到利弊通盘考虑，不能只看到其好的一面而忽略其不利的一面。

老子提倡的是大爱，是让民众享受长久的和平、安定、温饱、健康的生活，避免陷入无休止的剥削、压迫、竞争、战乱的苦难泥潭。

第一章讲怎样认识道，第二章上半部分讲怎样认识万物，第二章下半部分和第三章就根据前面的认识推导出圣人应该遵循的行为方式和社会治理方式，并进行具体阐述。前三章内容密切相关，应该把它们作为整体看待。因此如下布局将更为合理、更容易理解：

道可道，非恒道；名可名，非恒名。无名，天地之始；有名，万物之母。故恒无欲，以观其妙；恒有欲，以观其徼。此两者同出而异名，同谓之玄。玄之又玄，众妙之门。天下皆知美之为美，斯恶已；皆知善之为善，斯不善已。故有无相生，难易相成，长短相形，高下相倾，音声相和，前后相随。恒也。

是以圣人处无为之事，行不言之教。万物作焉而不为始，为而不恃，功成而弗居。夫唯弗居，是以不去。不尚贤，使民不争；不贵难得之货，使民不为盗；不见可欲，使民心不乱。是以圣人之治，虚其心，实其腹，弱其志，强其骨。恒使民无知无欲，使夫知者不敢为也。为无为，则无不治。

四 章

【导读】

第一章认识了道表现出的特点，本章将继续去认识道本身的情况。

道冲①，而用之又不盈②。渊③兮，似④万物之宗⑤。挫其锐⑥，解其纷⑦；和其光⑧，同其尘⑨。湛⑩兮，似或⑪存。吾不知谁之子，象帝⑫之先。

【译文】

道体是空虚的，而且广大无际，怎么用也不会将其充满。它深远啊，感觉是万物的本源。它隐去自己的锋芒，不与万物纷争；它柔和自己的光亮，与万物和谐共处。清澈通透啊，感觉它确实存在。我不知道它是谁产生的，在最早的天象出现之前就存在了。

【注释】

① 冲：空虚。冲是沖的简化字。冲通“盅”，东汉《说文解字·皿字部》：“盅，器虚也，老子曰：‘道盅而用之。’”意思是容器中的空虚部分。傅奕本就是作“盅”。
② 不盈：不会将其充满。
③ 渊：深邃。
④ 似：似乎，感觉。
⑤ 宗：本源，根源。
⑥ 挫其锐：损去自己的锐气、锋芒，意思是不展示自己的高明。挫：折损。锐：锐气，锋芒。
⑦ 解其纷：消除与万物的纷争。
⑧ 和其光：柔和自己的光亮。和：柔和。光：光亮，光环，这里指道作为万物主宰所具有的无上地位。
⑨ 同其尘：与万物共存于世间。尘：尘世，这里指大千世界。
⑩ 湛：清澈通透。
⑪ 或：强调语气词，表示肯定。
⑫ 象帝：最早的形象。象：天上的形象。《周易·系辞》：“在天成象，在地成形。”帝：最高权威，这里指最早的。

【解读】

道冲，而用之又不盈。

这是讲道的形体，简称道体。道体是空虚无形的，它就像一个中空的巨大无比的容器，容纳着整个宇宙世界，天地万物永远不会填满它，也永远到不了它的边际。以此来说明道体空虚广阔，无边无际。“冲”通“盅”，“盅”这个字用得形象，把道比喻成中空的容器，包容着天地万物，一读就明白。此外，道的空虚无形，让人们看不到它，也是造成它“无名”的原因之一。

原文校对情况：

“又不盈”，帛书乙本作“有弗盈”，傅奕本作“又不满”，张镇南本作“又不盈”，淮南子本作“又弗盈”，王弼本、河上公本作“或不盈”。因此校定为“又不盈”。

渊兮，似万物之宗。

这是讲道的历史、万物的渊源。它源远流长，存在久远，是世界的根源，是万物的宗主，是一切事物的起点。

挫其锐，解其纷。

这是讲道是怎么处理与万物的关系的。道与万物的关系，类似于父母与子女的关系，但处理方式完全不同。父母的生存经验丰富，在养育子女期间，除了抚养爱护，还会有居高临下的教育、批评，因此彼此之间会有矛盾产生，甚至会发生冲突。原因在于父母把自己放在了正确的制高点上，要求子女听话、遵守。而道作为万物的主宰者、养育者，它用自己非凡的能力去为万物服务，却从不用来与万物争锋以显示自己的伟大，也不会对万物居高临下进行干预，更不会向万物索取，而是让万物自由生存。这样就理顺了与万物的关系，避免了与万物的冲突、纷争，自然也就不会有矛盾。这就是“挫其锐，解其纷”的本意。这个高明的做法，也是要求我们从道的“恒无欲”中“以观其妙”的妙处之一（见第一章）。有了道的示范，我们的家庭教育、社会管理、人与人相处就有了方向。

和其光，同其尘。

道是世界的产生者、运行者，万物的养育者，具有崇高的地位，却从不高高在上，而是收敛自己耀眼的光芒，自降身份深入万物之中，与万物打成一片，陪伴万物。这就是“和其光，同其尘”的意思。道与万物同在，也是对第一章“恒有欲，以观其徼”的“徼”这个道的存在方式的进一步认识，道就在我们中间。

湛兮，似或存。

道虽然是空虚的，如同清澈通透的水一样，毫无杂质，让我们很难看到它的踪迹，但它确实是存在的。“或”作为强调肯定的语气词，表达了对道存在的不容置疑。

吾不知谁之子，象帝之先。

老子很坦率地告诉我们，虽然道的存在历史久远，但他也不知道谁产生的它，只知道它在最早的天象出现之前就存在了。结合第一章的“恒道”，老子更倾向于认为道的存在是永恒的、固有的。在这里“象帝”是指在天地没有完全形成之前，太空中最早出现的有形物质。这句话既说明道是在天地出现之前的存在，也说明道的形态是无形的。

【小结】

本章描述了道的形态是空虚的，体积无限广大，容纳着天地万物；历史无限久远，是世界一切的根源。它以不显山露水的方式，与万物无争；以柔和适宜的方式，与万物共存。

五 章

【导读】

本章沿着上一章的道继续向下讲，认识一下由它产生的天地这个大平台的运行情况以及对人类有怎样的启发。

天地不仁①，以万物为刍狗②。圣人不仁，以百姓为刍狗。
天地之间，其③犹橐籥④乎？虚而不屈⑤，动而愈出⑥。
多言⑦数穷⑧，不如守中⑨。

【译文】

天地不会随意对万物施加仁爱，而是把万物当作祭祀使用后的刍狗一样，任其自然；圣人也不会随意对民众施加仁爱，也把民众当作祭祀使用后的刍狗一样，任其自然。

天地之间充满着气体，不正像风箱的内部空间一样吗？风箱的里面虽是空虚的，其中的空气却不会因挤压而屈服收缩，推拉风箱的活塞只能暂时地加快局部空气的进出，却无法改变大气的存在状态与运行状况。

所以人为地去干预天下就像推拉风箱一样，干预不了几次，人有限的招数就用尽了，却改变不了天下的客观运行，不如按照其中的规律去做。

【注释】

① 不仁：不随意施加仁爱。

② 刍（chú）狗：古代祭祀用草扎成的狗代替真狗，用完之后就放在一边不管了。

③ 其：语气词，用于反问句，表示反诘语气。

④ 橐籥（tuó yuè）：风箱，用来鼓风的器具。

⑤ 虚而不屈：指风箱的内部虽然看起来空的，但因为有气体的存在，不会因挤压而屈服缩小。屈：屈服，变形。

⑥ 动而愈出：越是推拉风箱的活塞，空气进出得越快。

⑦ 多言：多次干预，过多干预。与“不言”相对。

⑧ 数穷：本领用尽。数：技艺，本领。穷：穷尽。

⑨ 守中：遵守天地间的规律、法则，按照其内在的规律、法则去做。守：遵守。中：内在的东西，这里指天地间的规律、法则。

【解读】

天地不仁，以万物为刍狗。

道产生天地，并以天地为平台产生并养育万物，因此，道、天地、万物（人）是一脉相承的。既然大道赋予万物生存本能且施行不干预策略，那么遵从大道规律运行、为万物提供生存环境的天地，自然也对万物采取不干预的原则，不会对万物施以额外的仁爱，这是天地的不言。比如，不会给这个地方多下点雨、给那块地方多一些阳光，而是任由万物以自然的方式生存，就像对待祭祀用草做的刍狗一样，用完就放在一边不管了。简单地说，天地只管规律运行，万物只管按照固有的生存模式自主生存，这就是自然。不是说对万物不好、不仁慈，而是不掺杂感情地按规则、规律办事，不随意改变规则。

圣人不仁，以百姓为刍狗。

天地为万物提供了生存的环境和条件，而且让万物自由地按照自然方式生存而不干扰，这就是大爱不爱。圣人效法大道，让民众自然生存而不去干预，与天地对万物一样，一脉相承。从一分为二的角度，如果有了仁爱，就有不仁爱，差别对待就出现了，偏私就存在了，社会就不平等了，也就不和谐了。不以主观意志干预客观运行，正是“无为”“不言”的体现。

“天地不仁，以万物为刍狗；圣人不仁，以百姓为刍狗”，不但体现了天地、圣人对自然规则的坚守，还说明了大爱不爱的真谛，给我们以很多启发。

天地之间，其犹橐籥乎？虚而不屈，动而愈出。

“天地之间”，这里指天地之间的大气层范畴，虽然看起来是空的，但并不是什么也没有，而是充满空气，这和内部充满空气的风箱很相似。“橐籥”，就是风箱，是一种鼓风的工具，用在冶炼、做饭等方面，通过鼓风起到助燃的作用，相当于现代的鼓风机，功能原理与打气筒相同，在当下农村的有些地方还能见到。众所周知，气体有抗压缩性，即文中的“不屈”，人们根据这个特性发明了气压系统，用于汽车刹车、机械升降等很多领域。风箱就是利用空气的这种性质来进行鼓风、排气：当通过手柄推动风箱内的活塞时，活塞前面的空气受压后通过出气口被推出风箱外，同时活塞后面腾出的空间迅速被从入口吸入的空气所充满。来回推拉活塞，只不过让空气快进快出，让局部的空气加快进出而已（“动而愈出”），用它来助力燃烧做饭、冶炼可以，但却不能改变大气层内的空气存在形态，也不能改变大气的运行规律。天地之间也是如此，是一个完善的运行系统，有固有的运行规则，不是谁想改变就能改变的。

多言数穷，不如守中。

同理，人类生存发展有其自身的客观规律，既不是人所设计，也不是人能左右的。人的认知能力是有限的，对规律的认识自然有限，所以本事也是有限的。人对社会的干预，就像推拉风箱让空气流动，用不了多久就累了，既改变不了空气的存在，也改变不了大气的流向一样，人为干预社会用不了几次，有限的招数很快就会用尽，终究起不到决定性的作用。因此，不如放弃盲目自大的心态，因循自然，老老实实地按照天地间固有的规律、法则去办事。“多言”，就是过多干预社会、干预他人；“数穷”，就是招数用尽，有言多必失的味道；“守中”，就是遵守天地之间的客观规律、法则。

对于客观世界及其客观规律，我们所要做的是适应、遵循和利用，就像用风箱鼓风做饭、用扇子扇风乘凉那样，而不能妄图去改变它。对社会的管理、处理人与人之间的关系也是一样的道理。在现实生活中，即使是对同一个问题，由于不同的人看问题的角度、立场不同，得出的结论也是千差万别；同一个现象出现在不同的人身上，其背后的原因也不尽相同，所以用自己的观点去衡量别人，很容易发生错误。因此，耗费口舌管闲事，既是自不量力，也不会起到好的结果。

【小结】

本章阐述了天地以固有的规律运行，不掺杂任何情绪，所以不会人为地对万物施以恩德或进行干预；圣人遵循大道、天地之规律，也不会对民众施加人为的恩惠。生动地以风箱作比喻，指出天地是完备的运行系统，而人类试图主导世界、改变世界规则的行为，就像拉动风箱一样，只不过是将空气反复吸入排出的徒劳之举，只有遵循客观规律行事才是正道。

本章的核心内容还是提倡无为，反对妄为；倡导不言，反对人为干预。

六 章

【导读】

前面讲了道是天地之始、万物之母、万物之宗，本章就谈一谈道的生养功能。

谷神①不死②，是③谓玄牝④。玄牝之门，是谓天地根⑤。绵绵⑥若存，用之不勤⑦。

【译文】

世界的生养之神，它永远不会死亡，它其实就是道的生育系统。道的生育系统的出口，这就是天地的起源。它的能量似乎绵绵不绝，用之不尽。

【注释】

① 谷神：生养之神。谷：粮食作物的总称，引申为生养，养育。谷物的“谷”本作“穀”，古人偶尔简写为谷。

② 不死：永远存在。

③ 是：这，此。

④ 玄牝：道的生育体系。玄：关于道的、与道有关的。牝（pìn）：母牛，这里引申指生育系统。

⑤ 根：根源。

⑥ 绵绵：绵绵不绝。

⑦ 勤：枯竭，穷尽。

【解读】

谷神不死，是谓玄牝。玄牝之门，是谓天地根。

道是宇宙的生产之源。它的生养功能神一样的存在，生生不息，像巨大的母牛一样，我们称之为道的生育系统。

道的生育系统的开口之处，就是天地的源头，天地就是从这里产生的。

道、谷神、天地的关系是：道→谷神→天地。

绵绵若存，用之不勤。

它生育世界、运行世界的能量就像滚滚而来的大江之水，连绵不绝，无穷无尽。因此，道又是宇宙运行的动力之源。

【小结】

道像一个巨大的生育母体，生天、生地、生万物。它能量无穷，在一直运行天地，养育万物。

如果把世界看作是一棵大树，道就是看不见的埋在地里的树根，树干就是天，树枝就是地，叶子就是万物。树干、树枝、树叶都生自树根，并且都由树根供给营养。

所以，道是世界的本体，是一切事物的根源，是宇宙运行的动力之源。

七 章

【导读】

接上一章道的生养功能，本章看看万物的生养平台——天地在养育万物中起到什么作用，对人有什么启示。

天长地久。天地所以能长且久者，以其不自生①，故能长生。

是以圣人后其身②而身先③，外④其身而身存⑤。非以其无私邪？故能成其私⑥。

【译文】

天长地久。天地之所以能够长久，是因为天地承担着养育万物的使命，不是为了自己存在而存在，所以能够长久存在。

所以圣人把自己的利益置于大众之后反而能够优先受益，为了大众把自己置之度外反而会得到很好的生存，不是因为他无私吗？所以能成就他自己。

【注释】

① 不自生：不为了自己的生存而生存。
② 后其身：把自己放在后面。身：自己，自身。
③ 身先：自身利益优先实现。
④ 外：不在考虑之内。
⑤ 存：保存。
⑥ 成其私：成就他自己。私：自己，个人。

【解读】

天长地久。

天地长久存在，是指存在的时间长久。说明一下，天地虽然长久，但不会永恒存在，因为它们是道的产物，最终也会走向消亡。在这个世界上，只有道是永恒的。

天地所以能长且久者，以其不自生，故能长生。

天地能够长久存在，其价值不是为了自身的存在而存在，而是为万物提供了一个生存、生长的平台环境，是无私奉献，这是天地长久的原因。

是以圣人后其身而身先，外其身而身存。

天、地、人一脉相承。圣人在社会管理上不去与民争利，把自己的利益摆在民众的后面；只考虑民众不考虑自己，只做贡献不求回报。这么大公无私的人，自然会得到民众的认可、支持和爱戴，他自己反而会优先得到关照和保护。

无我忘我的奉献，自然带来实实在在的实惠。

非以其无私邪？故能成其私。

不是因为他无私吗？所以能够成就他自己。也就是说，从事社会管理，只有大公无私才会成就事业、成就自己，这是重要的结论。大道无私，运行世界；天地无私，养育万物；圣人无私，为民谋利。而那些以权谋私的人，沉迷于外物，这样的格局自然难成大器。

对于一般人而言，心地无私的人会得到大家的喜爱而乐于交往，无私奉献的人会得到大家的推举而成为榜样。“但行好事，莫问前程”的意思其实就是：

只要乐于奉献，定会前程似锦。

【小结】

作为道的产物、万物的生养平台——天地秉承道的精神，不是为了自我生存，而是作为养育万物的平台而做到了长久存在。而圣人秉承天地的精神为大众无私奉献，成就了自己的人生价值。

“后其身”与“身先”，“外其身”与“身存”是因果关系。

八 章

【导读】

前面认识了道、天地，本章继续讲讲与我们生存更密切的水的秉性特点以及它在养育万物中发挥的作用，看看从中能得到哪些启发。

上善①**若水。水善**②**利万物而不争，处众人之所恶**③**，故几**④**于道。**

居善地⑤**，心善渊**⑥**，与善仁**⑦**，言善信**⑧**，正善治**⑨**，事善能**⑩**，动善时**⑪**。**

夫唯不争，故无尤⑫**。**

【译文】

上好的品行像水一样。水善于做有利于万物的事，却不与万物相争，处在大家厌恶的低洼之地，所以水的表现接近于道。

生活居住要善于选择合适的地理环境；用心要善于深沉包容；交往要善于

与人为善；说话要善于诚实守信；施政要善于治理；做事要善于发挥自身特长；行动要善于把握时机。

正是因为不争，所以才不会有过失。

【注释】

① 上善：上好的品行。上：上等，上好。善：好。
② 善：善于。
③ 恶（wù）：厌恶。
④ 几：几乎，差不多。
⑤ 居善地：居住要善于选择适宜生存的地方。居：生活，居住。地：地理环境。
⑥ 心善渊：用心善于深沉。渊：深水。
⑦ 与善仁：交往善于与人为善。与：结交，交往。
⑧ 言善信：说话善于诚实守信、说到做到。言：说话，教化。
⑨ 正善治：施政善于治理。正：通“政”，施政。治：治理好。
⑩ 事善能：做事善于发挥自身所长。
⑪ 动善时：行动善于把握时机。
⑫ 尤：过失。

【解读】

上善若水。水善利万物而不争，处众人之所恶，故几于道。

水是生命之源，生活中没有比水更重要了。它善于为万物所用，善于做有利于万物的事情，如饮用、灌溉、洗涤、做饭、容纳、承载、滋润……人往高处走，水却往低处流，因循地势，安于低洼之处，将顺势而为的自然性表现得淋漓尽致。因此说上好的品行就像水一样。

水的表现接近于道还在于，道生养万物，水有利于万物；道为万物提供一切生存条件而甘于隐于幕后做无名英雄，水有利于万物却甘于处于低下的地方而不显摆自己；道不与万物争名利、做主宰，水也是为万物服务而不与万物相争。

水体现的正是无为精神。

原文校对情况：

“不争”，帛书甲本作“有静”、乙本作“有争”，其他主要古本皆为“不争”。

水是人们最熟悉的事物，它的表现既然接近于道，我们从中能得到哪些启发呢？具体如下：

居善地。

水的本性是流动，顺应地势而流动，安于低洼之处，这是水的处世之道。人的本性是生存，要生存就要善于选择适合生存居住的地方，才能适应环境、利用自然条件进行生产、生活。善于选择适合的环境而居，类似所谓的善用风水。风水其实就是生存居住环境。

心善渊。

深水有静气，有容量。一块石头扔进浅水里，水花四溅。同样的一块石头扔进深潭里，除了溅起几片水花，便很快被水容纳而恢复平静。人生在世，面对形形色色的人和事，要有和谐共处的包容和遇事不惊的深沉，才能理智做事，从容做人。做社会管理工作更是如此。

与善仁。

水善于服务万物，善于为万物所利用，这就是水的利他性。学习水的精神，就要在人与人交往中做到与人为善，不伤害、不妨碍，相互成全，和谐共处。

原文校对情况：

本句王弼本、张镇南本如此，帛书甲本此处作“予善天”、乙本此处脱字，河上公本、傅奕本作“与善人”。

言善信。

下雨哗哗哗，流水哗啦啦，静水不出声。该说的时候说，不该说的时候不说，水向来都是言而有信，言行一致。人与人之间，诚信是立身之本，做到的说，做不到的不说。切勿做语言上的巨人、行动上的矮子。特别是对于统治者而言，推行不言之教，不要轻易出台政策法令干预社会。必须出台的一定要审时度势、契合实际情况，不能违反客观规律。一旦推出就要言出必行，严格实施，取信于民。随便出台或者朝令夕改，就会容易出现错误而失信于民。

正善治。

水在流动时井然有序，在静止时和谐相处。有序、平等、和谐、不争，这就是水的自我管理之道。它的要点在于遵循自然，因循本性，融洽相处，处下不争。所以人类的为政之道，在于用“无为”以遵循规律，用“不言”以互相尊重、平等相处，用“不争”以保持社会和谐。这样的为政之道，才称得上善于治理。

原文校对情况：

本句王弼本、帛书本如此。河上公本、傅奕本、张镇南本作“政善治”。

事善能。

在发挥特长方面，水可谓典范。水一直在发挥能滋润、能养育、能洗涤、能包容等特长为万物服务。人各有所长，扬长避短，是成事的诀窍。成功，基本都是在自己擅长的领域取得的。

动善时。

水最擅长在适当的时机，通过云雨滋润天下万物。春夏万紫千红，菊花却在秋后绽放，蜡梅更是绽放在寒冬。人们做事，在适合的时机做适合的事，往往容易成功。比如在春天耕种，在秋天收获。时机的把握，既在于对自身条件的认知，更在于对规律和常识的掌握。时来天地皆同力，运去英雄不自由。把握住时机很重要。

夫唯不争，故无尤。

居善地，不与自然环境争，而是要选择适合生存的自然环境；心善渊，不与万物争，而是要从容处世；与善仁，不与他人争，而是要与人和睦相处；言善信，不是争做语言上的巨人，而是要实实在在做事；正善治，从政不是为争权夺利，而是为了治理好社会；事善能，做事不是为了出人头地，而是要发挥自身特长；动善时，不是为了争分夺秒，而是要抓住时机。所以才有“夫唯不争，故无尤”。

【小结】

水的品质是善于做有利于万物的事却把姿态放得很低。因此，为人处世、治理社会，要向水学习。

综合前文可以看出，道、天地、水都具有“不争”的品质，“不争”是贯穿整个世界的底蕴，所以人也应当秉承这一品质。

九 章

【导读】

上一章水的处下不争给了我们很好的启示。水满则溢，月盈则亏。本章就讲一讲“争”的弊端。

持[①]而盈之[②]，不如其已[③]。揣[④]而锐之[⑤]，不可长保。金玉满室[⑥]，莫之能守。富贵而骄，自遗其咎[⑦]。

功遂身退，天[⑧]之道。

【译文】

做事追求圆满，还不如停下不做。如同把刀刃锻打得很锋利却容易磨损折断一样，做事孤注一掷、急功近利，不能长久保持。聚敛黄金美玉堆满房间，没有人能够守得住。富贵之后骄傲自大，只会给自己留下灾祸。

功业成就后不居功，才是自然之道。

【注释】

① 持：持有，指持有的做事态度。
② 盈之：追求圆满。
③ 已：停止，终止。
④ 揣（zhuī）：锤击，敲打。
⑤ 锐之：使其锐利。
⑥ 室：房间。古时房屋前为堂，后为室。
⑦ 咎：灾祸、灾害。
⑧ 天：上天，自然。

【解读】

持而盈之，不如其已。

世界上没有十全十美的事物，就是大道也有不足的地方。我们生存离不开的太阳，也不是每一个人每一时刻都喜欢它。因此，追求完美、圆满，实际上是在追求一件不可能的事情，是贪婪，是自不量力，是自寻烦恼。它不是过犹不及这么简单，而是会造成功败垂成的严重后果。《孙子兵法》的“围师遗阙，穷寇勿迫”，就是基于这个道理。

揣而锐之，不可长保。

把刀子打磨得越锋利，用起来越顺手。但也同时存在一个问题，锋利的刀刃磨损得快，而且容易折断。以此来比喻做事情，如果急功近利、孤注一掷，就不可能维系长久。

原文校对情况：

“锐之”，王弼本、傅奕本、张震南本作“棁之”，河上公本、淮南子本作“锐之”，帛书乙本（甲本字不确定）作“允之”，楚简本作“群之”，老子想尔注本作“捝之”。

金玉满室，莫之能守。

一切身外之物，对自身而言，用得着的才属于你，用不上的都没有价值。

人生在世，生命有限。耗费生命去争取这些超出需求的宝物，又要耗费生命在你争我夺中去看守它们，岂不成了它们的奴隶？

原文校对情况：

“满室”，傅奕本、张镇南本如此，楚简本作“浧室”，帛书本作“盈室”，王弼本、河上公本作“满堂”。古时房屋前面的是堂，后面的是室。金银财宝藏在后面的房间里更合理。

富贵而骄，自遗其咎。

富贵，就是有财富、有权势地位。这样的人如果骄傲自满，看不起民众，那么他就走到了大众的对立面。与大众为敌的人是自取其祸，是没有好下场的。

功遂身退，天之道。

第一章就说得很清楚了，大道是“天地之始”“万物之母”，但却“无名”“无欲”，从不彰显自己的功劳；第二章有圣人的“功成而弗居”。天地万物皆由道产生，自是一脉相承。因此，成功而不居功，正是大自然的固有属性，所以称为“天之道”。

原文校对情况：

“功遂身退”，王弼本、帛书本如此，楚简本作“攻述身退”，张镇南本作“名成功遂身退”，傅奕本作“成名功遂身退”，河上公本、淮南子本作“功成名遂身退”。结合后面第十七章的“功成事遂”，所以校定为“功遂身退”。

【小结】

上一章的主题是不争，而本章列举的是争的例子：持而盈之（追求圆满）、揣而锐之（急功近利）、金玉满室（追求财富）、富贵而骄（高高在上），及其不利的后果，以此来得出“功遂身退，天之道”的结论。

有道是：

千里来书只为墙，让他三尺又何妨？

万里长城今犹在，不见当年秦始皇。

十章

【导读】

前面章节认识了道、天地、水，现在来认识一下人。

载营魄[①]抱一[②]，能无离乎？专气致柔[③]，能婴儿[④]乎？涤[⑤]除玄览[⑥]，能无疵[⑦]乎？爱民治国，能无知[⑧]乎？天门开阖[⑨]，能为雌[⑩]乎？明白四达，能无为乎？

生之畜之，生而不有，为而不恃，长而不宰，是谓玄德[⑪]。

【译文】

人由身体和灵魂组成，两者保持协调一致，能做到没有背离吗？一心一意使情绪保持柔和状态，能做到和婴儿一样吗？洗去先天慧眼上的欲望尘埃，能做到一尘不染吗？爱护人民、治理国家，能做到不用智巧吗？言语教化，能做到像雌性那样被动、柔和吗？明白天下事理，能做到顺应自然而为吗？

创造万物、畜养万物，创造万物而不认为是自己所有，为万物提供一切生存条件而不依仗是自己本领大，养育万物使其成长而不去主宰它们，这就是道所表现出的美好品质。

【注释】

① 载营魄：人身承载着肉体与灵魂，即人由肉体和灵魂组成。营：生命的大本营，即身体、肉体。魄：魂魄，灵魂。
② 抱一：保持一致。抱：保持。一：统一，一致。
③ 专气致柔：一心一意使情绪达到柔和状态。专：专心。气：心气，情绪，《史记·淮南衡山列传》："当今诸侯无异心，百姓无怨气。"
④ 婴儿：刚出生的孩子，生命活动完全出自先天本能的指引，性情自然平和，没有情绪和心机。
⑤ 涤：清洗。
⑥ 玄览：传承于道的观察本能，传承于道的先天慧眼。玄：关于道的，传承于道的。览：观看，观察。
⑦ 疵：原意是皮肤上的黑斑，这里指欲望尘斑。
⑧ 知：通"智"，智巧，聪明。
⑨ 天门开阖：嘴巴张开闭上，这里指言语教化。天门：指人的嘴巴。阖（hé）：闭上。
⑩ 雌：在雌雄交往中，雌性是被动、柔和一方。
⑪ 玄德：道表现出的品质。

【解读】

载营魄抱一，能无离乎？

这是讲身心如一，量力而行。

人是无形的灵魂与有形的身体的统一体。灵魂是行为的指挥者，身体是行为的执行者。灵魂依靠身体的行为实现其意志，身体依靠灵魂的指挥开展活动，都是为了自身生存。它们的关系，重点是主观服从于客观。身体是一个小宇宙，就像大宇宙一样，是一个完善的客观体系，呼吸、消化、循环、泌尿、神经等系统都按照内在规律自我运行，灵魂不能干涉，只能尊重和维护。身体有行为能力，但能力有限；灵魂有认知、思维能力，但能力也有限。所以灵魂对身体的使用，要与身体的能力相适应，既不能超出身体的极限，也不应该透支身体，否则会损害身体的安全健康。它们是利益共同体，应当互相配合、协调一致，而不能互相背离。

专气致柔，能婴儿乎？

这是讲以平和的心态为人处世。

人都是有情绪的。志得意满时，心情畅快，情绪兴奋，放浪形骸；碰到不如意事时，心情压抑，情绪暴躁。不管是兴奋还是暴躁，都是乱了方寸，超出了清醒理智的范畴，行事必然会出现偏差。人的情绪产生于顺和逆、得与失。处世以我为主，就会将顺逆、得失看得重，情绪就大。如果处世顺应自然，就会坦然面对顺逆、得失，情绪也就平和了，一心一意坚持下去形成习惯，就会达到柔和的状态，自然不会情绪失控和意气用事。这样就和婴儿的状态差不多了。婴儿是刚生下来的孩子，满满的纯朴，没有分别心，没有得失概念，自然也没有情绪，更不会意气用事。因此，婴儿的心态，是柔和处世的最高境界。

涤除玄览，能无疵乎？

这句讲怎样清晰地保持人生的正确方向。

道是万物的本源。万物皆有道的基因，皆有传承于道的先天本能，指引万物正确生存。如婴儿一生下来就会找奶吃，从沙滩中刚孵化出的小海龟能直奔大海，家里被单独养大的雌性兔子一旦受孕、生育后就会衔草、拔毛做窝、产仔、喂奶，等等，都是先天赋予的本能，不教就会。人也有这种本能，称之为“玄览”，也就是传承于道的先天慧眼，帮助人们看清世界，指引人们正确生活。为了保持先天慧眼正常发挥作用，就要经常清除附着在慧眼上的欲望灰尘，防止欲望红尘不断累积结成尘斑，遮蔽慧眼而无法看清人生的正确方向。怎样清除？就是经常自我反省、纠正自身不符合自然之道的欲望和行为。只可惜，由于人类后天人为的教育太多，欲望追求太多，导致先天慧眼被严重掩盖，让人很难感受到它的存在，更不用说时时得到它的指引了。不过，人们往往有过这样的经历，就是在某个关键时刻，冥冥之中有个念头帮助选择了正确的道路。这就是先天慧眼在发挥作用。要重新让先天慧眼恢复正常功能，就要擦掉天眼上的尘埃。但落在天眼上的欲望红尘实在太厚了，需要长期不懈地降低欲望、减少追求才能回到清静无为的道路上来。人都有天眼，一旦天眼重新焕发生机，就会把世界看得清清楚楚，就会对生活和未来不再迷茫。

“玄览”，本书之所以翻译为“道传慧眼”（先天慧眼），原因如下：玄的意思是“关于道的，与道有关的”；览原意是“观看、察看”，这里指观察力、感应力。合起来就是，源于道的先天观察本能，属于内观范畴，所以用“道传慧眼”“先天慧眼”表达。

原文校对情况：

“玄览”，王弼本、河上公本、傅奕本、张镇南本如此，帛书甲本是“玄蓝”、帛书乙本是“玄监”。

对“玄览”的解读，自古以来莫衷一是。河上公解读为“心”（心居玄冥之处览知万事，故谓之玄览也）；王弼解读为“极览”，犹如登高望远，一览无余；当代学者高亨解读为“内心之光明，为形而上之镜”，并说“览读为鉴，览、鑑古通用”，“玄览”被解读为心镜被不少注解者所采用。除了帛书甲本是“玄蓝”、帛书乙本是“玄监”外，几乎所有传世古本都是“玄览”，帛书乙本的“监”更像是“蓝”的简写，帛书甲本的“蓝”更像是“览”的同音借字，因此说“览”是“鉴（鑑）”的可能性极低。遍查大小字典和古文用法，也没有查到“览”通“鉴（鑑）”的例子。所以，将“玄览”解读为心镜是值得商榷的。

爱民治国，能无知乎？

前面的三条都是讲做好自己。自己做好了，才有资格管理国家和爱护民众。管理国家、爱护民众的正确方法就是顺应自然，按规律办事（无为），而不是以人为的智巧和小聪明去妄为。只有做到了不以智巧行事，才会做到无为，才会走上爱民治国的正道。

原文校对情况：

“无知”，王弼本、张镇南本如此，帛书本为“毋以知”，傅奕本为“无以知”，河上公本作“无为”。

天门开阖，能为雌乎？

这是讲既不要主动干预、发号施令，又要在必要的干预中采用柔和的方式。

天门就是嘴巴，开阖就是张开闭上，天门开阖就是发号施令、言语教化。作为统治者而言，嘴巴有发号施令的用途。嘴巴发号施令，应该有个原则，不能随意进行。这个原则就是不言，就是不要随意主动发号施令去干预社会。什么情况下可以发号施令？要在社会发生问题、出现偏差的时候出面解决问题、纠正偏差。在两性交往中，雄性动物一般主动、强硬，雌性动物一般被动、柔和，所以用“雌”来形象地表示执政者不要主动发号施令，在不得不发号施令的时候要采取柔和的方式而非激烈手段。作为一般个体而言，既不要主动干预、插手他人的生活，不操闲心、管闲事，又要在必要的交往中采取柔和方式。

原文校对情况：

“为雌”，在主要参考古本中，王弼本、河上公本作“无雌”，帛书乙本（甲本损毁）、傅奕本、张镇南本作“为雌”。

明白四达，能无为乎？

顺应自然而为（无为）是行为的最高境界。明白天下事理，只有真正达到无为境界，才是真正的明白。摒弃智巧，不凭借不对称优势去赚别人的便宜，不要手段与民争利，这才是真正的有道之士所为。

原文校对情况：

“无为”，王弼本、张镇南本作“无为”，傅奕本作“无以为”，河上公本作“无知”，帛书乙本（甲本损毁）作“无以知”，淮南子本作“无知”。

生之畜之，生而不有，为而不恃，长而不宰，是谓玄德。

万物是道创造的，也是道养育的，但道却不占有它们，不依仗自己的本事，也不去主宰它们，是纯正的无私奉献。“利而不害”（见第八十一章），是道的品质，是统治者需要效法学习的地方。

原文校对情况：

这几句似乎来得很突兀，其实不然。它的出现是为“爱民治国，能无知乎？天门开阖，能为雌乎？明白四达，能无为乎”提供证据上的支持。有道之士之所以这么做，是因为大道有这样的品德。另外，在主要古本中，除了楚简本本章缺失、严遵本上部佚失外，帛书本、王弼本、河上公本、傅奕本、张镇南本都有，只是帛书乙本少一句“为而不恃”，帛书甲本只残存“生之畜之，生而弗……德”。唐御注本等后期传本也基本都有。所以，有的专家以衍文、错简为由将本句删去是不合适的。

【小结】

本章讲了为人、处世的六项原则，前三项是为人，后三项是处世。

一是要认识自我、量力而为，二是做人要平和，三是要保持正确的人生方向，四是治理社会不能以智巧取胜，五是治理社会的原则是被动、柔和，六是越是明白天下事理越要遵循无为的原则。

十一章

【导读】

第二章告诉我们，用一分为二的认识论去认识世界时，发现事物都有相对性。相对性是互相排斥、互相敌对的吗？本章将阐述对相对事物的运用问题。

三十辐①共一毂②，当③其无、有，车之用。埏④埴⑤以为器⑥，当其无、有，器之用。凿户牖⑦以为室，当其无、有，室之用。

故有之以为利⑧，无之以为用⑨。

【译文】

三十根辐条嵌进同一个轮毂里做成车轮，在于有形的轮体和无形的轮轴轴孔互相匹配，才使得车轮能够转动而有了车的功能；把黏土揉成容器，在于有形的外壳和无形的内部空间互相匹配，才让容器有了盛物的功能；在土壁上凿出门窗，做成房屋，在于有形的墙体和内在的无形空间互相匹配，才有了房屋的居住功能。

因此，把有形的物质作为依托，让无形的空间发挥作用。

【注释】

① 辐：辐条。古代的车轮辐条是木头做的。
② 毂（gǔ）：车轮的中心部件，圆柱状，圆柱外侧周围有孔能嵌入辐条，中心有圆孔供车轴插入。
③ 当：对等，匹配。
④ 埏（shān）：揉，塑。
⑤ 埴（zhí）：黏土。
⑥ 器：器皿，容器。
⑦ 户牖（yǒu）：门窗。户：单扇的门，泛指门。牖：窗户。
⑧ 利：利用。
⑨ 用：功用。

【解读】

三十辐共一毂，当其无、有，车之用。

《考工记·轮人》："毂也者，以为利转也。"古代的车轮基本是用木头做的。三十根木制的辐条通过嵌入车圈上的槽孔和中间轮毂上的槽孔，做成车轮。轮毂是车轮的中心部位，圆柱状，圆柱外侧周围有槽孔能嵌入辐条，中心有圆孔供车轴插入，车轮通过围绕车轴转动实现移动。本句的意思是，正是因为车毂中心有圆孔插入车轴，有形的轮体和无形的轴孔才让车轮能够转动，车才会成为车。没有转动的车轮，车厢只能算个不能动的箱体吧。

埏埴以为器，当其无、有，器之用。

陶瓷容器，都是先用黏土塑制成型，再进行烧制。黏土做的容器外壳和内部的无形空间就共同组成了容器。如果是实心的，那不是容器，而是砖块、陶瓷或土坯。

凿户牖以为室，当其无、有，室之用。

在中国西北部黄土高原一带，有一种古老而特殊的房屋——窑洞。这里的黄土层非常厚，当地人利用高原有利的地形，在崖壁上凿出门窗和空间，做成房屋，用以居住。正是因为有形的崖壁和凿出的无形空间，窑洞才有了房屋般的居住功能。

对于以上三句，此前最普遍的断句方式是："三十辐共一毂，当其无，有车之用。埏埴以为器，当其无，有器之用。凿户牖以为室，当其无，有室之用。"但从最后的总结句"有之以为利，无之以为用"可以看出，对"有"和"无"是平等的统一应用，而这种断句却重点强调了"无"的作用，因此是不符合原著要义的。

故有之以为利，无之以为用。

因此，相对性不是排斥、敌对的关系，而是一体两面或者统一体的不同组成部分。我们的世界是无形和有形的统一体。把有形的物体作为依托和借助，对无形的空间加以利用，是动物和人类对自然环境的基本应用。我们借助有形的物体解决吃饭穿衣居住的问题，借助无形的空间解决行动的问题。有、无相互借助而发挥作用，其实是天地之道。天体在宇宙空间运行，相辅相成，才称得上天地，才产生了万物。

《淮南子·说山训》说："走不以手，缚手走不能疾；飞不以尾，屈尾飞不能远。物之用者，必待不用者。故使之见者，乃不见者也；使鼓鸣者，乃不鸣者也。"

【小结】

对"有、无"的统一应用，是人类认识大自然、利用大自然、开发大自然的基础。对相互对立的事物进行统一的认识和应用，是落实第一章"玄之又玄，众妙之门"的具体实践。

十二章

【导读】

人生在世，依赖大自然生存。面对外面的大千世界，人的行为应该以什么为根本呢?

五色[①]令人目盲[②]，五音[③]令人耳聋，五味[④]令人口爽[⑤]，驰骋田[⑥]猎令人心发狂，难得之货令人行妨[⑦]。

是以圣人为腹不为目[⑧]。故去彼取此。

【译文】

沉迷于艳丽的色彩，眼睛识别生存环境的本能就丧失了，如同瞎了一样；沉迷于动听的音乐，耳朵分辨环境声音的本能就丧失了，如同聋了一般；沉迷于美味的诱惑，口舌为身体进食的本能就丧失了，只会追求爽快的口感；骑马奔驰，热衷狩猎，会让人的内心疯狂而失去理智；追求稀有难得的物品，会让人的行为受到妨害而偏离正道。

所以圣人的行为是为了自身生存需要而不是为了寻求感官刺激。因此，去掉错误的做法，采取正确的方式。

【注释】

① 五色：青、黄、赤、白、黑五种颜色，泛指艳丽的色彩。
② 目盲：眼睛看不到东西，指眼睛丧失应有的本能，看不到应该看到的东西。
③ 五音：宫、商、角（jué）、徵（zhǐ）、羽五种音调，泛指动听的音乐。
④ 五味：甜、酸、苦、辣、咸五种味道，泛指各种美味。
⑤ 爽：爽快，过瘾。
⑥ 田：打猎。后写作畋（tián）。
⑦ 行妨：行为受到损害，行为出现偏差。妨：损害。
⑧ 为腹不为目：为了身体需要而不是为了寻求感官刺激。腹：指身体。目：眼睛等感官。

【解读】

五色令人目盲，五音令人耳聋，五味令人口爽。

人是灵魂与身体的统一体。身体长眼睛是为了看清外面的生存环境，长耳朵是为了辨别外在世界的声音，长嘴巴是为了吃饭养活自己。为生存服务，是它们存在的意义。如果眼睛痴迷于外界的五颜六色而忽视了自己的职责所在，看不到应该看到的东西，这和眼睛瞎了有什么区别呢？如果耳朵痴迷于动听的音乐而忽略了辨别外在声音的功能，比如沉浸于美妙的音乐中而听不到危险的声音，这和聋了有什么区别呢？如果嘴巴沉迷于美味带来的爽快而背弃了供养身体的初衷，嘴巴的存在还有什么价值呢？

驰骋田猎令人心发狂，难得之货令人行妨。

田猎是打猎的游戏，以猎杀为乐，与以打猎为生不同。喜欢田猎的人，喜欢神经刺激，热衷于冒险、好斗、嗜杀，在猎杀的过程中会变得狂癫、心智异常。与这样的人相处，有安全隐患。这样的人做统治者，国家和民众时刻处于危险之中。因为他们喜欢刺激，习惯了血腥，自然会漠视生命。自古好兵必好战，这是有根据的。

大家喜欢稀奇珍贵的东西，这些东西就成了诱惑。因为稀缺，所以争夺很激烈。有的人正当的途径得不到，就走上了非法占有的歪门邪道，于是盗窃、抢劫甚至战争等违法犯罪行为就出现了。因此，对于难得之货的追求，容易造成人的行为偏离正常轨道。和氏璧就是个典型的例子，在战国时期对它的追逐而引发了多次国与国之间的争端。

本句也说明了灵魂不能追求与生存无关的东西。

原文校对情况：

“田猎”，河上公本、傅奕本、帛书本均如此，张镇南本作“田獵”，王弼本作“畋猎”。“畋”是“田”的后来写法。

是以圣人为腹不为目。故去彼取此。

热衷于五色、五味、五音、田猎和难得的宝物，都是本末倒置的事情。人生在世，生存是根本。眼睛、耳朵、嘴巴等感觉器官都是为人的安全健康生存服务的。如果它们不务正业，就对健康安全带来危害。圣人是明事理的典范，一切从维护自身的健康安全出发，重视内在的修养提升，不为外物所迷，不去做本末倒置的事情。

【小结】

本章通过阐述感官与身体的关系，指出身体感官的功能是为了生存服务，生存的意义在于维系生命的安全与健康，而不是追求感官刺激和外在的诱惑。进而强调人不能本末倒置，不能在与生存无关的外界诱惑面前迷失自己。

十三章

【导读】

上一章讲了人活着应该以身为本而不受外物所迷惑。本章专门阐述对同是身外之物的名声的态度。

宠辱[①]若惊，贵[②]大患[③]若身。

何谓宠辱若惊？宠为下[④]，得之若惊，失之若惊，是谓宠辱若惊。

何谓贵大患若身？吾所以有大患者，为吾有身[⑤]，及[⑥]吾无身[⑦]，吾有何患？

故贵以身为天下，若可[⑧]寄[⑨]天下；爱以身为天下，若可托[⑩]天下。

【译文】

不管是得到荣誉还是失去荣誉，内心都如同受到惊扰。所以把爱好荣誉当作自身的重大祸患来重点防范。

什么叫得到荣誉、失去荣誉都如同受到惊扰呢？荣誉是不好的东西，得到它惊喜，如同受到惊扰，失去它惶恐，如同受到惊扰，这就是得到荣誉、失去荣誉如同受到惊扰。

为什么把爱好荣誉当作自身的重大祸患来加强防范？我之所以有重大祸患需要防范，是因为我在乎身体的缘故。如果我不在乎自己的身体，我哪有什么祸患需要防范？

所以，像重视自己身体一样去为天下，这样就可以把天下委托给他；像爱护自己的身体一样去为天下，这样就可以把天下交付给他。

【注释】

① 宠辱：得到荣誉、失去荣誉。宠：荣誉，荣耀，这里指得到荣誉、荣耀。辱：辱没，这里指失去荣誉、荣耀。

② 贵：重视。

③ 患：灾祸，疾病。

④ 下：差的，不好的。

⑤ 有身：在乎身体，重视身体。

⑥ 及：如果。

⑦ 无身：无视身体，不在乎身体。

⑧ 若可：这样就可以。若：这个，这样。

⑨ 寄：委托，托付。

⑩ 托：交付。

【解读】

宠辱若惊，贵大患若身。

“宠”的意思是荣誉、荣耀，是得到别人的喜爱、赞美、重视或者获得荣誉、好名声等的统称。“辱”，是失去别人的喜爱、赞美、重视或者丢掉荣誉、好名声等。荣誉、名声，只不过是外人的评价，虚名而已，但得到它就会心情激动、惊喜交加；失去它又会心情沮丧、焦虑不安。不管得到还是失去，对自身都是一种伤害。另外，方寸已乱，又怎能正确做事呢？

所以要把它当成自身的大病、大灾来加以防范。

何谓宠辱若惊？宠为下，得之若惊，失之若惊，是谓宠辱若惊。

为了让人能够理解“宠辱若惊”的真义，原文对这句话作了专门的解释。意思是荣誉不是好东西，因为得到它会心情激动、惊喜交加，内心如同受到惊扰；失去它又会惊恐不安、心情沮丧，内心也如同受到惊扰。

原文校对情况：

“何谓宠辱若惊？宠为下”，王弼本、傅奕本如是。帛书本甲、乙本作“何（荷）胃弄（龙）若惊？弄（龙）之为下”，楚简本作“何为宠辱？宠为下也”，河上公本作“何为宠辱？辱为下”，张镇南本作“何为宠辱？宠为下”（老子想尔注本作“何谓宠辱为下”）。

何谓贵大患若身？吾所以有大患者，为吾有身，及吾无身，吾有何患？

这是原文对“贵大患若身”的解释。明白生存意义的人一定会重视身体、爱惜身体。重视、爱惜身体的人一定会想方设法让身体远离灾祸，保证身体的安全和健康。如果是不在乎身体、不把身体当回事的人，自然也就没有什么灾祸需要防范了。所以，对于“宠”这种对自身有危害的东西，重视身体的人自然要把它当成病患来加以防范。

故贵以身为天下，若可寄天下；爱以身为天下，若可托天下。

爱惜自己的人，才会爱惜别人，爱惜天下。因此，管理天下，一定要交给爱惜自己生命的人才可以。爱惜自己，是天下管理者应该具备的必要条件。

【小结】

本章阐述了追求荣誉就是追求虚名，会造成内心惊扰，既不利于身心健康，又不利于正确处世，是本末倒置的行为，应当把它当成重大祸患来预防。进而强调指出，只有像重视、爱惜自己的身体一样去对待天下的人，才有资格拥有天下。那些为了虚名连自己身体都不顾的人，怎么会善待天下人呢？

十四章

【导读】

第四章阐述了道体是空虚的（“道冲”）。空虚的道体是怎样的？其中有什么规律可循？本章将作具体阐述。

视之不见，名曰夷；听之不闻，名曰希；搏[①]之不得，名曰微。此三者不可致诘[②]，故混而为一。

其上不皦[③]，其下不昧[④]，绳绳[⑤]不可名[⑥]，复[⑦]归于无物。是谓无状之状，无物之象，是谓惚恍[⑧]。

迎之不见其首，随之不见其后。执古之道，以御[⑨]今之有。能知古始，是谓道纪[⑩]。

【译文】

道是看不见的，把它称为“夷”；道是听不到的，把它称为“希”；道是抓不着的，把它称为“微”。这三个方面都是道的特征，但单独从哪一个方面都不能把道搞明白，因此要把它们综合起来作为一个整体去认识。

它的上面不明亮，它的下面不昏暗，漫无边际而无法用确定的语言表述。反复研究后把它归到空虚无物的一类，就是没有形状的形状、没有形态的形象，就是心灵意识才能感觉到的模糊不清的存在。

迎着它看不到它的头部，跟着它看不到它的尾部。用古代的道的规律，来解决今天存在的问题。能够明白道在古代开始的运行情况（也就知道了现在的运行情况），这就抓住了认识道的要领。

【注解】

① 搏：抓。
② 致诘：追究到底，说出究竟。致：极，极致。诘（jié）：追问。
③ 皦（jiǎo）：明亮。
④ 昧：昏暗。
⑤ 绳绳（mǐn min）：无边无际的样子。《康熙字典》："无涯际貌。"
⑥ 名：说明，描述。
⑦ 复：反复，指对道反复研究。
⑧ 惚恍：不清晰，不真切。是身体感官无法感受到的、只有心灵意识才能感觉到的模模糊糊、似有似无的存在。恍、惚：均指模糊不清的样子。
⑨ 御：应用。
⑩ 道纪：道的要领。纪：头绪。

【解读】

视之不见，名曰夷；听之不闻，名曰希；搏之不得，名曰微。此三者不可致诘，故混而为一。

从看不见的角度，可以称呼道是"夷"；从听不着的角度，可以称呼道为"希"；从抓不到的角度，可以称呼道为"微"。第四章说过"道冲"即道体是空虚的，看不见、听不到、抓不着只不过是道体的三个特征而已，单独任何一个都不能把道表达清楚、完整，所以必须把它们统一起来，作为一个整体去研究。这就是要求对道的认识不能仅从一个角度，而是要多方位地整体进行，就像拼图，把尽量多的素材结合起来，才会更接近它原貌。

其上不皦，其下不昧，绳绳不可名，复归于无物。是谓无状之状，无物之象，是谓惚恍。

把前面三个方面结合起来去认识道，得出的结果就是不明不暗、无迹可寻、漫无边际，无法用确定的语言来表述。经过反复观察思考论证，只能把它归到空空荡荡、没有东西的一类。这种没有形状、空空如也的存在是抽象的，无法用人的感官捕捉到，只能是心灵意识才能感触到的模糊不清的存在。对道的认识，也就从物质层面上升到了意识层面，即形而上的境界。

原文校对情况：

帛书本、傅奕本在“其上不皦”前有“一者”。

“绳绳”，王弼本、傅奕本、河上公本如是。张镇南本作“蝇蝇”，帛书本作“寻寻”。寻寻，无边无际，意思与“绳绳”一致。

迎之不见其首，随之不见其后。

道的存在，囊括了宇宙的所有时空，万物都在其中。在我们的惯性认识里，今天是正在发生，明天是还没有发生的未来。其实不然，未来早已经存在，轨迹已经划好，就像水在河道里流淌，只是我们还没有去经历而已。而未来的轨迹正是当下的行为决定的，这就是因果定律。因果定律将在后面章节具体阐述。

前面这些描述，除了描绘大道的广阔无比，还重点强调了它在各个方向、各个时空的一致性、同一性。

执古之道，以御今之有。能知古始，是谓道纪。

既然人类万物都在大道之中，而道的运行规律古今又是不变的，那么古代先人们发现的道的规律，自然可以用来解决当下的问题。能知道古代，就能知道现在，明白了这个道理，就抓住了认识道的要领。

原文校对情况：

“执古之道，以御今之有”，其他主要古本如此，帛书本作“执今之道，以御今之有”。

【小结】

道是空虚的，是看不见、听不到、摸不着的存在，用心灵意识才能模模糊糊地感知到。道的运行规律从存在开始就一直不变，贯彻古今。所以对道而言，古今通用。

十五章

【导读】

本书从第一章开始就一边带领我们认识道、认识世界，一边总结它们对人类正确生存和治理的启发。本章讲一讲按道行事的人有哪些特点。

古之善为士①者，微妙②玄通③，深不可识。夫唯不可识，故强④为之容⑤：

豫⑥兮，若冬涉川；犹⑦兮，若畏四邻；俨⑧兮，其若客；涣⑨兮，若冰之将释⑩；敦⑪兮，其若朴⑫；旷⑬兮，其若谷；混⑭兮，其若浊。

孰能浊以静之徐清？孰能安⑮以久动之徐生？保⑯此道⑰者不欲盈⑱。夫唯不盈，故能敝不新成⑲。

【译文】

古代善于处世的有道之士，行事巧妙妥当，通晓大道知识，深藏不露，不容易识别。正因为不容易识别，所以勉强形容一下他们的样子：

做事准备充分啊，像冬天过河一样；不敢轻举妄动啊，像害怕四周有危险一样；庄重恭顺啊，像在别人家做客一样；善于变通啊，就像冰遇热要融化一样；性情淳朴啊，就像天然的事物一样；心胸广阔啊，就像空旷的山谷一样；与尘世混为一体啊，如同掺入尘土的清水变得浑浊。

谁能用静的方式让被世俗杂念充满的心灵慢慢恢复原有的清净？谁能用循序渐进的行为让安定状态保持长久？依照这种方式行事的人不追求圆满，正因为不求圆满，所以能保持原有局势稳定而不会出现变故。

【注解】

① 善为士：善于处世的有道之士。士：按道行事的人，有道之士。

② 微妙：处理具体事情恰到好处，处事妥当。微：细微，微观，指处理具体事务。妙：巧妙，高明。

③ 玄通：通晓道的知识。玄：关于道的，与道有关的。通：通晓，通达。

④ 强（qiǎng）：勉强。

⑤ 容：容貌，样子。

⑥ 豫：事前准备。《淮南子·说山训》：“巧者善度，知者善豫。”

⑦ 犹：踌躇疑惧。指行事慎重，不轻举妄动。

⑧ 俨：庄重。

⑨ 涣：消散，指不顽固、易变通。

⑩ 释：消融，溶解。

⑪ 敦：敦厚实在。

⑫ 朴：未加工过的木头。指以道为核心的大自然表现出的特点，即自然、天然。

⑬ 旷：空旷，指心胸广阔。

⑭ 混：掺杂，混同。

⑮ 安：平安，安定。

⑯ 保：依靠，依仗。

⑰ 道：道理，方法。

⑱ 欲盈：追求圆满。

⑲ 敝不新成：保持原样不发生新的改变。敝：旧的，原来的。新成：发生新的变化。

【解读】

古之善为士者，微妙玄通，深不可识。夫唯不可识，故强为之容。

远古淳朴，行事更近于自然。而老子当时的东周社会已经走向堕落，所以就拿古代的有道之士为例。有道之士厉害到什么程度？从小的方面讲，做到了“微妙”，即处理具体事务非常得体、非常高明；从大的方面讲，达到了“玄通”，即通晓道的有关知识。有点像上通天文、下晓地理、中通人和的高人。这里的“微妙”，微是微小、微观的意思，用来指所做的具体事务，妙的意思是美妙、说不出来的好。更难得的是，这样的人竟然深藏不露，不显山不露水，所以一般人看不出来。

为什么要深藏不露？因为大道就是这样做的（无名无欲）。既然难以识别，也就勉为其难地从他们的表现来描述一下。

豫兮，若冬涉川。

川，这里指一般的河流，不是大江大河。北方冬天的河流，一般是结冰的。冬天过河就是踩着冰过去。冰如果不够厚，走的过程中就会有塌陷的危险。因此，冬天过河是有风险的。为了不发生意外，过河之前要进行充分的准备。本句的核心是，做到有备无患是成事的关键。

犹兮，若畏四邻。

做事要慎重，不要轻易出手。就像老鼠出洞前战战兢兢地对四周小心探望一样。犹，不是犹豫不决，而是不轻举妄动。想干就干是盲动，是妄为。想干一件事情之前，要充分考虑做它是否合理、是否时机恰当、是否有合适的措施等。如果不成熟就不要出手。就像到一个陌生环境执行任务，四周情况不明，在摸清情况之前不要轻举妄动。

俨兮，其若客。

作为客人应该怎么做？客随主便，就是客人依随主人的安排行事。因此客人是属于被动的一方。落座、喝茶、入席、参观都是在主人的引领下进行，而不宜自作主张、主动行事。做人和做管理者也应该这样。对于人类而言，大家都是自然界的客人，短暂逗留而已，要顺应自然规律做事，而不能为所欲为；大家都是彼此的客人，要互相尊重，而不是随意干预别人。对于统治者而言，要尊重民众自然生存权利，发挥他们自身的能动性，不要用人为的政令等去主动干预、限制他们。

这和第十章的“天门开阖，能为雌乎”表达的思想具有一致性。

原文校对情况：

“若客”，帛书本、河上公本、傅奕本、张镇南本如是，楚简本作“奴（如）客”，王弼本作“若容”，唐御注本、唐御疏本等多作“若客”。

涣兮，若冰之将释。

天气寒冷，水就会结成冰；天热了，冰就会融化成水。这是水顺应自然规律随机应变的结果，是无为的体现。因地制宜、因时制宜、因人制宜、因事制宜都是随机应变的具体应用。在自然规律面前，随机应变是必由之路，顽固不化是行不通的。这里以冰为喻，非常切题，非常生动。

原文校对情况：

帛书甲乙本作“涣兮，其若凌释”。凌，冰块。

敦兮，其若朴。

到山里去，看到的山峦、树木、小溪、鸟兽，都感觉是那么和谐、自然，没有一丝违和感，这就是淳朴的感觉。朴，原意是未加工过的树木，引申为大自然表现出的特点。山峦保持自然形态，树木依着山体自然生长，小溪顺势向下流淌，鸟兽在山林间自由出没。因为发乎自然，所以淳朴。有道之士因循自然，所以保持了自然的本性。

旷兮，其若谷。

谷，是由山围成的空旷地带，是人能看到的最大的有形容器。所以常常用来表达容量大。道容量大，所以任由天地运行；天地容量大，所以任由万物生长；有道之士效法天地大道，所以心胸宽广，能容天下人和事。

混兮，其若浊。

有道之士效法道的和光同尘，不高高在上，不玩清高，不搞泾渭分明，而是与尘世的人们混为一体、融洽相处，如同掺进了尘土的浑浊的水一样。

孰能浊以静之徐清？

水之所以浑浊，是因为充满了混入的杂质。让它静下来，不去搅和，杂质就会慢慢沉淀，水自然就会慢慢变清。人的内心就好比水，如果被红尘杂念充斥，心就乱了。有道之士表面上虽然与俗世融洽混同、打成一片，但内心却要时刻保守清净，保持正确的人生方向不被干扰。因此，要用“静”的方式慢慢去除进入心灵的各种杂念，还内心一片清净，这样就能保持清醒和理智。这个“静”到底是什么意思，下一章将有专门讲解。

原文校对情况:

本句差别较大。王弼本是“孰能浊以静之徐清”，帛书甲本是“浊而情之余清”，帛书乙本是“浊而静之徐清”，河上公本是“孰能浊以止静之徐清”，傅奕本是“孰能浊以澄靖之徐清”（靖，安静），张镇南本是“浊以静之徐清”。楚简本作“竺（孰）能浊以束者，牐舍清”。

孰能安以久动之徐生？

“安以久”，就是让安定的状态保持长久。“徐生”，就是慢慢来、循序渐进。“动之徐生”，就是行动起来要慢慢来、循序渐进。整句话的意思就是，谁能用循序渐进的行动让安定的状态保持长久？万物总是在大自然潜移默化的运行中有序发展，因此，人生或社会治理要保持平稳运行，行动就要循序渐进，按部就班，不能操之过急，不能急功近利，否则欲速则不达。

原文校对情况:

本句王弼本、河上公本、傅奕本如此，帛书甲本作“女（安）以重（动）之余生”，帛书乙本作“女（安）以重（动）之徐生”，张镇南本作“安以动之徐生”，楚简本作“竺（孰）能庀以迬者，牐舍生”。

保此道者不欲盈。夫唯不盈，故能敝不新成。

“孰能浊以静之徐清”表达了通过“静”的方式把内心太多的杂念去除，让心灵变得清净；“孰能安以久动之徐生”表达了追求平稳运行就要循序渐进做事。按照这种方式行事的人清醒理智、行事稳重，自然不追求圆满，不急功近利，不急于求成。这样就能保持原有的格局稳定发展，而不会发生功败垂成、人生变故、社会动乱等（“敝不新成”）。否则水满而溢，状态发生改变，就是“新成”了。追求圆满的错误在第九章中已经讲得很清楚了。

上一章阐述了道的古今恒定性，人按照道的规律行事，也应该具有相对稳定性，这就是为什么要做到“敝不新成”的原因。

原文校对情况：

“故能敝不新成”，王弼本为“故能蔽不新成”(《辞海大全》：“蔽”通“敝”，破旧、敝陋），淮南子本为“故能弊而不新成”(《辞海大全》：“弊”通“敝”，破旧、破损），帛书甲本为“是以能𡚁而不成”，傅奕本为“是以敝而不成”，河上公本为“故能弊不新成”，张镇南本为“能弊复成”(老子想尔注本同）。

【小结】

本章描写了有道之士具有的品行，并提出了处世原则：心灵用“静”得以清净，行为用循序渐进使之保持平稳。特别指出，按照这个方法做事才会保持局面稳定发展。

十六章

【导读】

本章接续上一章提出的“孰能浊以静之徐清”的理念，继续论证、归纳，并为“静”下个定义。

致虚极①，守静笃②。

万物并作③，吾以观其复④。夫物芸芸⑤，各复归其根⑥。归根曰静，静曰复命⑦。复命曰常⑧，知常曰明。不知常，妄作凶⑨。知常容⑩，容乃公⑪，公乃王⑫，王乃天，天乃道，道乃久，没身不殆⑬。

【译文】

要达到内心最大限度的清净，就必须坚守“静”的行为理念。

万物一齐生发，我们去观察它们不断重复的活动轨迹。万物的表现虽然多种多样，但各自重复进行的活动都是为了生存这个根本。为了生存而活动叫作静，静就是正确生活的方式。正确生活的方式就是自然的常规，知道常规叫作明智。不知道常规而随意作为是危险的。知道常规就会按常规办事，按常规办事就能做到客观公正，做到客观公正就能以客观规律治理天下，以客观规律治理天下就符合上天（大自然）的法则，符合上天的法则就符合道的法则，符合道的法则就会长久，终生都不会有危险。

【注释】

① 致虚极：达到最大限度的清净（无杂念）。致：达到，做到。

② 守静笃：坚守“静”的原则。笃：坚定。

③ 并作：一齐生发。

④ 观其复：观察万物重复进行的活动。

⑤ 芸芸：众多。

⑥ 归其根：归属于它们的生存根本，即为了生存这个根本。归：归属。根：根本，万物的根本是生存。

⑦ 复命：践行生命，正确生活。复：践行，实践。《论语·学而》：“信近于义，言可复也。”

⑧ 常：规则，常规。

⑨ 凶：凶险，危险。

⑩ 容：接受，容纳。

⑪ 公：客观公正，无私。

⑫ 王（wàng）：统治，治理。这里指以客观规律治理天下。“王”字，上下横长，中间横短，上横代表天，下横代表地，中间横代表人。既说明天、地、人合一，又说明人应当效法天地。《黄帝四经·经法·六分》：“王天下者之道，有天焉，有人焉，又（有）地焉。”

⑬ 没身不殆：终生不会有危险。没（mò）：通“殁”，死亡。殆：危险。

【解读】

致虚极，守静笃。

上一章的“孰能浊以静之徐清”表达了通过“静”的方式把内心太多的杂念去除，让心灵变得清净。“致虚极”就是要心灵的清净达到最大程度，也就是没有一点私心杂念，这是清净的最高境界。“虚”，指内心的清净，不是什么也没有，而是指心里的想法少，就像房间东西少而显得空荡。如果心里装满了欲望，那就不叫虚而是盈了。

怎样让心灵达到最大限度的清净呢？就是“守静笃”，也就是要坚定遵守“静”的行为理念。换而言之，做到了坚定遵守“静”的行为理念，才能让心灵达到最大限度的清净。可见“静”的重要性。什么是“静”呢？下面有交代。

本句是心灵清净与行为正确的统一，是无为的体现。

万物并作，吾以观其复。

观，观察认识，是老子教我们认识道和世界一切事物的根本方法。道教特别重视“观”，把修行的场所称为道观。第一章里教会了我们观察道，本章带我们去观察万物的生存活动。

大千世界，芸芸众生。草木昆虫、鱼鳖虾蟹、飞禽走兽等，它们都在生长生活，我们去看看它们忙忙碌碌、反反复复的活动到底为了什么。

原文校对情况：

“观其复”，河上公本、淮南子本、傅奕本、张镇南本如此，王弼本作“观复”，楚简本作“寡复”。有“其”更能明白地表达对万物“观复”。

夫物芸芸，各复归其根。

草木花开花落、春华秋实，年复一年；昆虫、飞禽、走兽、鱼虾等，觅食、休息、繁衍、成长，进进出出，日复一日。虽然不同的种类千姿百态，各有各的生活方式，但它们的行为都是围绕着一个根本来进行的，这个根本就是生存。生存就是万物的根本，这是对万物进行观察之后得出的结论。另外，在第十二章也已经阐明人活着应当以身体为本，也就是以生存为本。

归根曰静，静曰复命。

归属于生存根本的活动，即为了生存而进行的活动，就叫作静。这就是静的定义。也就是说，只有为了生存的活动才有意义，因此静是必要的活动，是应该做的事。万物生存，不是无头苍蝇，而是有遵循、有模式，这就是静，因此把静称为践行生命的模式、正确生活的方式。因此，静是自然模式。它是一种活动方式，而不是通常所说的静止不动。

再回到第一句“致虚极，守静笃”，意思就很明确了：要做到内心最大限度的清净，就必须坚持为了生存而活动的行为理念。只想着做该做的事，内心没有其他想法、杂念，自然就是最大的清净、彻底的清净。无为是无欲之为，“致虚极”的“虚”对应无为的无欲（没有杂念）；“守静笃”的“静”对应无为的为（遵循规律，做该做的事），因此“致虚守静”也是无为的体现。“致虚极，守静笃”中既有“清（虚）”也有“静”，这就是常说的清静，内心清净，行为守静。

再看看上一章的“孰能浊以静之徐清”，意思就是：谁能用为了生存而活动的理念去除内心的杂念让污浊的心灵慢慢变得清净。

原文校对情况：

“静曰复命”，河上公本、张镇南本、傅奕本如是，王弼本作“是谓复命”，帛书本作“静是谓复命”。唐代以后传本、碑文多作“静曰复命”。

复命曰常，知常曰明。不知常，妄作凶。

践行生命的自然模式，是万物行为的遵循，我们称为常规、法则。知道了常规法则，就能按照正确的道路前进，因此是明智的。而那些不知道常规法则的人，就像晚上摸黑走道的人，仅凭着自己的主观判断去行动是非常危险的。周围的人出了变故，往往说人生无常，根本原因就是人们不按照常规法则办事，所以才会有不测的事情发生，这实质上就是“妄作凶”。但遵循常规行事就不一样了，因为常规有常，所以做事有常，结果就可以预见。做事有常，人生自然有常。

所以，观察世界，认识世界，找出规律法则并遵循，就走上了光明的道路。

知常容，容乃公，公乃王，王乃天，天乃道，道乃久，没身不殆。

知道了常规法则，就会接受它、遵循它，把它作为指导人生的行为准则；接受常规法则做事，就能在处理人与自然、人与社会的关系中做到客观公正，而不会搞主观主义；做到客观公正，就能按照客观规律办事，所以就有资格去治理天下；以客观规律治理天下当然符合上天（大自然）的运行法则，因为上天的运行法则就是规律运行；上天的运行法则传承于道，自然符合道的法则；按照道的法则做事自然能够长久，因此一辈子不会有危险。

原文校对情况：

张镇南本“王”作“生”。

【小结】

作为有道之士，要最大限度保持内心的清净，就要坚守“静”的行为准则。通过对万物的观察，去认识生命的根本和运动规律，并进一步认识自然界的运行规律，才能做到以自然之法来治理天下，实现长治久安。

十七章

【导读】

上一章提到了按照客观规律治理天下才符合自然之道。本章看看按照客观规律治理与按照主观意愿治理的差距。

太上①，下②知有之；其次，亲而誉之；其次，畏之；其次，侮③之。

信不足焉，有不信焉。

犹④兮，其贵言⑤。功成事遂，百姓皆谓我自然⑥。

【译文】

最好的君主，以无为治理天下、采取不主动干预的政策，民众只知道他的存在；次一等的君主，大有作为，民众亲近并赞美他；再次一等的君主，严刑峻法，民众都害怕他；最差的君主，胡乱作为，民众都看不起他。

统治者的公信力不足了，民众对他才有了不信任。

最高明的统治者非常慎重啊，很少发号施令。事业成功了，事情办成了，民众都说这是我们自然发展的结果。

【注释】

① 太上：最好的、最高明的君主。太：最，极。上：指君主、统治者。
② 下：与“上”相对，指普通民众。
③ 侮：看不起。
④ 犹：踌躇疑惧。指行事慎重，不轻举妄动。
⑤ 贵言：很少发号施令。贵：宝贵，珍惜。言：说教，干预。
⑥ 自然：人或事物自然发展变化（动词）；自身本来的样子（名词）。

【解读】

太上，下知有之；其次，亲而誉之；其次，畏之；其次，侮之。

天下最高明的莫过于道。它创造世界、运行世界，却隐姓埋名藏于幕后，世人只知道它的存在，却看不到它的尊容，也听不到它说话。最高明的统治者效法大道，遵循自然而为，从不主动发号施令，更不会搅扰民众，也不贪图名声。所以民众对他了解较少，只知道他的存在。

次一级君主，非常有作为。对这样的君主，民众都很喜欢他，对他赞不绝口。

再次一级的君主，用严苛的政令来管理民众，用严酷的刑罚来对待民众，所以民众自然都很怕他。

最差的君主，随心所欲，胡乱作为，把国家搞得一塌糊涂，民不聊生，怨声载道，民众自然看不起他。

信不足焉，有不信焉。

为什么会有不同层次的君主呢？区别在于君主的公信力（信用）。大自然的公信力源于规律，人的信用源于说到做到。当他们不遵循规律而主观行事时，就会出现错误，这样他们的公信力就下降了，次数多了，人民也就不再信任他们。“太上”级别的君主就像天地一样存在于民众心里，遵循规律，不妄加干预，让民众自然生存，所以诚信度（公信力）满满；“其次”级别的君主，按照自己的想法努力给民众办事，做好了当然民众都夸赞他，但主观行事往往出错，所以这一层级的表现往往持续不了太久；再次级别的君主，强迫民众按照自己的路子去做，错了也不承认，信用力就继续下降；最差一级的君主胡乱作为，朝令夕改，哪还有公信力可言？

人与人之间也是如此，说到做到就有诚信；说了做不到，次数多了诚信就没了。

犹兮，其贵言。功成事遂，百姓皆谓我自然。

一方面，君主敬畏自然法则，尊重民众的自然生存模式，处无为之事，行不言之教，所以处事慎重，很少发号施令去干预民众的生活；另一方面，民众按照自然模式生产生活，做出了成绩、做成了事情，都会说这是自然而然的事情。就像春天开花、秋天结果一样自然。

相安无事，就是最好的相处之道，也是最好的管理之道。这是对“太上”治理模式下的状态的描绘。

原文校对情况：

“犹兮，其贵言”，帛书本、楚简本、傅奕本、河上公本、张镇南本作“犹（猷）”，王弼本作“悠”。“悠兮，其贵言”，一方面，君主无事一身轻，悠闲似神仙，很少对社会发号施令；另一方面，民众按照自然模式自由生存。这是一幅非常生动的社会画面。但作“悠”在主要参考古本中唯王弼本一家，在没有证据证明“犹”通“悠”之前，暂不能按王弼本校定、作解。

【小结】

紧接前文，阐述遵循自然规律治理天下和不按照自然规律治理的四种情形：

最好的治理模式，对应以道德治理天下。

次一级的治理模式，对应以仁义治理天下。

再次一级的治理模式，对应以礼法治理天下。

最差的模式，对应随心所欲、独裁专制。

十八章

【导读】

上一章讲了社会治理的最高水平是以道治天下。如果不以道治天下，会有怎样的后果？

大道废，有[①]仁义；智慧[②]出，有大伪[③]；六亲[④]不和，有孝慈[⑤]；国家昏乱，有忠臣。

【译文】

不用大道治理天下了，人为的仁义伦理体系就登场了。随着心机智巧的出现，大范围的假仁假义和大的假仁假义就产生了。于是家庭不和睦了，就只好提倡父慈子孝；国家进入了混乱状态，就只好提倡做忠臣。

【注释】

① 有：发生，产生。

② 智慧：机智聪明，这里指心机智巧。
③ 大伪：大的诡诈。伪：虚伪，诡诈。
④ 六亲：父、子、兄、弟、夫、妇。
⑤ 孝慈：子女孝顺、父母慈爱。

【解读】

大道废，有仁义。

按照大道来治理天下，是最高级的治理模式。在此模式下，主导天下的是自然规律。但当统治者不想再遵循大道时，就用人为自创的仁义治理体系来治理天下、调节社会关系。

有了仁义，就会有仁义与不仁不义，人为的社会道德标准就产生了，人就被分成了三六九等，社会竞争就开始了。

智慧出，有大伪。

在社会遵循大道的时候，民风淳朴，“使夫知者不敢为也”（第三章），聪明智巧没有用武之地。但随着大道的废弃，仁义伦理体系的登台，聪明智巧迎来了大展身手的舞台。于是人人学会了演戏，表现自己的优点，掩饰自己的不足，诚实就成了稀罕之物。提倡仁义，那么假仁假义就会应运而生，最终导致全社会的虚伪和打着仁义的旗号篡夺天下、奴役剥削天下的大伪者堂而皇之地走上历史舞台。

原文校对情况：

“智慧”，王弼本作“慧智”，傅奕本、张镇南本、河上公本作“智慧”，帛书甲本作“知可”，帛书乙本作“知慧”。

六亲不和，有孝慈。

随着大道的废弃、仁义的提倡、诡诈的产生，社会矛盾会日趋加深。即使在关系最亲密的家庭，也出现了矛盾和裂痕，反而让原本正常的父慈子孝成为稀缺而被提倡。

这是“大道废，有仁义；智慧出，有大伪”导致的结果，下一句也是。

国家昏乱，有忠臣。

家都乱了，何况是国？在混乱不堪的朝堂上，臣工们各怀私心，本来就应该尽职尽责的官员成了稀罕物，成了提倡的榜样。

由此看来，不遵守大道，导致的是社会全方位的无序与混乱。

有了仁义，就会有仁义与不仁不义，人为的社会道德标准就产生了，人就被分成了三六九等，社会竞争就开始了。随着心机智巧的出现，假仁假义不可避免地粉墨登场，最终达到“窃国者侯”的大伪发生。这种人为的以仁义为中心、掺杂着智巧的伦理体系，将原本淳朴自然、和谐相处的社会关系彻底打碎，原本平等互助的人际关系变成互相利用、互相竞争、互相提防的关系，社会秩序陷于失控的旋涡。

从家庭层面来看，人为的道德标准直接导致了家庭成员的分化，放大了彼此之间的矛盾，打破了以往和睦相处的平衡气氛，所以只能用提倡父母慈爱、子女孝顺来维持。

从社会层面来看，贤愚、贵贱、好坏分明，导致竞争加剧，虚伪诡诈层出不穷，国家陷于混乱状态，官员自私自利、不忠于职守的现象频发，所以只能提倡他们尽忠尽责。

一切问题的发生，都是不遵守大道的缘故。提倡孝慈和忠臣，就好比扬汤止沸，怎么会从根本上解决问题呢？

所以，《韩非子·五蠹》说：“故偃王仁义而徐亡，子贡辩智面（而）鲁削。以是言之，夫仁义辩智非所以持国也。”（所以说偃王施行仁义而徐国亡了国，子贡机智善辩而鲁国失了国土。由此说来，仁义道德、机智善辩之类，都不是用来保全国家的正道。）

【小结】

上一章阐述的四个治理层次，差别在于信用。本章进一步指出，根本原因在于是否按道行事。

原文四句是层层递进的关系，即大道废弃了，才会出现仁义、智慧、大伪、六亲不和、国家混乱。

十九章

【导读】

针对上一章出现的问题，本章给出解决方案。

绝圣①弃智②，民利百倍。绝仁弃义，民复孝慈。绝巧③弃利④，盗贼无有。

此三者，以为文⑤不足，故令有所属⑥：见素抱朴⑦，少私寡欲。

【译文】

杜绝用智慧扰乱社会、抛弃用智巧手段奴役民众，人民自然受益百倍。不用人为的仁义伦理教化、约束民众，人民自然恢复孝顺慈爱的本性。杜绝投机取巧、唯利是图，盗贼也就不存在了。

这三个方面，仅仅把它们作为措施是不够的，所以还要从根源上去解决：行为表现上要保持自然淳朴，内心要少存私心杂念。

【注释】

① 圣：智慧。
② 智：聪明。
③ 巧：投机取巧。
④ 利：逐利。
⑤ 文：外在的东西，这里指条文、措施。《论语·雍也》：“质胜文则野，文胜质则史。”
⑥ 有所属：有针对问题根源的措施。属：归属。
⑦ 见素抱朴：行为表现自然淳朴。见（xiàn）：表现。素：未染色的绢，指自然本色。朴：未加工的木头，指朴实自然。

【解读】

绝圣弃智，民利百倍。

在现代人眼里，聪明智慧是好东西，人人都希望拥有。但从宏观的社会治理而言，则是弊大于利。聪明人为谋私利，会利用自身优势，或投机取巧，或更改社会规则，让社会丧失淳朴之风，人人尔虞我诈，把社会秩序推向混乱。打擦边球、钻制度漏洞向来是聪明人的拿手好戏。搅浑了水，才有摸鱼的机会。因此，规则越简单，对民众越好。

原文校对情况：

楚简本作“㠯智弃攴”。“攴”无法确定是什么字。有的学者将其作“辩”解，没有根据。

绝仁弃义，民复孝慈。

仁义是什么？仁义的标准是什么？仁义来源于哪里？这是几千年来一直在讨论的话题。它们没有明确的界定，也没有具体的衡量标准，更没有说服力的来源。因为它们不过是某些聪明人提出的想法而已，而且定义权掌握在当权的统治者手里。仁义推行了几千年，人类的发展进程如何，民众的日子过得怎样，历史已经给出了答案。万物都是自然的产物，各自都被赋予了生存之道，我们称为自然生存模式。在动物世界里，没有灌输仁义孝慈理念的群居动物都能够做到和谐相处，哺乳动物对自己的后代都能做到悉心养育和保护。而作为万物之灵长的人类，反而要高喊仁义才能做到父慈子孝，这难道不值得我们思考吗？

比如倡导孝道的“羊有跪乳之恩，乌有反哺之义”，就是没有事实根据的伪证。动物学家研究表明，羊跪着吃奶是因为这样的高度最合适哺乳；而乌鸦长大后一个阶段与父母一起捕食喂养雏鸟，是为了向父母学习育雏经验。提倡孝道没有错，但人为的过度提倡就有问题了。

绝巧弃利，盗贼无有。

巧取豪夺，都是为了私利。抛却非分贪占之心，摒弃投机取巧之念，自然也就没有了盗贼，更不存在窃国大盗了。

此三者，以为文不足，故令有所属：见素抱朴，少私寡欲。

怎样彻底解决上一章出现的问题，让社会重新回归正道？绝圣弃智、绝仁弃义、绝巧弃利，这三条只不过是解决面上问题的具体措施，属于治标。因此还要从治本上下功夫，即从人的行为和内心做起，行为上要保持淳朴自然，内心要保持清虚少欲，让民众回归自然状态。添水止沸加釜底抽薪，做到标本兼治。

原文校对情况：

“三者”，指“绝圣弃智，绝仁弃义，绝巧弃利”这三项措施。王弼本、河上公本、傅奕本如此，帛书本、楚简本、张镇南本作“三言”。

【小结】

针对上一章提出的问题，本章给出了解决方案，既包括治标的措施：绝圣弃智、绝仁弃义、绝巧弃利，又包括治本的方案：见素抱朴、少私寡欲。重点是治本。

二十章

【导读】

上一章讲要杜绝仁义等问题，根本举措还是做到“见素抱朴，少私寡欲”。怎样才能保持“见素抱朴，少私寡欲”的自然本性不受干扰？看看本章怎么说。

绝学①无忧。

唯②之与阿③，相去几何？美之与恶，相去何若？人之所畏，不可不畏。

荒④兮，其未央⑤哉！

众人熙熙⑥，如享太牢⑦，如春登台；我独⑧泊⑨兮其未兆⑩，如婴儿之未孩；儽儽⑪兮若无所归⑫。

众人皆有余，而我独若遗⑬；我愚人之心也哉！沌沌⑭兮。

俗人昭昭⑮，我独昏昏；俗人察察⑯，我独闷闷⑰。澹⑱兮其若海；飂⑲兮若无止。众人皆有以⑳，而我独顽㉑似鄙㉒。

我独异于人，而贵食母㉓。

【译文】

杜绝学习主观自创的东西，就能做到无忧了。

管理者与被管理者，地位差距能有多大呢？没有太大的差别。美好与丑恶，区别又能有多大呢？没有太大的区别。但人们所害怕的事情（比如人身被伤害、权利被侵害以及来自大自然的危险等），每个人都应该有畏惧心而不去施加给别人或以身犯险。

现实差得远啊，没有尽头！

众人对权力、地位、仁义、智巧、忠孝、功名、利益等认为好的东西趋之若鹜，像享受丰盛大餐一样痴迷陶醉，像春天登上高台欣赏春色一般踌躇满志。我却安安静静，对此没有行动的迹象，好像婴儿还没有长成懂事的孩子；一副无精打采的样子，仿佛没有什么追求。

众人都大有收获，而我却像丢了东西；我有颗愚笨的心啊！一副分不清好坏的样子。

世俗之人头脑清晰，我却糊里糊涂；世俗之人处事精明，我却无所作为。他们对富贵名利的追逐如同大海的波浪一样前赴后继、连绵不绝，他们膨胀的欲望如同不断飘升的浮尘，没有止境。众人都觉得很有作为，而我却愚笨得似乎被看不起。

我偏偏与众人不一样，而是注重从大道中汲取营养。

【注释】

① 绝学：杜绝学习主观人为的东西，比如上一章的圣、智、仁、义、巧、利等。绝：杜绝，戒除。

② 唯（wěi）：遵从应答声“是”，这里指作出应答声的被管理者。

③ 阿（hē）：通“呵”，呵斥，斥责。这里指出声呵斥的管理者。

④ 荒：远。这里指理想与现实差得远。

⑤ 未央：没有尽头。

⑥ 熙熙（xī）：热闹的样子。

⑦ 太牢：丰盛大餐。古代祭祀，猪牛羊都有，称为太牢。

⑧ 我独：我却。我：行道者。独：却，偏偏。

⑨ 泊：安静，恬静。
⑩ 兆：征兆，迹象。
⑪ 儽儽（lěilei）：憔悴颓丧的样子。有些古本做“乘乘”，意思相同。
⑫ 所归：目标，追求。
⑬ 遗：丢失。
⑭ 沌沌：混沌不清。
⑮ 昭昭：明明白白的样子。
⑯ 察察：精明的样子。察：精明。
⑰ 闷闷：沉闷，无所作为、无所事事的样子。
⑱ 澹（dàn）：波浪起伏的样子。
⑲ 飂（liú）：飘。傅奕本为“飘”。河上公本作“漂”，通“飘”。
⑳ 以：作为。
㉑ 顽：愚笨。
㉒ 鄙：轻视。
㉓ 贵食母：注重从大道中汲取营养，注重向大道学习。贵：注重。食：以……为食。母：万物之母，指世界本源的大道。

【解读】

绝学无忧。

社会之所以偏离正道，在于被不符合自然规律的主观干扰，比如上文说的仁、义、圣、智、巧、利等。这些没有客观依据的思想和做法，都是人在以我为主的基础上自己琢磨出来的东西，都是为了满足追名逐利的私欲，与遵道而行的无为理念背道而驰。所以，杜绝学习这些纯粹人为的东西，也就从源头上消除了它们对社会的干扰，就像河流的源头保持纯净不被污染。

唯之与阿，相去几何？

在理想的自然社会，君主因循自然之道，在管理上对民众“行不言之教”，民众在因循自然中自由生存，两者是非常松散的管理与被管理关系。由于“无为”占据主导，权力干预在社会管理中作用很小，所以整个社会管理是扁平化的，管理者与被管理者的差异在于社会分工不同，地位差距不大。

不人为区分人的地位高下，人与人之间就不会有贵贱之分，人与人的关系就会平等和谐，相安无事。如果上下等级森严，地位差距悬殊，形成特权阶层，剥削与被剥削、压迫与被压迫的阶级对立就产生了，社会就不再和谐。

本句强调的是不要搞人为的贵贱之分，避免造成社会分化。这是杜绝学习的内容之一。

美之与恶，相去何若？

在自然社会，人的行为是围绕生存这个根本而展开的，除了个别恶意伤害、侵害他人利益的情况外，人们在自然生活中彼此小的矛盾、摩擦在所难免，也不是什么根本的是非、好坏，彼此包容互谅，平静对待，和谐相处。但如果人为制定是非、好坏标准，社会就变成了是非社会。在一个是非社会里，人人都会以自己的是非、好坏的标准去评判别人，用好恶的情绪对待别人，放大了彼此之间的矛盾，增加了人与人之间的对立，社会怎能和谐?

本句强调的是要互相尊重、包容，不以人为的是非、好坏标准去划分人、对待人。这也是需要杜绝学习的内容之一。

原文校对情况：

“美”，帛书本、傅奕本、张镇南本作“美”，楚简本作“ 㒼”，王弼本、河上公本作“善”。

“何若”，帛书本、傅奕本、张镇南本、河上公本如是，楚简本作“可若”，王弼本作“若何”。

人之所畏，不可不畏。

淡化贵贱之分、模糊好坏之别，并不是说人们可以没有约束地随心所欲、为所欲为。凡事都有底线。不管是统治者还是一般社会个体的行为都要有底线，不能超过必要限度。人们害怕什么？害怕身体受到伤害，害怕自身利益被侵犯，等等。因此，人人都要对他人的生命安全、财产安全、人身权利等基本权利给予必要的敬畏和尊重，不要去做侵害他人利益的行为，这就是行为底线。人人做到这些，就会实现互相尊重、互不伤害、互不侵犯。这是保证社会和谐的底线。尤其是统治者，要想民之所想，害怕民众所害怕。民众害怕死亡，就要尊重民众的生命权，不草菅人命，不发动战争；民众怕吃不上饭、过不上好日子，统治者就要简朴行政，轻徭薄赋，减轻民众的负担，尽量不搅扰民众，让民众安心生产生活；民众怕被限制自由，统治者就不要随意支配、限制民众，给他们以充分的生活自由度；民众害怕利益受到侵害，统治者就要维持公正和谐的社会环境，让每一个人的人身财产利益不受侵害……

人之所畏，当然也包括大自然的红线，比如危险的环境、气候等，所以不要以身犯险。

本句与孔子的“己所不欲，勿施于人”道理类似。

本句强调的是尊重他人的生存权利，行为要有底线意识。

荒兮，其未央哉！

前面三句讲的不搞贵贱之分（管理扁平化）、不搞人为好坏之别（好坏界限模糊化、不以自己的好恶定性他人）、尊重他人利益，都是理想、和谐社会的应有之义。但在大道废弃的现实社会中却与此差得很远。

众人熙熙，如享太牢，如春登台；我独泊兮其未兆，如婴儿之未孩；儽儽兮若无所归。

现实中，在圣、智、仁、义、巧、利等人为的价值体系支配下，人们见样学样，互相效仿，对权力、地位、仁义、智巧、忠孝、功名、利益等的追求和支配、奴役他人的热衷前所未有。如同享受最上等的美食那样令人惬意，像春天登上高台观光一样意气风发。而行道者不为所动，心静坦然。但在众人眼里，行道者的表现就像一个不懂事的孩子一样，浑浑噩噩，没有追求。

婴儿期完全是在先天本能的指引下活动，这期间脑细胞生长分裂速度快，记忆无法有效存储，主观意识还没有发挥作用，所以不会受后天经历的干扰，这就是婴儿之未孩的阶段。等孩子能记事了，说明大脑对后天的记忆能够有效存储了，后天的经历将会影响他的思维，有意识的自主活动就开始了，欲望、情绪也就产生了。俗称懂事了，婴儿也就成了孩子。

众人皆有余，而我独若遗；我愚人之心也哉！沌沌兮。

在社会激烈追逐中，大家都感觉很有收获。与此相反，行道者不参与竞争，所以在名利场中一无所获。在追名逐利的众人眼里，没有赚到就是亏了。所以在他们看来，行道者就是个混沌不清的庸才。

俗人昭昭，我独昏昏；俗人察察，我独闷闷。

在红尘滚滚的社会里，世俗之人你争我夺，各尽其能，都觉得自己思维清晰，行事精明；而行道者的表现就显得稀里糊涂，无所事事。立场不同，观点就不一样。

澹兮其若海；飂兮若无止。

大海上的波浪一个连着一个，绵绵不尽。世俗之人对地位、权力、财富、名声等的追逐，就像大海的波浪一样，前赴后继，连绵不绝；世俗之人追求无度，欲望无穷，就像飘向高空的浮尘一样越飞越高，没有止境，没有限度。“飂”，飘。说某个人飘了，就是说他没数了。

原文校对情况：

本句王弼本如是；河上公本作“忽兮若海，漂兮若无止”，从河上公对其注解“我独忽忽如江海之流，莫知其所穷极也；我独漂漂若飞若扬，无所止也”看，“漂”通“飘”；傅奕本作“淡兮其若海，飘兮似无止”；帛书本甲本作“忽呵其若□（□代表残缺），望呵其若无止”，帛书乙本作“沕呵其若海，望呵若无止”；张镇南本作“忽若晦，寂无所止”。

众人皆有以，而我独顽似鄙。

结果是，众人都感觉在社会竞争中很有作为，实现了人生价值。有的人得到了权力，有的人得到了地位，有的人得到了财富……最不济的人也获得了在街头巷尾讲述前面这些人事迹的机会。不管是成功者还是一般人，每个人都有一套自已认为正确的东西。而行道者在这方面显得一事无成，格格不入，成了被轻视的对象。

我独异于人，而贵食母。

但行道者与众不同，他一直在向大道学习，从大道中汲取营养，一直在按道行事的方向前进，是道的坚定践行者。这也是与本章开头的“绝学无忧”相呼应，不学圣、智、仁、义、巧、利，而要向大道学习、向自然学习、向规律学习。

学习什么就会走什么路子，差别很大。上面对比了学习圣、智、仁、义、巧、利的人和学习大道的人之间的不同表现。没有了这些人为因素的干扰，大道之行才会畅通无阻，这就是“绝学无忧”的意义所在。

【小结】

本章是上一章的延续。

首先指出了“绝学无忧”才能维护“见素抱朴，少私寡欲”的自然之道。进而指出在遵循大道的社会，人与人的关系应该朴实自然，没有贵贱之分，没有好坏之别，互相尊重。

随后采取对比的手法，形象描绘了现实中行道者和世俗人的不同表现，得出应该向道学习的结论。

二十一章

【导读】

什么是德？上一章的最后一句话“贵食母”（重视按道行事）就是有德。本章开始讲道与德的关系以及德的具体表现。

孔德[①]之容[②]，惟道是从。

道之为物，惟恍惟惚。惚兮恍兮，其中有象；恍兮惚兮，其中有物；窈[③]兮冥[④]兮，其中有精[⑤]。其精甚真，其中有信[⑥]。自古及今，其名不去[⑦]，以阅众甫[⑧]。

吾何以知众甫之状哉？以此。

【译文】

最高境界的德，其一切作为，完全遵从于道。

道作为特殊的物，是只有心灵才能感应到的模糊不清的存在。它若暗若明啊，能感知到它的形象；它若明若暗啊，能感知到它的存在；在深远、昏暗之处啊，有它的精核存在；这个精核非常真实，它在有规律地运行。从古到今，它有规律的运行一直不变，以此来接纳天下万物的产生。

我如何知道天下事物是怎么产生的？就是根据这个。

【注释】

① 孔德：通达的德，最高境界的德。孔：通达的，通透的。德：遵道而行的品质。

② 容：容量，内容。指“孔德”的一切作为。

③ 窈（yǎo）：幽深，深远。

④ 冥（míng）：昏暗。

⑤ 精：精髓，核心。

⑥ 有信：有规律可循。信：规律。《管子・任法》：“故圣君设度量，置仪法，如天地之坚，如列星之固，如日月之明，如四时之信。”

⑦ 其名不去：它有规律运行的表现一直保持。名：名声，表现。不去：一直存在。

⑧ 以阅众甫：以此来接纳天地万物的产生。阅：容纳，接受。《诗经・邶风・谷风》：“我躬不阅，遑恤我后。”众：一切事物，指天地万物。甫（fǔ）：开始，产生。

【解读】

孔德之容，惟道是从。

最高境界的德，它的一切都只以道为遵循。这句话界定了道与德的关系。也给出了德的定义：遵道而行。下面将进一步说明。

道之为物，惟恍惟惚。惚兮恍兮，其中有象；恍兮惚兮，其中有物；窈兮冥兮，其中有精。

在第十四章里，已经阐明道是身体感官无法感受到的、只有心灵意识才能感觉到的存在（惚恍）。这里继续对道的存在进行进一步认识。除了在恍惚中能感受到它特有的无状之状、无物之象外，在非常遥远的昏暗之处，我们无法看到的地方，有它的核心精髓存在。它就是宇宙的核心，是世界运行的圆心，是天下的根本。

其精甚真，其中有信。

道的这个核心精髓，不是想象，而是非常确定的存在；不但存在，而且还在有规律地运行着，就像日夜交替、四季轮回一样有信用。之所以“甚真”，是因为“有信”。一个事物如果“有信”，一定是因为它有规律可循。因此，“有信”就是有规律。

大道有规律运行，才会对天地万物有信用，天地万物才会遵循它。天地有规律运行，才会对万物有信用，万物才会遵循它。统治者出台的政策正确，对民众来说才会有信用，民众才会遵从。人说到做到，在别人眼里才会有信用，别人才会信赖他。因此，信用来自规律运行和确定的行为方式。这个因果关系中，规律和确定的行为方式是因，信用是果。

自古及今，其名不去，以阅众甫。

一直以来，这个核心精髓就这样有规律地运行，从未变化。在这种有规律的持续运动中，天地万物应运而生。也就是说，有规律的运行（“有信”），既是道的特征，也是天地万物产生的原因。

既然天地万物是道产生的，它们自然遵循道的规律来运行和生存，所以有“孔德之容，惟道是从”。**天地万物遵循大道运行和生存的品质属性就是“德”，这就是“德”的概念，简单地说，“德”就是遵道而行的品质。**如果把“道”比作是春、夏、秋、冬四季轮回，那么“德”就是春生、夏长、秋收、冬藏的顺应。德，存在于世间一切事物。天有天德，地有地德，道的德称为玄德，是道保持自身固有精神和规律的品质。德天生依附于道的存在，所以是自然属性。人遵循大道行事就是有德，但人开始违反道的法则而主观用事时，德就会减少，称之为失德；当完全不顾道的法则而为所欲为时，就成了无德。由此看来，有德之人行事方式一定是无为。

下一章将对怎样做到有德进行具体阐述。

原文校对情况：

帛书本作“以顺众父（甫）”。意思是以顺应天地万物的产生。

吾何以知众甫之状哉？以此。

道是世界的本源，但眼前世界的出现并不是由道一下子生出来的。天地、万物是在道有规律的运行中，慢慢依次形成、出现的。万变不离其宗，既然万物都是顺应道的规律所产生的，所以把握住道的规律，也就抓住了万物的根本。

神奇伟大的老子以无与伦比的慧眼，从丰富多彩的大千世界精准地捕捉到了规律这条主线，结合世界必有源头的理念，对宇宙世界进行反向推导，找到了世界的源头——道（你也可以用别的名字称呼它）。然后再按照正常顺序，将世界的形成过程一步步地呈现在我们面前。

道形成世界的具体过程，将在第四十二章进行总结阐述。

【小结】

首先，明确了“道”和“德”的关系：最高境界的德只按照道的法则行事。从这里也推出了“德”的概念。德源于道，因道而存在。

其次，阐述道之所以产生万物，是因为道有信（规律运行）。也就是说，道以一定的规律运行，从而产生天地万物。

二十二章

【导读】

上一章讲述了道以不变的规律运行，从而产生天地万物。而天地万物对产生它的道进行遵循，这就是德。作为万物之一的人类，怎样去遵道而行呢？本章将作具体阐述。

曲则全①，枉则正②；洼则盈③，敝则新④；少则得⑤，多则惑⑥。

是以圣人抱一⑦为天下式⑧。不自见⑨，故明；不自是⑩，故彰⑪；不自伐⑫，故有功；不自矜⑬，故长。夫唯不争，故天下莫能与之争。

古之所谓“曲则全”者，岂虚言⑭哉？诚全⑮而归之⑯。

【译文】

在以道为核心的大自然及其规律面前，屈就适应就能安全生存；在难以逾越的自然障碍面前，顺势而为、偏向绕行，就能到达要去的目标。谦虚处下，就能壮大自我；有努力和付出，就会有进步和收获。欲望少，就符合生存之道；欲望多，就会迷失人生方向。

所以圣人把按规律法则办事作为处理天下事务的模式。不自我表现，所以能做到明智处世；不自以为是，所以能找到正确的做事方式；不自我夸耀，所以功绩会被大家认可；不妄自高大，所以能够长久。正因为不争，所以天下没有人能和他争。

古代所说的“曲则全”这句话，难道是空话吗？真正做到安全生存的人都是这么做的。

【注解】

① 曲则全：屈就于客观环境和自然规律，就能安全生存。曲：委曲，顺从。全：安全。

② 枉则正：用侧向弯曲的方式去实现正面的目标。枉：弯曲，不直。正：正面的、直面的。

③ 洼则盈：低洼之处容易蓄满水，指谦虚处下就能有所收获。洼：低洼，指谦虚处下。

④ 敝则新：有付出就会有进步。敝：旧的，以前的，指以前的付出。新：变化，指进步、成功等。

⑤ 少则得：追求少就是符合自然之道。少：欲望少。得：适合，符合。

⑥ 多则惑：欲望多就会迷惑。多：欲望多。

⑦ 抱一：持守道的法则，坚持按道的运行规律办事。抱：持守，奉行。一：指道的核心精髓——道的运行法则，表现为运行规律，统称为运行规律。

⑧ 天下式：处理天下事务的模式。式：模式，范式。

⑨ 自见（xiàn）：不自我表现。见：通“现”，显露，表现。

⑩ 自是：自以为是。是：对，正确。

⑪ 彰：显示，揭示。

⑫ 伐：夸耀。

⑬ 矜：骄傲，自高自大。

⑭ 虚言：空话，假话。

⑮ 诚全：真正做到安全生存。诚：真正，确实。

⑯ 归之：归功于它，即归功于“曲则全”。

【解读】

曲则全。

字面意思是屈就、顺从就能保全自己、安全生存。向谁屈就？作为道的产物自然要向以道为核心的大自然屈就，大自然包括客观环境和自然规律。比如，过山洞要弯腰，否则碰头；天冷了要多穿衣，否则挨冻；种植农作物要在适合的季节，否则难以成熟。人要依赖于大自然才能生存，所以只有遵循规律、适应环境的人才会保全自己。这和达尔文进化论的“适者生存”有些类似。

这是正确处理人与自然的关系原则。推而广之，处理人与社会的关系也如此。比如在社会上要遵守法律，在单位内要遵守内部制度等。处理与自己身体的关系也是这样，要遵循身体生理规律，否则身体就会出问题。

本句和时下的委曲求全意思有本质区别。“曲则全”所屈就的对象是以道为核心的大自然及其运行规律，委曲求全的对象则主要指人。

枉则正。

正前方有无法克服的阻碍，用走弯路绕过去的办法，去实现想去的目标。用“枉”（弯曲）的形式来实现“正”面的目的，这就是“枉则正”。实现想要的目标为什么要用“枉”呢？用直接的方式去做岂不更省事？因为作为被主宰者，我们做事受诸多客观条件的制约。绝大多数的事情我们无法直接做到，只能通过曲曲折折的方式去完成。黄河不是一条直线就流入了大海，而是经过了九曲十八弯。通往山顶的盘山公路就是“枉则正”的典范。因此，本句讲述的是在客观形势面前，事情无法直接做到的时候，就要遵循规律，因势而为，在曲折前进中去实现目标，而不是有意走弯路。换句话说，在客观自然面前，因势而为，曲折前行才是正确的做事方式。

这是在遵循客观规律的基础上发挥人的主观能动性去做事的原则，也是讲顺应。面对自然环境如此，面对各类难题也是一样，正面无法直接解决的，就要迂回，就要从别的方向、角度去想办法解决。

原文校对情况：

帛书乙本、傅奕本、张镇南本、淮南子本作“枉（汪）则正”，帛书甲本作“枉则定”，王弼本、河上公本作“枉则直”。“直”与“正”在此处的意义是一致的，都是直面的、正面的意思。

洼则盈。

就大地而言，地势低洼就有引流蓄水的能力，就能成为江、河、湖、海。这里是比喻做人要谦虚处下，既能在学习中博采众长，不断壮大自己；又能汇聚民心，赢得大众的支持。比如在发展经济上，有的地方打出“洼地效应”牌，就是通过营造良好的营商环境来吸引人才和资本，促进当地发展。

敝则新。

敝，本意是旧的，这里指以前的付出和积累。有了过去的不断努力，才会有未来的进步和成功。千里之行始于足下，只有付出和努力，才会实现从量变到质变。

原文校对情况：

“敝”，王弼本、帛书甲本、傅奕本作“敝”。河上公本、张镇南本作“弊”，帛书乙本作“䌘”。关于“敝”“弊”等字之间的关系，在第十五章已经做过解读。

“洼则盈”，是阐述人怎样发展壮大；“敝则新”，是阐述重视付出、积累。两者都是成功的基础。

少则得，多则惑。

第十九章说过要“少私寡欲”。欲望越少活得越明白，因为符合自然之道，能够沿着正确的人生道路不受干扰地一直走下去。欲望越多活得越糊涂，因为欲望是遮挡视线的乱叶，是前进道路上的绊脚石，最终会让人迷失方向。

因此，人生的根本意义就是生存，而生存不过就是衣食住行而已。满足了衣食住行的基本需求，也就实现了人生价值。所以，人生很简单，需求不多。

因此，需求不多，符合自然之道。对于身外之物，能满足生存所必需的，才称得上有用，否则就是多余。不追求多余的东西，不为杂事所累，保持心情平静，这就抓住了人生真谛。

相反，如果对基本需求之外的权势、地位、财富、功名、享受等身外之物欲望太多，追求无度，必被诱惑遮住双眼，在你争我夺的挣扎中耗尽人生，在花天酒地的享受中迷失自我。

本句与第十二章所说的“为腹不为目”相呼应。

上面的“曲则全”“枉则正”“洼则盈”“敝则新”，实质上归类于无为的为，即无为的具体做事方式；“少则得，多则惑”则属于无为的无欲。

是以圣人抱一为天下式。

前面的“曲则全，枉则正；洼则盈，敝则新；少则得，多则惑”这些行为准则，都是以遵循自然规律为核心的，做到了就是有德之人。所以圣人把按照规律法则办事作为处理天下事务的模式。这既是圣人自己的处世模式，也是为天下人树立的行为范式、榜样。

老子用“一”来代表道的精髓，也就是上一章“其精甚真，其中有信”所阐述的道在进行有规律运行的运行法则、运行规律，统称道的运行规律，也可以延伸为以道的运行规律为核心的自然规律。道因为规律运行（“一”）产生天地万物，天地万物因为遵道而行（“德”）得以生存发展。

不自见，故明。

在以道为核心的大自然和自然规律面前，人和万物是微不足道的，既没有能力也没有资格来展现自己的厉害和伟大，适应环境、遵循规律是唯一正确选项。况且作为主宰者的大道都隐于幕后、不自我展现，何况是人呢？因此，圣人首先要做的就是正确定位，不去显摆自己有限的能力，不去表现自己有限的功绩，实实在在做人，因而能够明智处世。圣人尚且如此，何况普通人呢？然而在竞争的社会里往往是，人们为了显示比别人强，会抓住一切机会去展现自我。残酷的现实是，人一旦显摆自己，离翻车就不远了。

本句讲正确定位，不妄自尊大。

不自是，故彰。

在大自然及其规律面前，人是渺小的，人的认知能力也是非常有限的，人类对世界的认识，客观地说不足九牛一毛。比如说，即使人的身体运行原理，在科学发达的今天也没有完全搞清楚。这就要求我们遇事不能自以为是、固执己见，而应该以积极探索的态度、实事求是的方法、博采众长的胸怀去努力探索事物的规律，找到正确做事的方式。

而自以为是的人，则失去了客观认识事物的能力，其实是井底之蛙。

本句讲博采众长，正确做事。

不自伐，故有功。

按规律办事，做出了成绩，为社会做出了贡献，作为领导者这是应有之义。应该以怎样的态度去面对功绩呢？大道的做法是“生而不有，为而不恃，长而不宰”，所以圣人的做法是效法大道，只做不说，但功绩长存。

本句讲正确对待功绩。

不自矜，故长。

按规律办事，做出了功绩，提升了地位。人处于高位，怎样处理好与大众的关系至关重要。身居高位而不趾高气扬、得意忘形，为人上人而不目中无人，时刻保持谦和态度与大家和谐相处，这样就能够长久。这种长久，既是社会稳定的长久，也是管理者地位的长久。

本句讲正确对待权势地位。

夫唯不争，故天下莫能与之争。

不争的理念，贯穿于“不自见”“不自是”“不自伐”“不自矜”之中。“不自见”是不与大自然争谁厉害、谁说了算，而是为了正确处世；“不自是”是不与人争谁正确，而是为了找出正确的处世之道；“不自伐”是不与人争功劳，而是为了有益于大众；“不自矜”不是为了争地位，而是为了和谐长久。所以才有“夫唯不争，故天下莫能与之争”的结论。

古之所谓“曲则全”者，岂虚言哉？诚全而归之。

古代所说的“曲则全”这句话，难道是空话吗？真正做到安全生存的人都是这么做的。这是拿事实来证明“曲则全”等，来强调它的正确性。老子非常实事求是，整部《道德经》严格遵循“讲话有根据，做事有遵循”的原则（“言有宗，事有君”，见第七十章）。

【小结】

本章是对上一章“孔德之容，惟道是从”展开的阐述，也是对无为的具体阐述。以“曲”求“全”、以“枉”求“正”、以“洼”求“盈”、以“敝”求“新”、以“少”求“得”，其核心都是遵循规律，按规律办事。

“曲则全，枉则正”讲怎样处理人与自然的关系；“洼则盈，敝则新”讲在社会上如何为人处事；“少则得，多则惑”讲如何看待自身需求和身外之物的关系。这些都是人生的重要原则。而“不自见，故明；不自是，故彰；不自伐，故有功；不自矜，故长”则是将上述原则的具体细化，也可以说是执行上述原则的注意事项。

做到了这些，就做到了无为，就是一个有德的人。

二十三章

【导读】

上一章讲了在大道和规律面前，正确的处事方式是因循，是按规律办事。本章将阐述道和天地万物的一脉相承性。

希言[①]自然。

故飘风[②]不终朝[③]，骤雨不终日。孰为此者？天地。天地尚不能久，而况于人乎？

故从事于道者，同于道；德者[④]，同于德；失者[⑤]，同于失。同于道者，道亦得之[⑥]；同于德者，德亦得之；同于失者，道亦失之。

信不足焉，有不信焉。

【译文】

极少干预是自然常态。

因此，暴风刮起来不会超过一个早上，骤雨下起来不会超过一天。这些非常态的天气是谁干的？是天地。天地尚且对非常态的极端天气不能维持长久，何况是人呢？

所以按道行事的人，他的表现与道一致；按德行事的人，他的表现与德一致；按错误行事的人，他的表现与错误一致。表现与道一致的人，道也会帮助他；表现与德一致的人，德也会帮助他；表现与错误一致的人，也会失去道的帮助。

信用不足了，也就有了不信任。

【注释】

① 希言：极少言教、干预。希：罕见。
② 飘风：暴风，狂风。
③ 终朝（zhāo）：整个早上。终：整个，全部。
④ 德者：是“从事于德者”的省略句。
⑤ 失者：是“从事于失者”的省略句。失：失道，背离道的错误做法。
⑥ 得之：让他得到帮助，成全他。

【解读】

希言自然。

极少干预，是大自然的运行常态。因为大道不言，按照自身固有的规律运行。天地不仁，在遵循道的运行规律前提下以自身固有的规律运行。万物遵循客观规律，依照本性自然生存。这些就是自然常态。人类作为万物之一，不管是人与人相处，还是管理社会，都应该贯彻不干预的“不言”原则。

原文校对情况：

“希”，傅奕本作“稀”。

故飘风不终朝，骤雨不终日。孰为此者？天地。天地尚不能久，而况于人乎？

狂风和瓢泼大雨是天地之间气流运转的非正常表现，持续时间短暂，而且很少发生。这种非常态的情况，天地都不能维持长久，人怎么会有能力对他人、对社会进行长久持续的支配、干预呢？这是拿天地非常态的不可持续，来说明人的主动干预更不可持续。所以还是尽量少“言”、尽量不主动干预为好。

故从事于道者，同于道；德者，同于德；失者，同于失。

按照道的精神、法则做事的，自然与道的表现相一致。按照德、失做事的，同理。近朱者赤，近墨者黑。走什么样的道路就会有什么样的表现。有什么样的世界观就有什么样的方法论。具体到人类个体，就是接受什么样的教育，就会有什么样的行为模式。

原文校对情况：

帛书乙本作“故从事而道者，同于道；德者，同于德；失者，同于失”，帛书甲本作“故从事而道者，同于道；德者，同于德；者者，同于失”，王弼本、河上公本作“故从事于道者，道者同于道；德者，同于德；失者，同于失”，傅奕本作“故从事于道者，道者同于道；从事于得者，得者同于得；从事于失者，失者同于失”，淮南子本作“从事于道者，同于道”，张镇南本无此句。

同于道者，道亦得之；同于德者，德亦得之；同于失者，道亦失之。

按照道的路子行事，自然会得到道的帮助，让你得到好的结果。按照德的路子行事是一个道理。而走上错误道路的人，离正道渐行渐远，自然得不到道的支持。在以道为核心的世界里，失去道的扶持和帮助，后果可想而知。

一个人，当他遵道而行时就会顺风顺水，当他不再按道行事时则会面临荆棘坎坷。

原文校对情况：

“道亦失之”，帛书本作“道亦失之”，张镇南本作“道失之”。王弼本、河上公本作“失亦乐得之”，傅奕本作“失亦得之”。“失亦乐得之”（错误也乐于成全他），意思差别不大。

“故从事于道者……道亦失之”这段话的主要意思是，走什么样的道路就有什么样的表现，有什么样的表现就有什么样的结果。本段各古本原文表述差别较大，可参考各古本进行对比。

信不足焉，有不信焉。

这是对前文的总结性引用，意思是统治者、管理者或者普通人不按规律办事，所采取的政策、做法就会出现错误，随着错误的增多，公信力、诚信度就会下降，大家也就开始不信任他们。

道之所以被天地万物遵从，是因为有信，即一直按规律运行而不随意改变；天地之所以被万物遵从，是因为有信，即遵循大道的规律运行而不擅自行事；圣人之所以被民众追随，也是因为有信，即按客观规律办事而不主观妄为。因此，“信”是道之本、天地之本，也是人之本。

原文校对情况：

“信不足焉，有不信焉”，帛书本没有此句。

【小结】

前面论证了遵道而行（“无为”）的具体做法，本章继续对“不言之教”进行论证。总结指出，做事是有因果的。按照道、德行事，会得到道、德的成全，自然会有好的结果。违反道的规律法则，走错误的道路，就会有错误的结局，更不会得到道的帮助。

二十四章

【导读】

上一章说了遵道而行的好处。本章将阐述逆道而行的坏处。

企①者不立，跨②者不行。自见者不明，自是者不彰，自伐者无功，自矜者不长。

其在道也，曰余食③赘行④，物或恶之⑤，故有道者不处。

【译文】

踮起脚的人站不了多久，跨越式走路的人行不了多远。自我表现的人不明智；自以为是的人找不到正确做事的方法；自我夸耀的人没有人感念他的功劳；自高自大的人，不会长久。

这些行为从道的角度，是吃剩下的饭渣和多余的举动，人们都厌恶它们，所以有道的人不会这样做。

【注释】

① 企：踮起脚站着。
② 跨：以跨越式的步幅行走。
③ 余食：剩饭。
④ 赘（zhuì）：多余的，无用的。
⑤ 物或恶之：大家都厌恶它们。物：众人，人。或：虚词，用于强调。恶：讨厌，厌恶。

【解读】

企者不立，跨者不行。

踮起脚站着，看起来比平常高了，但能保持多久呢？像跨越壕沟般的大跨步行走，看起来迈的步子大、走得比平常快，但很快就会胯骨疼了，又能走多远呢？把非常态的东西当成常态来展现，装出一副很厉害的样子，只不过是自欺欺人罢了。

自见者不明。

能力有限却喜欢自我表现，这样的人既没有自知之明，也不尊重大自然，也不把别人放在眼里，因此是不明智的。例如，春秋时期的宋襄公，在没有认清自身实力和天下形势的情况下盲目称霸，结果死在称霸的路上。

自是者不彰。

自以为是的人是井底之蛙，目中无人，看不到别人的优点，无法去学习借鉴，也不会去辩证统一地认识事物、发现规律。自以为是的人还会压制持有正确观点的人，所以不会让正确的行事方法有用武之地。

自伐者无功。

有了功劳，急不可耐地挂在自己身上，自我夸耀，称颂的话被自己说完了，还需要别人做什么呢？另外，自我夸耀的目的是用功劳换取好名声，本质是交易。既然是交易，当功劳换取名声后，功劳自然就没有了。这就好比选拔人才，如果出于公心、唯才是举，那么就是伯乐与千里马的关系，被举荐者会感恩终生；如果出于私欲而卖官鬻爵，那么相互之间就是交易，事后一拍两散、互不相欠。

自矜者不长。

身处高位，对大众居高临下，骄横跋扈，只会造成上下对立，激化社会矛盾，对社会、对个人都会产生负面影响，因此不会长久。

其在道也，曰余食赘行，物或恶之，故有道者不处。

企者、跨者、自见者、自是者、自伐者、自矜者，都不是上一章所说的“希言自然”的自然表现，都是非常态，都是与道的精神相违背的，以行道者的标准去衡量，都像是吃饭剩下的饭渣、做事画蛇添足一样令人讨厌。所以有道的人不会做这样的事情。

【小结】

本章是上一章的延续，列举了非常态行为的错误所在，与第二十二章相呼应。

二十五章

【导读】

从第一章开始断断续续讲了不少道的特点和表现。道到底是什么？它与天地万物的关系是怎样的？本章做一个概括。

有物混成①，先天地生。寂②兮寥③兮，独立④不改，周行⑤而不殆⑥，可以为天下母⑦。

吾不知其名，字之曰道，强⑧为之名曰大。大曰逝⑨，逝曰远⑩，远曰反⑪。

故道大、天大、地大、王⑫亦大。域⑬中有四大，而王居其一焉。人法⑭地，地法天，天法道，道法自然⑮。

【译文】

有个事物是非有非无的混沌状态，在天地出现之前就已经存在。它没有声音，没有形迹，独立存在而且恒久不变，循环运行而且永不停息，可以把它看作是世界的母体。

我不知道它的名字，用个字表示叫“道”，勉强用“大”来表示它。根据它的运行特点，这种“大”是运动的，运动又是长久的，长久的运动又是以循环往复的方式进行的。

所以，道具有“大”的特征，天具有“大”的特征，地具有“大”的特征，按照客观规律治理的人类也具有“大”的特征。在这个世界上有四个称得上“大”的存在，按照客观规律治理的人类就是其中之一。人遵循地的运行规律，地遵循天的运行规律，天遵循道的运行规律，道按照自身固有的规律运行。

【注解】

① 混成：非有非无的混沌状态。混：混沌，即非有非无的状态。成：事物生长到一定的状态。

② 寂：没有声音。

③ 寥：没有形迹。

④ 独立：不依靠其他事物而存在。

⑤ 周行：循环运行。周：循环。

⑥ 殆：通“怠”，懈怠、停顿。

⑦ 母：母体，指世界的创造者、运行者、养育者。

⑧ 强（qiǎng）：勉强。

⑨ 逝：运行，运动。《广雅》：“逝，行也。”

⑩ 远：时间久远。

⑪ 反：反复，循环往复。

⑫ 王（wàng）：统治，治理。这里指以客观规律治理的人类。见十六章“公乃王”。

⑬ 域：区域，指人类生存的世界。

⑭ 法：效法。

⑮ 自然：自身本来的样子。

【解读】

有物混成，先天地生。

有个事物早在天地出现之前，就已经以混沌的形态存在了。混沌是非有非无的形态，类似于静态空气的空虚状态，又好比黎明前非黑非亮状态。你不能说它有，因为看不见、听不到、摸不着；你又不能说它没有，因为它有极其细微的类似于中子、电子的物质存在于其间。道既包容着这个混沌世界，又寓于其中。第四章的“道冲”描述的是它在演化出天地之后的一种空虚无形的状态，比混沌状态时要纯净得多，但都是空虚无形。道早于天地，这在第一章“无名，天地之始”、第四章“吾不知谁之子，象帝之先”、第六章“玄牝之门，是谓天地根”就已经有了阐述。

寂兮寥兮，独立不改，周行而不殆，可以为天下母。

它没有声音、没有形迹，是“视之不见、听之不闻、搏之不得”。天地运行、万物生存都依赖它，但它却不依赖于任何事物而存在，而且恒久不变。“独立不改”这个特点只有世界本原（源）才有，这和第一章的“恒道”相呼应。它周而复始地运行，而且不会停止。因此，可以把它当成世界的本原（源），天下一切事物的母体。

原文校对情况：

帛书本、楚简本没有“周行而不殆”这一句。

吾不知其名，字之曰道，强为之名曰大。

因为它从来不说自己是谁，叫什么，所以我不知道它的名字，就用“道”这个字来称呼它，这与第一章的“名可名，非恒名”相呼应。没有比它更大的了，所以勉强用“大”来代表它。

大曰逝，逝曰远，远曰反。

世界是运动的，因为道“周行而不殆”。按照道的这个运行特点，称得上“大”的，一定要能够运动（“逝”）；运动还要能够持久（“远”）；运动还要以循环往复的方式进行（“反”）。天、地一直在按规律进行循环运行。对于以客观规律治理天下的人类而言，生存活动如江河之水滚滚向前，属于运动范畴，符合“逝”的特点；遵循自然规律的生存发展能够源源不断、持续长久，符合“远”的特点；生存发展的方式是代代相传、生生不息，符合“反”的特点。

故道大、天大、地大、王亦大。域中有四大，而王居其一焉。

因此，道、天、地、按照客观规律治理的人类都符合“大”的这三条标准。

在我们生活的这个世界里，有四个称得上“大”的存在，以自然之道治理天下的人类占有其中的一席。这是很了不起的事情。

为什么文中用的是“王”而不是“人”呢?“王”表示以客观规律治理天下的人类，走的是遵循自然规律的正道，所以才能长久。而不遵循自然法则的人类是不会长久的，因此就不属于“大”的范畴。

原文校对情况:

“王”，傅奕本作“人”，帛书本、楚简本、王弼本、河上公本、淮南子本、张镇南本作“王”（老子想尔注本作“生”）。

人法地，地法天，天法道，道法自然。

道、天、地、施行王道的人类之间的关系是怎样的呢?

人类生存在大地上，是大地的一部分，所以要适应大地的环境，遵循大地的运行规律；大地是天（宇宙）的一部分，所以大地要效法天的运行规律运行；天产生于道，所以按照道的运行规律运行；道作为世界的本源，按照自身固有规律运行。

“人法地，地法天，天法道，道法自然”讲的是世界的运行秩序，是《道德经》的核心思想。

【小结】

本章对道进行了概括性的阐述，并对道和它所产生的天、地、万物之间的关系进行了界定。

“人法地，地法天，天法道，道法自然”，是世界运行的秩序，是《道德经》这本书贯穿始终的主线，也是整个宇宙的德之所在。

天地、万物不过是道在规律运行中的演化形态，而且并不是最终形态，它还在继续演化之中。

当人类的生存符合道的运行规律时，才能保持长久。所以，摆正位置走正道很重要。

二十六章

【导读】

人法地，地法天，天法道，道法自然。人类效法大地、效法自然，从中会得到什么启发呢？

重为轻根[①]，静为躁君[②]。

是以圣人终日[③]行，不离辎重[④]。虽有荣观[⑤]，燕处超然[⑥]。

奈何万乘[⑦]之主而以身轻天下？

轻则失[⑧]本，躁则失君。

【译文】

稳重是制约轻率的根本，为了生存而活动是制约妄动的主宰。

所以圣人出行哪怕只有一天，也不会远离生活必需品。即使自己做出引以为荣的事情，看到美妙的景致，也会像燕子对待这些东西一样毫不在意。

为什么拥有万辆战车的大国君主却要以自己的轻举妄动来对待天下呢？

轻率就背离了稳重处事的根本，妄动就违背了为生存而活动的原则。

【注解】

① 重为轻根：稳重是轻率的根本。重：稳重。轻：轻率，轻举妄动。
② 静为躁君：为了生存而活动的行事原则是妄动的主宰。静：为了生存而活动。见第十六章“归根曰静”。躁：躁动，妄动。君：主宰。
③ 终日：一整天。
④ 辎重：古代泛指外出时携带的箱笼包裹，这里指生活必需品。辎：古代有帷盖的一种大车。
⑤ 荣观：引以为荣的事情和美丽的景观。荣：光荣。观：景色。
⑥ 燕处超然：像燕子对待“荣观”那样毫不在意，指超然物外。处：对待。
⑦ 万乘：指拥有一万辆战车的大国。乘（shèng）：四匹马拉的战车。用“万乘”是表示国之大，是夸张的手法。
⑧ 失：背离，离弃。

【解读】

重为轻根。

在地球上，大地为重，万物为轻。大地厚重，所以承载万物，万物依赖大地而生存。所以，效法大地从稳重做起。稳重是一切活动的根本，要慎重行事，不要轻率、草率，不要任性妄为。特别是在成功面前，更应该有定力。

静为躁君。

处静是一切行为的主宰。为生存而活动是做一切事情的出发点。只做该做的事，不盲动，不随意作为。

是以圣人终日行，不离辎重。

圣人是稳重处世的典范。即使出去一天的时间，也要携带好生活必需品，做好应对各种突发和意外的准备。

原文校对情况：

“圣人”，王弼本、河上公本作“圣人”，韩非子本、张镇南本、傅奕本、帛书本为“君子”。君子，是仅次于圣人的有道之士。

虽有荣观，燕处超然。

圣人内心清净，不为身外无用之物所羁绊，对荣誉、身外美景的态度，用燕子作比喻很有意思。燕子对人类的追求和爱好毫无兴趣，对人类的食物也没有觊觎之心，也不会追求什么虚名，它们自食其力，只为了生存而忙碌。

奈何万乘之主而以身轻天下？

拥有上万辆战车的大国君主，一举一动都关系到天下人的安危，所以更要稳重行事。

有学者以“万乘”之国质疑老子的年代，认为“万乘”之国只有战国才有。其实，到了春秋中后期，传统的田制和兵制都发生了变化，尤其是兵制的改变使得征兵范围进一步扩大。随着各诸侯国不断扩军，到了春秋末期，各国的战车数量大增。例如，公元前 529 年（昭公十三年）七月二十九日，晋国在邾国南部治兵（检阅军队），就动用兵车 4000 乘，如果将晋国卿族的军力也计算在内，晋国总兵力应能达到近万乘。而当时的楚国兵力更是强于晋国。

原文校对情况：

帛书本“主”作“王”。

轻则失本，躁则失君。

如果轻率行事，就把稳重处事的根本原则丢弃了。如果贸然行动、随意而为，就背离了行动的根本遵循。违反原则，后果是很严重的。

原文校对情况：

“本”，王弼本、帛书本、傅奕本、张镇南本作“本”，河上公本、韩非子本作“臣”。

【小结】

人效法大地，以稳重为本，防止轻率；处事以“静”为遵循，避免妄动。

做到以重制轻，以静制动。

就如一棵树，如果将道比作是根，天地就是主干，万物就是枝叶。正因为有主干的稳固支撑，枝叶才有了有限的活动自由。如果叶子脱离了树木，结局就只有一个。

二十七章

【导读】

遵循道的精神和规律处世，就是无为，就是善于为人处世。善于为人处世有哪些好处呢？

善行者[①]无辙迹[②]，善言者[③]无瑕谪[④]，善数者[⑤]不用筹策[⑥]，善闭者[⑦]无关楗[⑧]而不可开，善结者[⑨]无绳约[⑩]而不可解。

是以圣人恒[⑪]善救人，故无弃人；恒善救物，故无弃物，是谓袭明[⑫]。

故善人[⑬]，不善人之师[⑭]；不善人，善人之资[⑮]。不贵其师，不爱其资，虽智大迷。是谓要妙[⑯]。

【译文】

善于行事的人，顺应自然而为，所以不会留下主观人为的痕迹；善于教化的人，不会以自己的主观意志去强行干预别人，所以不会有过失；善于计算的人，清心寡欲、淡泊得失，所以用不着计算工具；善于阻断诱惑的人，安于清静之道，所以不用关门红尘也进不来；善于团结民众的人，民心凝聚，不用规矩约束民众也不会离开。

因此圣人总是善于救助人，所以没有被遗弃的人；总是善于发挥物的作用，所以没有废物。这就是秉承于道的正确做法。

所以，善于正确做事的人，是不善于正确做事的人的榜样；不善于正确做事的人，是善于正确做事的人的借鉴。既不重视向榜样学习，又不喜欢借鉴教训，这样的人即使看起来聪明，其实是非常糊涂。这就是为人处世的诀窍。

【注释】

① 善行者：善于行事的人。

② 辙迹：痕迹。

③ 善言者：善于教化的人。

④ 瑕谪（xiá zhé）：玉的斑痕，这里指过失、缺点。

⑤ 善数者：善于计算的人。

⑥ 筹策：古代计数用的筹码、工具。

⑦ 善闭者：善于阻断外在诱惑的人。闭：阻断，禁绝，指抵御外来诱惑。《吕氏春秋·君守篇》："中欲不出谓之扃，外欲不入谓之闭。"

⑧ 关楗：闭门并插上门闩，关门。楗（jiàn）：门闩。

⑨ 善结者：善于团结人的人。结：凝结，凝聚。

⑩ 绳约：用规矩约束。绳：法规，规矩。约：约束，制约。

⑪ 恒：总是。王弼本等作"常"。下处同。

⑫ 袭明：承袭于道的明智做法。袭：承袭，沿袭。明：正确做法，明智做法。

⑬ 善人：善于正确做事的人，善于遵道而行的人。

⑭ 师：榜样。

⑮ 资：凭借，借鉴。

⑯ 要妙：诀窍。要：关键，要领。妙：妙处。

【解读】

善行者无辙迹。

古代的马路都是土路。同一个诸侯国的马车轮距是统一的，马车走得多了马路上就形成了两道明显的车辙，车辙里的路面经过多次碾压而坚实平坦，善于驾车的人会让车轮沿着车辙行进，所以就不会在车辙外的路面上留下痕迹。但不会驾车的人对马车行走的方向控制不好，车轮就会经常越出车辙，在车辙外的路面上留下新的车辙痕迹。这里用车辙喻规律，指善于行事的人，遵照道的精神、法则处无为之事，不会留下主观自创的东西，比如名声、学说、理论、主义等。

原文校对情况：

“善行者”，王弼本、张镇南本作“善行”，河上公本、傅奕本、帛书本作“善行者”。淮南子本缺失前三句，后两句为“善闭者”“善结者”，以此推断应该作“善行者”。

善言者无瑕谪。

圣人推行的是不言之教，所以善于教化的人不会随意干预他人的生活，更不会将自己的主观意志强加于人，当然不会有过失了。

原文校对情况：

“善言者”，王弼本、河上公本、张镇南本作“善言”，傅奕本、帛书本作“善言者”。淮南子本缺失前三句，后两句为“善闭者”“善结者”，以此推断应该作“善言者”。

善数者不用筹策。

世俗之人总是在为自己谋利益，收获越多越好，所以动用一切计算工具来算计盈亏情况。真正的人生谋划者，看透人生本质，没有贪婪之心，没有私心杂念，不聚集金钱财物，生活简单，看淡外物，所以用不着使用计算工具为自己算计。

原文校对情况：

“善数者”，王弼本、河上公本作“善数”，张镇南本作“善计”，傅奕本、帛书本作“善数者”。淮南子本缺失前三句，后两句为“善闭者”“善结者”，以此推断应该作“善数者”。

善闭者无关楗而不可开。

红尘不驻清静之地，是非不惹无欲之人。善于修行的人，清心寡欲，淡泊名利，面对社会上的滚滚红尘，不用关门闭户，也能保持内心清净，不受欲望诱惑。对于善于治理天下的统治者而言，善待天下，四海宾服，民众安居乐业，路不拾遗，夜不闭户，即使城门、家门不用关闭，也不会有盗贼闯入。

原文校对情况：

“善闭者”，王弼本作“善闭”，张镇南本作“善閇”，河上公本、傅奕本、帛书本、淮南子本作“善闭者”。

善结者无绳约而不可解。

善于团结别人的人，始终把大家的利益放在最前面；虽然地位尊贵，能力出众，但从不高高在上，而是与大家打成一片，同甘共苦，和衷共济。其非凡的向心力能像磁铁一样把大家牢牢地吸附在周围。牢不可破的关系，不是靠规矩等强行捆绑，而是心心相印。

原文校对情况：

“善结者”，王弼本、张镇南本作“善结”，河上公本、傅奕本、帛书本、淮南子本作“善结者”。

以上五句话都是源于遵循大道、按规律办事，是“处无为之事”“行不言之教”的结果。

是以圣人恒善救人，故无弃人；恒善救物，故无弃物。

人生在世，各有所长。圣人“处无为之事，行不言之教”，是善于走正道（善行）、善于教化民众（善言）、善于计算人生得失（善数）、善于抵御不良习气侵袭（善闭）、善于团结民众（善结）的典范和引领者，所以说圣人总是善于救助人、挽救人，让每个人都活出自己的价值，因此没有人被遗弃。人被社会遗弃是一件非常严重的事情。要么自伤自残，要么报复社会。所以不让一个人掉队，是社会治理的重要追求。以此类推，世界上没有无用的东西，关键在于会不会用。圣人善于发挥不同物体的作用，因此也不存在无用之物。“救”，是救助、援助、帮助的意思。

桃李在春天斗艳，菊花盛开于深秋，蜡梅则绽放于严冬。天生我材必有用，大道产生的一切事物都有其存在的价值，要让它们发挥出来，只有按照自然之道去做才会实现。人生在世，只要走正道，肯付出，就一定会成功。正所谓：

天生我材必有用，各赋玄妙予众生。

不羡春夏芳菲艳，绽放秋冬任生平。

是谓袭明。

道生万物，道养万物，人尽其才，物尽其用。所以圣人的做法是承袭于大道的正确做法。

故善人，不善人之师；不善人，善人之资。

人能够进步，是因为在不断地学习和借鉴。一方面要见贤思齐，不善于正确做事的人向善于做事的人学习，学会正确做事。另一方面要引以为戒，善于正确做事的人要借鉴失败者的教训，避免自己犯同样的错误。这样，事情才会越做越好。

原文校对情况：

本句帛书本、张镇南本、淮南子本如此，王弼本、河上公本、傅奕本作“善人者，不善人之师；不善人者，善人之资”。

不贵其师，不爱其资，虽智大迷。

如果落后的不向先进学习，那么就会越来越落后；做得好的如果固步自封，骄傲自满，不借鉴失败者的教训，早晚会遭受挫折。这些都是非常糊涂的行为。

成功者的经验固然重要，失败者的教训更应该借鉴。因为以失败者的教训为鉴，至少能保证我们不犯同样的错误而立于不败之地。

是谓要妙。

以上这些，就是处世的诀窍所在。

【小结】

善于行道的人，为人处事就像河流的水一样通畅、自然，成功就像水到渠成一样容易。这是遵循大道，处无为之事、行不言之教的效果。

在人生的道路上，既要向成功者学习，又要借鉴失败者的教训；既要看到成功者的光鲜，又要看到成功背后的付出；既要看到失败者的不幸，又要看到失败后面的原因，是很重要的。这也是对“玄之又玄”（一分为二、合二为一）的具体应用。

二十八章

【导读】

遵道而行，就能成为有德之人。具体怎样修身，怎样处理与大自然的关系，怎样成为合格的管理者，本章将作详细阐述。

知其雄①，守其雌②，为天下溪③。为天下溪，恒德④不离，复归于婴儿⑤。

知其白⑥，守其黑⑦，为天下式⑧。为天下式，恒德不忒⑨，复归于无极⑩。

知其荣⑪，守其辱⑫，为天下谷⑬。为天下谷，恒德乃足，复归于朴⑭。朴散⑮则为器⑯，圣人用之，则为官长⑰。故大制⑱无割⑲。

【译文】

知道人具有雄性争强好动的一面，而坚持按雌性安静柔和处世，做天下小溪一样的人。做天下小溪一样的人，固有的遵道而行的品质就不会失去，最终达到婴儿一样的平和境界。

知道光明等生存条件的提供者，坚守自己是被养育者的定位，以此作为处理天下事务的模式。以此作为处理天下事务的模式，固有的遵道而行的品质就不会出现差错，最终做到与大自然融为一体。

知道人们都喜欢荣耀，却坚持去承担过失带来的耻辱，做像天下山谷一样能担当、有包容的人。做像天下山谷一样能担当、有包容的人，固有的遵道而行的品质就是充足的，最终与道的朴实自然的表现相一致。朴实自然之道分解细化，就是很好的治世方略。圣人用来治理天下，就成为天下的领导者。因此，以道为核心的世界运行机制一脉相承，没有割裂。

【注释】

① 雄：雄性，有争强好动的特点。

② 雌：雌性，有安静柔顺的特点。

③ 溪：溪流，小溪。指如同溪流一样柔和处下。

④ 恒德：事物固有的遵道而行的自然品质。恒：固有的、不变的。王弼本作“常”。德：遵道而行的品质（品行、素质）。

⑤ 婴儿：像婴儿一样品质柔和、与世无争。刚出生的孩子，生命活动完全出自先天功能的指引，性情自然平和，没有情绪和心机。

⑥ 白：光明，指提供光明等生存条件的大自然。

⑦ 黑：不发光的东西，指需要依赖于大自然生存的人和万物。

⑧ 式：模式。

⑨ 忒：差错。

⑩ 无极：没有分别的世界，指世界统一体。

⑪ 荣：光荣，荣誉。

⑫ 辱：耻辱。

⑬ 谷：两山之间的宽阔空间，指像山谷一样包容。

⑭ 朴：未加工过的木头。这里指道表现出的特点——朴实自然。

⑮ 散：分散，分解。

⑯ 器：工具、器具，这里指体制、规则。

⑰ 官长：领导者。

⑱ 大制：以道为核心的世界运行机制、秩序，即第二十五章的“人法地，地法天，天法道，

道法自然”的世界运行秩序。

⑲ 割：割裂，分割。

【解读】

知其雄，守其雌，为天下溪。为天下溪，恒德不离，复归于婴儿。

认识事物，要按照一分为二、辩证统一的方法。

人都有雄性争强好胜的一面，也有雌性安静柔和的一面。争强好胜，容易与人发生争端，因此不是有道者所为；而安静柔和，德行如水，才能做到与人和谐共处，体现无为，符合道的精神。小溪，安静轻柔地向下流淌，不急不争。因此，抛却争强好胜的一面，坚守安静柔和的品行，做一个像溪水一样柔和不争的人。能做到和溪水一样，万物所固有的遵道而行的品质就不会丢失，久而久之，就会回到婴儿的状态。婴儿的状态是什么样子的？第十章讲了“专气致柔，能婴儿乎”，婴儿的状态就是没有意气情绪的平和状态。

恒德来源于道的传承，是德的原始状态，是天地万物与生俱来的遵道而行的固有素质，所以称为恒德。为什么是婴儿有恒德？因为刚出生的婴儿，携带着道给予人类的生存信息，是传承于道的原始之德，是最纯正、最天然的，因此属于恒德的范畴。

本句讲怎样做人。

吕思勉在《先秦学术概论》里说：“《老子》书辞义甚古，又全书之义，女权皆优于男权，俱足证其时代之早。”

知其白，守其黑，为天下式。为天下式，恒德不忒，复归于无极。

在这个世界上，有提供生存条件的养育者，也有依赖于生存条件的被养育者。

白，就是光明，用以代表提供光明等生存条件的养育者，如天、地、太阳等；黑，本身不会发光，用以代表依赖于光明等生存条件的被养育者，比如人和万物。大自然是养育者，人是被养育者。要坚守这个定位，因循自然而为，把它作为处理天下事务的行为模式。因循自然而为，行动始终与大自然保持一致，这样他的固有德行就不会出现差错，最终就会与自然界融为一体，一切自然而然。这就叫天人合一。

本句讲怎样处理人与自然的关系。

知其荣，守其辱，为天下谷。为天下谷，恒德乃足，复归于朴。

在社会管理中，有成功的荣耀，也有失败的责任。成功了，荣誉、鲜花、掌声都有了；失败了，批评、追责也如影随形。世人往往喜欢荣誉，而把承担失败的责任看作耻辱。但作为高明的领导者，追求无名，视荣誉如大患，却非常重视反省错误、过失，目的是把社会治理得更好，所以甘于承担失败和责任，像山谷一样有容量、有担当。这样一直做下去，德行就会很充足，最终会达到与自然之道相一致。这是领导者的最高境界。

第七十八章的“受国之垢，是谓社稷主；受国不祥，是谓天下王”与“知其荣，守其辱”相一致。

本句讲怎样处理人与社会的关系，怎样做一个称职的领导者。

朴散则为器，圣人用之，则为官长。故大制无割。

以道为核心的自然界所表现出的精神也就是自然之道，经过分解细化，用在人类的社会治理上就是很好的治理方略（“朴散则为器”）。圣人用它们来治理天下，就成为社会的领导者（“圣人用之，则为官长”）。这样，大自然遵循道的规律运行，圣人按照大自然的理念来治理天下，一脉相承，所以与世界运行秩序没有割裂（“大制无割”）。相反，如果统治者用主观自创的东西来治理天下，则是与以道为核心的大自然背道而驰。

原文校对情况：

“大制无割”，帛书本、淮南子本、傅奕本、张镇南本如是，王弼本、河上公本作“大制不割”。

【小结】

本章讲了为人处世的三个方面：

“知其雄，守其雌”，是阐述怎样正确做人，要做一个像婴儿一样平和的人。

“知其白，守其黑”，是阐述怎样正确处理人与自然的关系。要正确定位，遵循客观规律，与自然融为一体。

“知其荣，守其辱”，是阐述怎样做合格的社会管理者，怎样处理与社会的关系。要做一个有包容、有担当的领导者，像以道为核心的大自然一样。

正是因为有秉持大道的人管理天下，所以人类才会与大道一脉相承。

二十九章

【导读】

秉持大道的人治理天下自然会取得成功，而凭主观去治理就会失败。原因何在？

将欲取天下而为[①]之，吾见其不得已[②]。天下神器[③]，不可为也。为者败之，执[④]者失之。

故物[⑤]或行[⑥]或随[⑦]，或嘘[⑧]或吹[⑨]，或强或羸[⑩]，或培[⑪]或隳[⑫]。

是以圣人去甚[⑬]、去奢[⑭]、去泰[⑮]。

【译文】

想要得到天下并按照自己的想法去治理它，我看他不会成功。天下是不以人的意志为转移的客观存在，不是人所能随意操控的。按照主观意愿去治理天下的人会遭受失败；执意按照主观意愿去治理天下的人就会失去天下。

因此世上的事物，有的生性主动，有的生性被动；有的缓慢柔和，有的迅速果断；有的身体强壮，有的身体瘦弱；有的正在建造成长，有的却在老化毁坏。

所以圣人除去那些过度的、盲目求大的、极端的做法。

【注解】

① 为：按照主观意愿去做。与“无为”相对。
② 得已：得手，成功。已：完成。
③ 神器：神奇的器物，不以人的意志为转移的客观存在。
④ 执：执意，坚持。
⑤ 物：事物（包括人）。
⑥ 或行：有的行走在前，指有的性情主动。或：有的。
⑦ 随：跟随，指性情被动。
⑧ 嘘：轻轻地吹气，指处理事情缓慢柔和。
⑨ 吹：急速地吹气，指处理事情快速果断。
⑩ 羸（léi）：瘦弱。
⑪ 培：垒土，指正在建造、成长。
⑫ 隳（huī）：毁坏。
⑬ 甚：做法过分。
⑭ 奢：大，指盲目求大。
⑮ 泰：做法极端。

【解读】

前面讲了无为的做法，下面讲有为。

将欲取天下而为之，吾见其不得已。

想把天下取过来按照自己的意愿去操作，是不会成功的。

翻开中国历史就会发现，从夏朝进入家天下开始，社会治理由崇尚自然之道（王道）逐渐转向人为。从此社会乱象不断，朝代更迭不绝。

周朝崇尚礼乐，为的是用礼来规范统治集团内部的关系，以维护他们的既得利益和剥削特权；用乐来调和他们内部矛盾，满足享受生活的欲望，以实现长期剥削、奴役民众。奈何欲望之门一旦开启，追求就没有了底线，礼的堤坝无法挡住愈来愈猛的欲望洪水冲击。有限的社会资源与欲壑难填便成为无法解决的矛盾。于是，统治集团内部为占有更多利益的内斗就产生了，最终导致了中国历史上黑暗的春秋战国之乱。此后，社会混乱不断催生着朝代更迭，历史似乎进入了死循环。这都是因为他们把天下当成玩物随意操控的结果。

说明：

很多注解本将“取”解读为“治”，是依据近代学者蒋锡昌在其著作《老子校诂》的解释：“《广雅·释诂》三：‘取，为也。’《国语》：‘疾不可为也。’韦解：‘为，治也。’是‘取’与‘为’通，‘为’与‘治’通；故四十八章河上公注：‘取，治也。’”的确，河上公对四十八章的“取天下常以无事”的“取”的注解是“取，治也”，但河上公对本章的“将欲取天下”的解读却是“欲为天下主也”。除了他们把“取”解读为“治”之外，在其他典籍中根本找不到“取”作“治”的用法。因此属于一家之言。

天下神器，不可为也。为者败之，执者失之。

天下本是以道为核心的大自然的产物，自有运行规律，不是人力所能控制的。所以，统治者把天下当成可以摆弄的器物，随心所欲去治理，必然会遭到失败；顽冥不化，坚持按照自己的意愿去治理天下，就会失去天下。

在这个世界上，人不是主宰者，应该始终清醒这个定位。

故物或行或随，或嘘或吹，或强或羸，或培或隳。

“或行或随”指不同的人性格不同，有人主动热情，有人安静随和。

“或嘘或吹”指处理事情的方式不同，有的缓慢柔和，有的果断干脆。

“或强或羸”指个体的体质不同，有的强壮，有的瘦弱。

“或培或隳”指事物所处的发展阶段不同，有的正在培育，处于兴起阶段；有的却在老化毁坏，处于淘汰阶段。

世界是多样性的存在，不同的事物有不同的秉性特点。地有东西南北，季有春夏秋冬，人有高矮胖瘦，事有轻重缓急。

原文校对情况：

“或培或隳”，王弼本作“或挫或隳”，傅奕本作“或培或堕”，帛书乙本作“或陪或堕”（“堕”通“隳”），帛书甲本作“或坏（坯）或楕”，张镇南本作“或接或堕”（老子想尔注本作“或接或随”），河上公本作“或载或隳”，唐御注本同王弼本，唐御疏本同河上公本。

是以圣人去甚、去奢、去泰。

因此，圣人尊重事物的差异，做事要根据不同情况，因地制宜、因时制宜、因人制宜、因事制宜，而不用一刀切式的过度的、好高骛远的、极端的措施。甚，是指过度的做法。奢，是指不顾实际、一心追求大的做法。泰，极端的做法，比如搞一刀切。这些都是凭借主观而不顾客观实际的做法。去除这些不正常做法，社会就会正常发展。

【小结】

天下万物千姿百态，行为千差万别，各有生存之道。管理者想凭自己的标准和有限的能力去进行“有为”式的管理是行不通的。

所以，尊重自然规律，尊重个体差异，用因循自然的无为之道，才是正确的做法。

三十章

【导读】

上一章讲了不能以“有为”的方式获取、治理天下。特别强调不能用极端的、过度的、盲目求大的做法，而用军事手段则是“有为”中的最极端行为。那么，在什么情况下才可以采取军事手段？

以道佐人主①者，不以兵②强天下。其事好还③。师④之所处，荆棘生焉。大军之后，必有凶年⑤。

善者果⑥而已，不敢以取强。果而勿矜⑦，果而勿伐⑧，果而勿骄，果而不得已，是谓果而勿强。

物壮⑨则老⑩，是谓不道，不道早已。

【译文】

用道来辅佐君主治理天下的，不用武力称霸天下。凡事有果报。军队待过的地方，荆棘丛生。大的战争之后，必定有灾难的年景。

善于以道治国的人使用武力只是为了达到特定的目的而已，不敢用武力来逞强。达到目的后不自大，达到目的后不夸耀，达到目的后不骄横，达到目的是出于迫不得已，这就叫为了达到目的而不是为了以武力逞强。

事物过于强盛就会走向衰败，这是不符合道的。不符合道的东西就会早早灭亡。

【注释】

① 人主：君主。
② 兵：军队，武力。
③ 其事好还：做事有果报，凡事有因果。好（hào）：容易发生，表示物性或事理的发展倾向。还（huán）：回报，果报。
④ 师：军队。
⑤ 凶年：灾年。凶：灾难，灾殃。
⑥ 善者果：善于按道行事的人为了实现特定的目的。善者：善于按道行事的人。果：实现，达到目的。
⑦ 矜：自大。
⑧ 伐：夸耀。
⑨ 壮：强盛。
⑩ 老：衰败。

【解读】

以道佐人主者，不以兵强天下。

战争能大规模杀戮生命和毁坏财物，是破坏力最强的行为，是人类的灾难。上一章讲到圣人治理天下，排除用极端的措施。而战争就是最极端的举措。所以，用道来辅佐君主治理天下的人，不用战争的手段去称霸天下。

其事好还。

种瓜得瓜，种豆得豆。做事有果报，凡事有因果。有因必有果，就好比作用力与反作用力。这是因果定律的表述第一次出现在中国的经典中，也是世界有文字记载史上的首次出现。因果定律是中华民族在探索世界、进行伟大社会实践过程中发现的重要规律，是中华民族的重要价值观，是中华文明智慧的结晶。它源于本土，并一直发扬光大。因果关系定律将在第五十八章做进一步阐述。

例如，在中国封建王朝的更迭中有不少是通过篡权进行的，有趣的是，通过篡权得到江山的往往又被别人篡权而失去江山。比如曹操父子篡夺了刘氏汉朝江山，后来又被司马懿家如出一辙地篡夺。篡夺皇位后杀害废帝的，他的江山被人篡夺后他的继承者下场也很惨。比如南朝宋武帝刘裕篡夺晋朝江山后杀死晋恭帝司马德文，他的后代宋顺帝刘准被南朝齐国的萧道成篡位后杀死；萧道成的后人齐和帝萧宝融又被南朝梁国的萧衍篡位后杀死；萧衍的后代梁敬帝萧方智又被南朝陈国的陈霸先篡位后杀死（南陈后主陈叔宝被隋文帝杨坚的隋军破国活捉，因投降而免于一死）。而杨坚篡夺北周江山，杀光北周宇文氏的皇室子孙，他的后人在国破之时也几乎被诛杀干净，奇妙的是其中大部分（包括杨广）死于宇文化及之手（都姓宇文）。又比如，秦国两名施行严刑峻法的著名人物商鞅（制定《秦律》）、李斯（编撰《大秦律》）皆是作法自毙，商鞅最终被车裂，李斯被腰斩并夷三族。非常有趣的巧合背后，大有因果机缘。

在上面的例子中，因与果是我们通过看历史知道的。但是，由于人的认知有限，绝大多数时候我们只会看到因果的一面，或者看到行为却不知道结果，或者看到结果却不知道原因，因此难免产生疑惑和不解，有类似“好人不长寿，坏人活千年”的感慨。但没看到不代表不存在，因果定律都在不以人的意志为转移地发挥作用。因果关系的演化原则也将在第五十八章进行具体阐述。

师之所处，荆棘生焉。大军之后，必有凶年。

大规模杀人和破坏，自然会带来恶果。在战争进行的时候，双方军队驻扎、行军、交战的地方，农田被踩踏，种植的庄稼被毁掉，田野里杂草遍地、荆棘丛生。在战争之后，因为大量的物资在战争中被消耗，大量的房屋财物被损毁，大量农田和庄稼被破坏，大量青壮年死于战争，加上大量农民被征兵打仗而耽误了农时，导致生产能力大幅下降，生产生活物资极度短缺，人民食不果腹，衣不蔽体，居无定所，生活非常艰难。还有比这更大的灾难吗？

原文校对情况：

帛书本、张镇南本没有“大军之后，必有凶年”这句。

善者果而已，不敢以取强。

战争是极端手段，善于按道行事的统治者一般不用。但是当国家遭受外敌入侵时怎么办？一味退让必然让对方得寸进尺。所以，当类似例外的情况发生时，动用武力维护国家安全、保证国家按照正道前进是必要之举。但使用武力要有限度，即实现目的就要适可而止，不能把武力作为谋取霸权、领土扩张的手段。就像齐桓公春秋称霸，似乎在维护周王朝权威，实则开启了用武力称霸的先河，随后多个诸侯轮流称霸，天下大乱，最终导致了把战争当儿戏、想打就打、毫无底线的战国之乱。

原文校对情况：

“善者果而已”，王弼本为“善有果而已”，楚简本、帛书本、傅奕本、河上公本、张镇南本作“善者果而已”。

果而勿矜，果而勿伐，果而勿骄，果而不得已，是谓果而勿强。

必要的时候采用一下战争手段，达到目的见好就收。如果打赢了战争后觉得自己很厉害，似乎天下无敌了（“矜”）；达到目的后把武力当成炫耀的资本一样津津乐道（“伐”）；取得战争的胜利后自我膨胀，对邻国骄横无礼，甚至炫耀武力（“骄”），这就麻烦了。这样不但自己走上了邪路，而且引发邻国的不安，势必造成军备竞赛。因此，只有做到达到目的不自大，达到目的不夸耀，达到目的不骄横，把使用武力达到目的看成是不得已的事情，这才叫为了实现目的而不是为了以武力逞强。“果而勿强”就是前面说的“善者果而已，不敢以取强”，这几句都是对它的解释。

原文校对情况：

“是谓果而勿强”，王弼本、河上公本没有“是谓”，帛书本、楚简本、傅奕本、张镇南本有“是谓（胃）”或“是”。

物壮则老，是谓不道，不道早已。

事物过于强盛就会耗费大量的人力、物力来维持。就像一辆超载运行的汽车，不但会更快地消耗汽油，而且会对车本身造成损害，长此以往会缩短使用寿命。对人而言，如果过于强壮，除了消耗大量营养，还会给身体各器官带来沉重负担，实际上是以透支生命为代价。对于国家来说，拥有庞大的军队和国家机器，看似强大，但大量耗费有限的社会资源，透支国力，势必影响了其他方面的发展，长此以往必定难以为继。从结果上看，就是盈不可持，物极必反。

【小结】

本章讲述了战争带来的危害，以及战争应该是在不得已的情况下为了实现特定目标而采取的手段，决不能把战争作为夺取天下、逞强天下的工具。

三十一章

【导读】

战争是最极端的破坏手段，不能作为以道治国的常规工具。但不得已采用时，应该以怎样的态度去对待它?

夫①佳兵②者，不祥之器。物或③恶之，故有道者不处。

君子居④则贵左，用兵则贵右。兵者，不祥之器，非君子之器，不得已而用之，恬淡⑤为上。胜而不美，而美之者，是乐杀人。夫乐杀人者，则不可得志于天下矣。

吉事尚左，丧事尚右。偏将军⑥居左，上将军⑦居右，言⑧以丧礼处之。杀人之众，以悲哀泣之。战胜，以丧礼处之。

【译文】

效果再好的战争，也是不吉利的手段。大家非常厌恶战争，所以有道之人不会把它作为常规的手段使用。

君子平常以左为贵，用兵作战时则以右为贵。战争是不吉利的手段，不是君子的手段，在迫不得已的时候才用它，最好淡化它。赢得战争后不要美化它，如果美化战争，就是喜欢杀人。而喜欢杀人的人，是不会得到天下拥护的。

吉祥的事情以左为上，丧事以右为上。偏将军的位置在左面，上将军的位置在右面，就是说用办丧事的仪式对待战争。杀人多了，要用悲哀的仪式悼念死难者。战胜了，要用办丧事的仪式对待。

【注释】

① 夫（fú）：语气助词，用于句首，引发议论或者对某事进行判断，无实义。
② 佳兵：效果好的战争。佳：美，好。兵：战争，军事行动。
③ 或：语气虚词，表示强调。这里强调对“恶”的程度。
④ 居：平常，平时。
⑤ 恬淡：淡然。
⑥ 偏将军：偏将，副将。
⑦ 上将军：古时的三军主帅。
⑧ 言：就是说，意思是。

【解读】

夫佳兵者，不祥之器。物或恶之，故有道者不处。

战争是大规模杀人、破坏的手段。所以，即使是取得完胜的战争、效果非常好的战争，也不如没有发生战争好，因此称为“不祥之器”。除了利用战争获取私利的人之外，所有人都是战争的受害者，要么人身受伤害，要么财产受损失，所以绝大多数人都厌恶战争。有道之人遵循自然，倡导和平和谐，不采取极端手段，因此不把战争作为治理国家的常规选项。

原文校对情况：

“夫佳兵者”，有的学者认为“佳”是衍字，有的甚至认为本章都是王弼的注文误混入了经文。经核对主要传世古本和其他参考传本、碑文，除了 1973 年出土的帛书甲乙本没有“佳”之外（楚简本缺损，严遵本缺上卷），王弼本、河上公本、张镇南本、傅奕本（“佳”作“美”）都有，其他参考古本、碑文基本也都有“佳（隹、嘉）”字。因此不存在王弼注文混入经文的问题。

君子居则贵左，用兵则贵右。

对我们大部分人来说，右手发挥主动作用，是主要用手；左手发挥配合作用，是次要用手。右，延伸意义是主动、冒险。左，延伸意义是被动、保守、顺应。有道之士以遵循客观自然为主要理念，例如前面讲的无为、不言、其若客、守其雌等都是这种思想的体现，属于被动保守型，所以平常以左为贵。而用兵是凶险的极端手段，因此以右为贵。

兵者，不祥之器，非君子之器，不得已而用之，恬淡为上。胜而不美，而美之者，是乐杀人。夫乐杀人者，则不可得志于天下矣。

战争不是有道之人治理国家的常规选项，只有在万不得已的情况下采用，是“善者果而已”（见三十章）。《孙子兵法》虽然是一部兵法，但并不赞成轻启战争，其开篇就说：“兵者，国之大事，死生之地，存亡之道，不可不察也”，并在《火攻篇》里进一步说：“故曰：明主虑之，良将修之。非利不动，非得不用，非危不战。主不可以怒而兴师，将不可以愠而致战。合于利而动，不合于利而止。怒可以复喜，愠可以复悦，亡国不可以复存，死者不可以复生。故明君慎之，良将警之，此安国全军之道也。”

因此给战争的定位是非常态，所以平淡看待。打了胜仗，也不要当成好事而大肆庆祝。否则就是不把战争的残酷性和无辜民众的生死放在心上，这样的人自然不会得到天下人的拥护。

吉事尚左，丧事尚右。偏将军居左，上将军居右，言以丧礼处之。杀人之众，以悲哀泣之。战胜，以丧礼处之。

君子平时以左为贵，自然是好事以左为上了。经考核历史古籍，夏、商、周三朝官场、喜事等以左为上，丧事、凶事、兵事、宴饮以右为上；秦朝以左为上；汉朝以右为上；南北朝、隋、唐、五代十国、宋以左为上；元朝以右为上；明、清以左为上。当代社会仍然以左为上，虚左以待，就是左为上的例子。因此，好事以左为上，不好的事，比如丧事、兵事等就以右为上了。所以在军队列阵对敌的时候，主将在右面，副将在左面，按照出席丧礼来对待，毕竟是做杀人的事情。因此，即使打了胜仗，总结仪式也要按照丧礼来进行，不能搞庆祝，参加丧礼有兴高采烈的吗？如果死人太多，更应当以悲戚的心情对待。

原文校对情况：

“丧事尚右”的“丧”，帛书本、楚简本、张镇南本作“丧”，王弼本、河上公本、傅奕本作“凶”。

【小结】

本章延续上一章，阐述战争不是有道之士治理天下所拥有的手段，是非正义的。但是，在特殊情况下不得不用时，要把战争当作办丧事一样，是悲痛的事情，没有办法的事情。并强调指出，那些热衷于发动战争的人，其实是刽子手，这样的人是不配当人君的。

三十二章

【导读】

前几章阐述了为人处世、社会治理的正确方式和不正确的做法，本章做一个小结。

道恒[①]无名[②]、朴[③]，虽小[④]，天下莫能臣[⑤]也。侯王[⑥]若能守之，万物将自宾[⑦]。

天地相合，以降甘露，民莫之令而自均。

始制有名[⑧]，名亦[⑨]既有，夫亦将知止[⑩]，知止所以不殆。

譬道之在天下，犹川谷[⑪]之与江海。

【译文】

道一直是默默无闻、朴实无华，虽然不起眼，天下却没有能支配它的。侯王如果能按照道的规则行事，万物就会自然宾服。

天地相互配合，适时降下好雨，没有谁命令它们却能做到自然均衡。

世界开始时的规则就确定了天地万物各自的名分。名分既然已经确定，那么就要知道适可而止，知道适可而止所以不会有危险。

打个比方，道对天下的作用，犹如让江海的支流沿着河道流向江海。

【注释】

① 恒：一直，永远。王弼本为“常”。
② 无名：没有名气，默默无闻。见第一章。
③ 朴：朴实自然。
④ 小：微不足道，不起眼。
⑤ 臣：使之臣服，支配。
⑥ 侯王：泛指天子及诸侯。周代，王之下分为公、侯、伯、子、男五等爵位，均世袭罔替，封地均称国，在封国内行使治理权。
⑦ 宾：服从，宾服。
⑧ 始制有名：世界形成时的规则就确定了各自的名分。始：开始，指世界开始形成的时候。制：规则，制度。名：名分，地位。
⑨ 亦：语气词，表示加强。下一个“亦”相同。
⑩ 止：适可而止，指行为有限度、底线。
⑪ 川谷：小河流，支流。

【解读】

道恒无名、朴，虽小，天下莫能臣也。

在第一章就讲了道的特点之一“无名”，虽然它是世界的本源，天地万物的产生者，但一直隐于幕后，一直默默无闻，一直朴实无华，因此常常被人所忽略，有微不足道的感觉。虽然如此，却改变不了它是这个世界的主宰者这个事实，因此也就没有什么能够凌驾于它之上而支配它。

原文校对情况：

“莫能臣”，王弼本、傅奕本如是，河上公本、帛书乙本、楚简本、张镇南本作“不（弗）敢臣”。

侯王若能守之，万物将自宾。

道按照固有规律和法则运行，作为社会的领导者们，只要去遵循它的法则、精神来管理，一切就会轻松自如、顺风顺水。因为万物本来就是按照道所赋予的自然生存模式生活。只要不干预，民众自有生存之道。如果干预多了，民众反而不知道怎么活了。

天地相合，以降甘露，民莫之令而自均。

道在自然运行，天地遵道而行也是如此。天地按照固有的规律相互作用，相互配合，在适当的时机降下甘霖雨露，滋养万物生长。它们的行为也不受谁的控制，而是如同设计好了似的将雨水有序地洒落在不同区域，均衡地润化万物。

始制有名，名亦既有，夫亦将知止，知止所以不殆。

世界是在严格缜密的规则保障之下、在持续不断的规律运行之下逐渐形成的。因此，道、天地、万物（人）相互之间的地位都是确定的。名分地位既然已经确定，就要各安其分，自我定位，不要越界，不要突破底线。就像河水沿着河道流淌不要越过河岸一样。第二十章的“人之所畏”，也包括畏惧自然红线。

原文校对情况：

“知止所以不殆”，河上公本、帛书本、楚简本、傅奕本如此，王弼本作“知止可以不殆”，张镇南本作“知止不殆”。

譬道之在天下，犹川谷之与江海。

道对天下的作用是什么呢？是容纳天下万物，是规范它们按照规律和固有本性运行、生活。对万物而言，外有道的运行规律，内有传承于道的基因，内外一致，顺势而行。就像江海的各个支流与江海的关系一样，让支流沿着固有河道，流向江海。如果溢出河道，泛滥而流，就是超越了底线。

原文校对情况：

“犹川谷之与江海”，河上公本、傅奕本作“犹川谷之与江海”，帛书本作“猷小浴之与江海也”，楚简本作“猷少浴之与江海”，张镇南本作“犹川谷与江海”。而王弼本作“犹川谷之于江海”。

【小结】

道按照规律运行世界，万物既要因循规律，又不要越界，就像江海的支流沿河道流向江海。

道对于万物，既是包容，又是规范，以使万物沿着既定方向前行。

三十三章

【导读】

上一章论证了人在以道为核心的大自然面前要做到“知止”。本章将继续阐述“知止”在处理人与社会关系中的运用。

知人者智，自知者明。胜人①者有力，自胜②者强。知足者富。强③行者有志。不失其所④者久。死而不亡者寿。

【译文】

能够了解别人的人聪明，能够认识自己的人明智。能够胜过别人的人有能力，能够自我克制的人强大。

知道满足的人富有。努力践行的人有志气。不背离生存根本的人能够长久。生命结束但精神存在的人长寿。

【注释】

① 胜人：胜过别人。胜：克制，胜过。
② 自胜：克制住自己。
③ 强（qiǎng）：竭力，尽力。
④ 不失其所：不背离生存的根本。失：背离，离弃。所，根本所在。

【解读】

知人者智，自知者明。

知人与自知都是为人处世所需要的，这也是客观认识世界的表现。人是社会性动物，能够正确认识别人，有利于处理人与人之间的关系，有利于和谐相处。正确认识自己，做事就能知分寸，守底线，不妄为，既能妥善处理人与大自然的关系，又能正确处理人与人之间的关系。做到知人和自知，也是一分为二、辩证统一的认识要求。

胜人者有力，自胜者强。

胜过别人，证明自己有能力、有力量、有水平，这是优势。这种优势除了先天具有的以外，都是靠努力奋斗得来的，所以做人要努力。

战胜自我、实现自我管控，就能克服不良情绪、制服蠢蠢欲动的欲望，始终保持清醒理智，实现正确做事，所以是强大、卓越的表现。成功者的共同特点，就是善于自我管控。失败者的共同点则是爱冲动、自控能力差。“强”，这里有强大、卓越、优越、优秀等意思。

知足者富。

真正的富有是精神上的满足感，而不以物质条件为绝对标准。一个人即使没有多少东西，但如果有世界为伴而平安健康快乐地活着，那他就富有四海；一个人虽富甲天下，但如果没有安全感和健康的身体，其实是一贫如洗。人生的意义在于生存，高质量的生存在于身体的安康、心灵的安然和精神上的轻松。所需不一定多，基本满足就行。所以让自己富有很简单，但在红尘喧嚣的竞争时代做到知足却很难，因为大家普遍没有安全感，于是就想用占据更高的地位、聚集更多的财富作保障。但这样真的有用吗？

强行者有志。

有志者，事竟成。付出和积累在于坚持。但重点是一定要选对道路，否则就是顽固不化，越走越偏。遵道而行，沿着自知、自胜、知足的道路持之以恒地走下去，前途可期，事业必成。

不失其所者久。

人生在世，有与生俱来的生存理念，这就是自然生存模式，是人的生存法宝，应当保持并遵循。不要因为外在红尘诱惑而背离它，就像不离开自己遮风避雨的家一样，这样生存才有保障，才会持久。

死而不亡者寿。

有生就有死，这是常态。在有生之年能把生命的意义弄清楚，进而传承下去，让后代少走弯路，虽然生命结束，但精神长久。

【小结】

在以道为核心的世界里，要做好自己，就要做到知人、自知、有力、自胜、知足、笃行、守道、长久。

三十四章

【导读】

道伟大的原因是什么？本章告诉你具体答案。

大道氾[1]兮，其可左右。万物恃[2]之而生而不辞[3]，功成不名有[4]，衣[5]养万物而不为主，恒[6]无欲，可名[7]于小；万物归焉而不为主，可名为大。

是以圣人终不自为大，故能成其大。

【译文】

大道无处不在啊，它就在我们身边。万物依靠它才得以生存，它却从来不说；帮助万物成功却不归在自己的名下；爱护、养育万物却不做他们的主宰，就是这么一直没有表现自我的欲望，从这个意义上讲可把它称为小。万物都归属于它，它却不把自己当作万物的主宰，从这个意义上讲可把它称为伟大。

因此圣人效法大道，从来不以为自己伟大，所以成就了他的伟大。

【注释】

① 氾：通“泛”，广泛存在。
② 恃：凭借，依赖。
③ 辞：告知，告诉。
④ 名有：以自己的名义占有，归于自己名下。名：占有。王充《论衡》：“不名一钱。”
⑤ 衣（yì）：覆盖，包起来。指庇护、爱护。
⑥ 恒：王弼本作“常”。
⑦ 名：称。

【解读】

大道氾兮，其可左右。

天地万物皆在道中。道就像一个大容器，把天地万物装在里面。同时，它又用像看不见的网络与万物相连，以无形的形体与万物相伴。万物对于道而言，就像鱼游在无边无际的大海中一样。所以说道无处不在。第四章有“道冲，而用之又不盈”。

万物恃之而生而不辞，功成不名有，衣养万物而不为主，恒无欲，可名于小。

万物皆由道产生，并依赖道生存，而道从来不说什么，仿佛和自己毫不相干。道提供必要条件帮助万物成功，却从不把功劳算在自己头上；爱惜万物，为它们提供庇护场所，为养育万物提供一切生活条件，却不去主宰它们。道就是这样一直只做奉献却默默无闻，一直没有表现自己的欲望（“恒无欲”），让万物似乎忘了它的存在，确实称得上微不足道（“可名于小”）。小到没有名气（“无名”）。第一章从道的“无名”特点，反向推出道的“恒无欲”；这里从道的“恒无欲”的表现，正向推出道的“无名”特点。

原文校对情况：

本句帛书本作“成功遂事而弗名有也（甲本缺损‘成功’，乙本缺损‘事而’），万物归焉而弗为主，则恒无欲也，可名于小”。

"衣养"，王弼本如是，河上公本作"爱养"，傅奕本、张镇南本作"衣被"。

"恒无欲"，傅奕本作"故常无欲"，王弼本、河上公本作"常无欲"。张镇南本没有此句。

万物归焉而不为主，可名为大。

道是万物之母，万物归它创造，万物归它养育，万物生存的一切条件都由它提供（"万物归焉"），却不去主宰万物，任万物以自由（"不为主"），有如此奉献又有如此胸怀，可称得上伟大（"可名为大"），而且没有比它更伟大的了。所以是极大的"有名"。第一章从道的"有名"这个特点，反向推出道的"恒有欲"的伟大作为；这里从道的"恒有欲"的伟大表现，正向推出道的"有名"。

是以圣人终不自为大，故能成其大。

道之所以伟大，根本在于不自为大，既不认为自己伟大，也不表现出自己伟大，为成就大事业的人做了榜样。圣人效法大道，虽然做了了不起的事情，但从不觉得自己伟大，也不表现出自己的伟大，因此反而成就了他的伟大。

原文校对情况：

本句各主要参考古本意思表达一致，但叙述有分歧。河上公本、张镇南本作"是以圣人终不为大，故能成其大"；王弼本作"以其终不自为大，故能成其大"，没有"圣人"；帛书本作"是以圣人之能成大也，以其不为大也，故能成大"；傅奕本作"是以圣人能成其大也，以其终不自为大，故能成其大"。除了王弼本外，都有"圣人"。

【小结】

本章讲述了道的高尚品质，也是对第一章"无名"→"恒无欲"，"有名"→"恒有欲"的深入阐释。

三十五章

【导读】

上一章讲了道的伟大之处，本章接着阐述这对人类治理社会的用处。

执大象①，天下往②。往而不害③，安④平太⑤。

乐与饵⑥，过客⑦止。道之出言⑧，淡乎其无味，视之不足⑨见，听之不足闻，用之不可既⑩。

【译文】

按照道的伟大精神去治理天下，天下人都会来归附。天下归附一心就不会相互妨害，社会才会实现和平安定。

娱乐、美食等各种诱惑，会让意志不坚定的行道者中途放弃。而谈起“道”来，平淡得没什么滋味，看也看不见，听也听不着，但用起来却无穷无尽。

【注释】

① 执大象：遵循道的伟大表现去做。执：执行，施行。大象：道的样子。大：指道的伟大，即上一章说道的“可名为大”。象：形象，模样。
② 往（wàng）：归向，归附。
③ 害：妨害，妨碍。
④ 安：乃，才。
⑤ 太：通“泰”，安定。古代“大”“太”“泰”相通，但“大”字出现更早。
⑥ 乐与饵：音乐和美食，指各种诱惑。
⑦ 过客：道的访客，指意志不坚定的行道者。
⑧ 出言：表述，说出来。王弼本作“出口”。
⑨ 足：能够。
⑩ 既：尽。

【解读】

执大象，天下往。

紧接上一章。上一章说道生养、庇护、拥有万物，却不把自己当作万物的主宰，可把它称为伟大（“可名为大”）。如果统治者按照道这样的伟大格局、伟大精神去治理天下，那么天下的民众都会踊跃归附。“执大象”，就是按照道的样子、精神去做。落实到人类社会统治者，就是对归附于他的大众不主宰、支配、控制、奴役，而只做奉献。这样的君主，天下的民众自然纷纷归附。

往而不害，安平太。

天下万民一心，沿着正道前行，就如同河水顺河道下行，畅通无阻，互不妨碍。这样的社会才能实现和谐稳定。因为道统领的世界就是一个有序运行、平安稳定的世界。

原文校对情况：

“太”，王弼本作“太”，张镇南本作“太”（老子想尔注本作“大”），帛书本、楚简本作“大”，傅奕本、河上公本作“泰”。

乐与饵，过客止。道之出言，淡乎其无味，视之不足见，听之不足闻，用之不可既。

虽然秉承大道的结果是天下归附、社会太平，但真正做到并不容易，因为红尘中诱惑太多。面对山珍海味、权势地位、荣誉名声、金钱美色、游戏娱乐等无时无刻的诱惑（“乐与饵”），很多行道者经受不住考验而湮没在滚滚红尘之中，成为道的过客（“过客止”）。这也难怪，说起道来（“道之出言”），与世俗的各种诱惑相比，确实没什么滋味可言（“淡乎其无味”），没有看得见、摸得着、见效快的明确回报，难免让人疑虑重重而不能下定决心坚守。因为这个前程虽然看不见，却一定是好的，只要去做就行。但人是短视的，往往只追求看得见的东西。大道虽然看不见、听不到，但它的作用却是无穷的。这一点被很多人忽略了。

原文校对情况：

“道之出言”，帛书本、傅奕本如此，张镇南本作“道出言”。王弼本、河上公本作“道之出口”，但王弼在为本段作注时说“人闻道之言，乃更不如乐与饵应时感悦人心也。乐与饵则能令过客止，而道之出言淡乎无味”，也是“道之出言”。“出言”等于“出口”，如出口伤人、出言不逊。

“用之不可既”，楚简本、帛书本、河上公本、傅奕本、张镇南本如此，王弼本作“用之不足既”。

说明：

从帛书甲、乙本来看，老子《道德经》似乎是不分章的。楚简本残存内容记录在 71 枚竹简之上，没有明显的分章迹象。但帛书本和楚简本都有分段的圆点符号。分章应该是从汉朝开始，比如《河上公章句》是八十一章，严遵《老子指归》（现仅存下部）则是七十二章。因此，分章不是原著所固有的。至于分为八十一章是否合理，是值得商榷的。分章最大的弊端就是割裂了有些意义密切的章节之间的联系，造成阅读困难。比如本章，如果与上一章放在一起，就感觉一气呵成，很好理解。分章后如果不考虑上一章，连“大象”是什么都要费思量，以至于古往今来的注解者解读得五花八门。所以，分章不如分段好。

【小结】

前几章讲述了道对世界规则的设置布局、道的自我表现，本章联系到治理天下进行阐述，只有秉持道的精神，才能做到万物归附，实现社会和平安宁。和平安宁是最大的福，只有和平安宁了，才谈得上其他幸福。

同时强调，做到这一点并不容易，因为世界诱惑太多。好的道路，走的人却很少。

三十六章

【导读】

上一章讲述了用道的精神治理社会就会天下归附，社会和谐太平。本章就讲一讲用道的精神在治理社会中应当遵循的原则。

将欲翕[①]之，必固[②]张[③]之；将欲弱之，必固强之；将欲废之，必固兴[④]之；将欲夺[⑤]之，必固与[⑥]之。是谓微明[⑦]。

柔弱胜刚强[⑧]。鱼不可脱于渊。国之利器[⑨]不可以示[⑩]人。

【译文】

将要采取闭合措施，必须是已经发生了不应有的扩张；将要采取弱化措施，必须是已经出现了不应有的强大；将要采取制止措施，必须是已经出现了不正常的流行；将要采取剥夺措施，必须是已经出现了不恰当的给予。这就是处理具体事务的正确做法。

在做事过程中要采用柔和的方式而不是强硬手段。像鱼不可以离开深水一样，不要以身犯险。不要用国家的暴力机器来强制民众。

【注解】

① 翕（xī）：闭合，收拢。王弼本作“歙”。
② 固：本来，原本。
③ 张：张开，扩张。
④ 兴：施行，运行。
⑤ 夺：剥夺，使失去。
⑥ 与（yǔ）：给予。
⑦ 微明：处理具体事务的明智之举。微：细微，微观，指具体事务。明：明白，明智。
⑧ 柔弱胜刚强：柔和的做法胜过强硬的做法。胜：胜过，优于。
⑨ 国之利器：指军队、警察、刑狱等国家暴力机器。利器：锋利的器具。
⑩ 示：出示给人看。

【解读】

将欲翕之，必固张之。

社会在发展过程中总会有不符合自然之道的问题出现，出现问题就要采取措施加以解决。就好比河流的堤坝被冲开了一道口子，导致河水外溢，如果不及时堵上将会越来越严重。社会问题则是指主观有为思想的抬头、投机取巧的发生、剥削压迫现象的萌芽、贫富差距的出现、犯罪行为的发生等。管理者一旦发现，就要及时采取措施予以纠正，解决问题，消除隐患，保持社会自然健康发展。

“张”是张开、扩张，“翕”是闭合、收敛。先有“张”，后有“翕”。“张”，是指此前已经发生的问题；“翕”，则是将要采取的解决手段，目的是让事物恢复到事发前的正常状态。

原文校对情况：

“翕”，王弼本作“歙”，韩非子本、河上公本、傅奕本、张镇南本作“翕”，帛书甲本作“拾”，帛书乙本作“揄”。

本句和下面三句所要强调的是，治理行动必须有针对性，针对的是社会在运行中出现的问题，而不是主观盲动，无事生事。这是践行“无为”“不言”的体现，行动本质是顺应自然之道基础上的修正、纠偏，目的是维持自然之道正常运行。

将欲弱之，必固强之。

如果在社会发展过程中出现了不恰当的强大、强势、强化，偏离了社会正常轨道，就要采取措施加以弱化，让社会回归正轨。“强”是强大、强势，“弱”是弱化、削弱。有“强”才有“弱”。“强”，是此前出现的问题；“弱”，则是将要采取的纠正措施。

将欲废之，必固兴之。

出现了不健康的流行、兴盛，就要采取措施予以制止。比如不良风气盛行等。对个体而言，就是把形成的毛病改掉。

“兴”是流行、盛行，“废”是制止、废止。有“兴”才有“废”。“兴”，是因为此前出现了问题；“废”，则是将要采取的解决措施。

将欲夺之，必固与之。

发生了错误给予、授权或者给予、授权后不适合的情况后，要及时采取措施将授权或给予的东西予以剥夺、收回。

“与”是给予、授予，“夺”是剥夺。先“与”而后“夺”。“与”，是此前出现了问题；“夺”，则是将要采取的解决举措。

原文校对情况：

韩非子本作“将欲取之，必固与之”。

是谓微明。

以上四句蕴含的思想是，统治者治理社会的行为是基于维护自然发展之路、修正社会出现的异常状况，而不是人为创新生存道路和生存法则的大有作为。就像治理河流，所采取的岸堤加固、堵塞漏洞、河道疏通等措施都是围绕着让河水在固有的河道内正常流动，而不是更弦易辙，改变方向，是第二章“处无为之事，行不言之教”的具体应用，是统治者做该做的事情，因此是办理具体事务的正确做法（“微明”）。这也说明，“无为”并不是什么也不做，“不言”并不是什么也不管，而是以因循自然不干预为常态、对发生问题进行干预为例外，目的是“复众人之所过，以辅万物之自然”（第六十四章）。

上一章的“大象”，指的是宏观的层面按道的路子去做。这里的“微”，指的是微观、具体，是办理具体事情。微明，就是按照道的精神，处理具体事务的正确做法。以前文字的表达往往采用引申、借指的意义，这在《道德经》里非常普遍，比如用“雌”代表柔和安静、“雄”代表争强好动等。

柔弱胜刚强。

处理具体事务，柔和的手段要胜过强硬的，也就是主张做事要柔和，不要强硬。因为柔和的潜移默化是大道运行世界的常态方式，它能将反作用力降至最低，不会引发矛盾和反弹，有利于和谐稳定；而强烈的疾风暴雨是非常态，会引发强烈的反作用力，引发矛盾和动荡。政治上，怀柔胜于强硬，常用和风细雨，少用雷霆手段；军事上，要不战而屈人之兵、化干戈为玉帛。当然，这一句主要是针对前面所讲的处理具体政务的方式方法。

这是处理具体事务过程中应当遵循的根本原则。它的依据是第四十章的“弱者，道之用”（柔弱渐进，是道在运动中的应用）。后文有多处对这一理念展开论证。

鱼不可脱于渊。

确保自身安全，是做一切事情的基础，也是“柔弱胜刚强”的体现。鱼在深水里不容易被人发现，因而是安全的；如果游到浅水里，就容易被发现而成为猎取的目标，因此是危险的。以此来比喻为人处事，不要将自己置于危险的境地。以身犯险就是用强，不符合“柔弱胜刚强”的处事原则。也与第十三章“贵以身为天下，若可寄天下；爱以身为天下，若可托天下”的精神是一致的。

国之利器不可以示人。

国家军队、刑狱等暴力机器的设置是为了反击侵略、惩治犯罪，而不是拿来作为压迫民众、激化矛盾的工具。作为最激烈、最刚强的手段，以道治天下的统治者不会用它来威胁、对付人民。也就是说，在常规治理活动中不要对民众使用强制手段。

如果说“鱼不可脱于渊”是在治理中珍爱自己的生命，那么“国之利器不可以示人”则是尊重民众的生命，是一分为二看问题的换位思考。统治者在治理过程中不冒险，不“以身轻天下”（第二十六章），保护的不仅是自己，国家和民众也不会陷入危险之中；不用国家暴力机器对付民众，是把民众当家人而非对立面看待。这都是阐述对生命的尊重，都是践行“柔弱胜刚强”的原则。

【小结】

出现了偏差，发展不平衡了，就要有针对性地去纠偏、矫正。就像古人在生存过程中生病了，就会自动寻找大自然提供的草药对症治疗，恢复健康。这就是大自然赋予人类的自我修复之道，也是中医药的来源。随着人文科学的发展，人的这项本能几乎没有了，可喜的是通过中医药传了下来，虽然已经残缺不全。但在自然界，动物的这项本能依然存在，比如兔子闹肚子了，就会找一种叫拉蔓子（学名葎草）的野草吃。

本章前半部分讲处理具体事务的正确做法，后半部分讲在做事过程中应当遵循的原则。

第一段阐述管理行为是矫正问题而不是改变路线，是辅助自然而不是人为主导，确保让社会沿着自然的常态模式前进。遵循的仍然是“不言之教”，以不干预为原则（常态），以干预为例外（非常态）。管理行为要有的放矢，针对的是发生的不正常情况。

第二段讲做事的方式都是以柔弱为上，以生硬强势为下。不要强行出头将自己置于危险境地。不要动用强硬手段对付民众。

三十七章

【导读】

本章对治理之道做一个小结。既然大道自然运行，万物自然生存发展，作为治理者的侯王遵循就是了。但如果在自然发展中出现异常情况，该如何处理?

道恒①无为②而无不为③。侯王若能守之，万物将自化④。化而欲作⑤，吾将镇⑥之以无名⑦之朴⑧。无名之朴，亦⑨将⑩不欲。不欲以静⑪，天下将自定。

【译文】

道一直按照自身固有的规律运行，因而它所做的事没有什么是不应该做的。侯王如果遵守道的法则行事，万物将会自然运化。在运化中如果主观妄为的欲望发作了，我们就运用无名的自然法则来化解。无名的自然法则就是引领万物不要妄为。不妄为做到为了生存而活动的境界，天下就自然安定了。

【注释】

① 恒：永恒的，一直不变的。王弼本作“常”。

② 无为：此处指道按照自身固有规律运行而不随意改变。道的无为和万物的无为是有区别的，道是按照自身规律运行，万物是遵循以道为核心的自然规律而为。

③ 无不为：没有什么是不应该做的，所做的事情没有不恰当的。

④ 化：运化，进化。

⑤ 欲作：主观欲望发作。作：产生，发作。

⑥ 镇：克制。

⑦ 无名：没有名气的，叫不上名字的。

⑧ 朴：未加工过的木头。这里指道表现出的特点——朴实自然。

⑨ 亦：语气词，表示强调。

⑩ 将：带领。

⑪ 静：为了生存而活动。见第十六章“归根曰静，静曰复命”。

【解读】

道恒无为而无不为。侯王若能守之，万物将自化。

第二十一章讲，道自古以来一直在做规律运行，所以万物得以顺应而生。第二十五章讲，道“独立不改，周行而不殆”、“道法自然”。因此，道一直在按照自己的固有规律运行，它所做的一切都是自然而然的事情，都符合自身规律，因此没有什么是不恰当的。同理，对人类的管理者而言，只要按照道的做法，处无为之事，一切都会顺理成章而不会出差错。因为万物本身也在遵循道的规律法则在自我运化、发展，也是在处无为之事，无需统治者主动去费心劳神。

老子的无不为，形式上和孔子的“从心所欲不逾矩”(《论语·为政》)类似，但内涵不同。孔子的“矩”是以“礼”为主、以“仁”为辅的主观人伦之道，而老子提倡的是以“道”为核心、以“德”(遵循规律)为规范的自然之道。自然之道包括自然规律、社会规律和万物个体规律。

原文校对情况：

“无为而无不为”，王弼本、河上公本、傅奕本、张镇南本如此。帛书本为“道恒无名”，楚简本为“道恒无为也”。

化而欲作，吾将镇之以无名之朴。

在万物自我运化的过程中，难免会出现为所欲为的情形。解铃还须系铃人。因此，我们还是要运用没有名气的、叫不上名字的自然法则、自然之道去规范、纠偏。

无名之朴，亦将不欲。

因为以道为核心的自然法则、自然之道，其最根本的特点之一就是不展现自己的欲望（“恒无欲”，第一章、第三十四章），所以会引领万物自然运作，不去随心所欲、为所欲为。道的恒无欲，决定了天地万物以无欲为主调。用在治理上就是遵循自然规律，按照自然规律办事，也就是无为。

原文校对情况：

“不欲”，河上公本、傅奕本、张镇南本作“不欲”，王弼本作“无欲”，帛书本作“不辱”。

不欲以静，天下将自定。

为了生存而活动的“静”，就是无为的具体表现。如果大家都为了生存而活动，把欲望保持在“静”的范围内，就没有了为所欲为的情况，天下就又回到了正轨常态，自然安定了。

原文校对情况：

“自定”，王弼本、楚简本作“自定”，帛书本、傅奕本、河上公本、张镇南本作“自正”（老子想尔注本作“自止”）。“自正”，意为自然回归正道。意思基本一致。

【小结】

道的无为是按自身固有规律运行，天地万物的无为则是基于道的运行规律去活动。一个是主导，一个是顺应。都以“无不为”作为行为的最高境界，道是以自身的规律运行对天地万物无不为，天地万物则是只要遵循道的规律无不为，就能达到自然而然的境界。自然而然的境界，就是正道的状态，就是安定的状态。

特别强调，如果在发展中出现异常状况，还是要运用自然法则去矫正、纠偏，让天下重新回到正轨。这是治理的根本原则所在。

三十八章

【导读】

前文阐述了不管是生存还是社会治理，都应该遵道而行。遵道而行就是德。本章就具体讲一讲有德和无德的区别和各自的表现形式。

上德①不德，是以有德；下德不失德，是以无德。

上德无为而无以为②，下德为之而有以为。上仁③为之而无以为，上义④为之而有以为，上礼⑤为之而莫之应⑥，则攘臂⑦而扔⑧之。

故失道而后德，失德而后仁，失仁而后义，失义而后礼。

夫礼者⑨，忠信之薄⑩而乱之首⑪。前识⑫者，道之华⑬而愚之始。

是以大丈夫处其厚，不居其薄；处其实，不居其华。故去彼取此。

【译文】

上乘之德的德不是故意表现出来的，因此是有德；下乘之德故意表现出有德的样子，因此是无德。

上乘的德顺应自然而为，因而没有主观企图；下乘的德凭主观意愿而为，因而有主观企图。上乘的仁虽然凭主观意愿作为但发自恻隐之心，因而没有主观企图。上乘的义，按照人为的情理、规范去作为，因而有主观企图。上乘的礼，按照人为的礼法去作为，如果不遵守，就会出手强迫就范。

所以治理天下，失去了道然后才会用德，失去了德然后才会用仁，失去了仁然后才会用义，失去了义然后才会用礼。

用礼来治理天下，忠于自然、取信于民的理念就淡薄了，混乱也就开始了。把前人留下的对道的有限认识当作大道来遵从，行道就变得华而不实，愚昧也就开始了。

所以大丈夫重视忠信，而不漠视忠信；实实在在践行大道，而不搞形式主义。

所以抛弃无德的做法，走有德之路。

【注释】

① 上德：上好的遵道而行的品质。德：遵道而行的品质，是万物固有的自然属性。这里指用德来调整社会关系。德依附于道，因道而存在。属于自然范畴。

② 无以为：没有主观目的。以为：打算。

③ 仁：对人亲善，这里指用仁制来调整社会关系。仁制是指用对人亲善的社会理念来调节社会关系的体制。属于人为的范畴。

④ 义：合乎一定情理或规范的社会伦理。指用情理、规范作为价值观来调整社会关系的体制。属于人为的范畴。

⑤ 礼：指礼制，是对社会进行等级划分并用礼法来规范、调节各阶层关系的治理体制，是统治阶级维护等级秩序的工具。因为创始于周朝，所以又称为周礼。属于人为的范畴。

⑥ 莫之应：不响应它，不遵守它。

⑦ 攘臂：挽起袖子伸出手。攘：挽起。

⑧ 扔（rèng）：拉，牵引。

⑨ 夫礼者：用礼来治理社会。

⑩ 忠信之薄：按规律办事、取信于民的思想就淡薄了。忠信：忠于自然规律，取信于民。之：则，就。《吕氏春秋·仲春季·功名》："故民无常处，见利之聚，无之去。"薄：淡薄，这里用作动词。

⑪ 首：开始。

⑫ 前识：前人留下的知识。这里指前人留下的关于道的知识。

⑬ 华：浮华，这里用作动词。

【解读】

上德不德，是以有德；下德不失德，是以无德。

德行很高的人，他们遵道而行的品行不是故意做出来的，而是一种自然表现，因为他们本身就是有德的人。就像太阳一样，发光发热出自其自然本性；真正的好人，做好事是很平常的事情。

德行很低的人，遵道而行对他们来说是很难做到的事情，但为了显示自己高尚，就装出一副有德的样子，因为他们本身没有德，所以必须靠装。

上德无为而无以为，下德为之而有以为。

无为是顺应自然而为。上好的德行，完全以道为遵循，行为发自内心，出于自然，不自作主张，不掺杂任何主观企图或目的，没有别有用心。就如水一样，该流动就流动，该平静就平静，行为完全遵循道的规律和道所赋予的本性。

下乘的德，以我为主，所作所为均出自主观意愿，每件事情都有目的性、功利性。

所以，以上德治天下，是最合乎道的，因此是最高的治理模式，就如第十七章说的第一重境界"太上，下之有之"。而随着主观意志的加强和私欲的抬头，必然导致遵道而行的弱化，上德就逐渐滑向下德。

在功利社会，大多数人做好事都是有心的，习惯于期待回报。如果对方没有表示谢意，就会认为没有感恩之心。这其实是一种交易性的行善，是功利社会所具有的功利心态。如果互相帮助是一件自然的事情，还用说"谢谢"之类的话吗？

原文校对情况：

“上德无为而无以为”，帛书本、王弼本、河上公本、张镇南本如此，傅奕本、严遵本作“上德无为而无不为”。

“下德为之而有以为”，王弼本、河上公本、严遵本、张镇南本如此，傅奕本作“下德为之而无以为”。帛书本没有这句。

上仁为之而无以为。

仁是对人亲善，本来是个体之间的相处方式。升级到以仁制治理天下以后，就要求统治者对待子民以及全体社会成员之间都要相互亲善，以营造良好的社会关系。最好的仁，出于纯粹的爱心对待他人，是油然而发，不掺杂任何的私心杂念，所以没有什么主观目的。

虽然如此，由于仁是按照自己的想法为他人谋福利，但人的能力毕竟有限，所以不可长久。由于从无为走向了有为，道德水平将逐渐下降，随着“仁”的出现，下仁阶段就到来了。上仁是介于有德和无德之间的特殊存在，虽然行为发自主观，却没有主观企图，所以既不完全属于“无为而无以为”的上德（有德），也不完全是“为之而有以为”的下德（无德），是道德下滑过程中的特殊阶段，但“下仁”则是打着“仁”的旗号，实则为个人、利益集团谋私利，为维护等级社会服务，是彻头彻尾的无德。

上仁，对于个体而言就是纯粹出于好心，没什么其他目的。但好心不一定成好事。回到社会治理上，统治者对世界的运行规律、社会的发展规律并不完全了解，纯粹凭着热心为民众谋利益而按照自己的想法去治理，很难不犯错误，所以不会持久。

上义为之而有以为。

最好的义莫过于正义。而正义在不同的历史时期有不同的标准，因为义本身就是人为制定的维护特定利益集团的价值观，所以是有目的的。至于下义，则完全是以利益为出发点而相互利用的关系，例如“士为知己者死”所表达的就是一种以利益为纽带的不对等的相互关系。

上礼为之而莫之应，则攘臂而扔之。

即使最好的礼也是出自主观人为，如果不遵守就会强制执行。也就是说，礼作为主观性的管理体制，是以暴力手段来保证实施的。

周代礼制，是为了维护统治阶层的利益而制定的治理体系，分为礼和乐两个方面。礼把人划分成不同的等级并制定相应的制度加以规范，乐则是基于礼的等级制度，运用娱乐来缓解统治阶层内部之间的矛盾。比如舞乐的标准，天子是八佾（八行八列），诸侯是六佾（六行六列），卿大夫是四佾（四行四列），士是二佾（两行两列）。礼不下庶人，所以周礼只是为了避免统治阶层内部发生争端会危及整个阶级利益而制定的强制性规范。周礼的作用，用直白的话就是，统治阶层规定成员只能剥削自己辖区内的民众，不能去剥削其他成员辖区的民众，不能自己人和自己人打起来。因此，对不遵守礼制的诸侯、士大夫会给予处罚，甚至出兵征讨。乐不及民众，娱乐享受都是统治阶层的特权，奴隶和平民是下等人，他们是为统治阶层生产、服务的工具，是没有时间更没有资格娱乐的。

原文校对情况：

“扔”，王弼本如此，帛书本作“乃”，傅奕本、严遵本、河上公本、张镇南本作“仍”。《辞海大全》：“仍”通“扔”，牵引。

故失道而后德，失德而后仁，失仁而后义，失义而后礼。

以道治天下做不到了，然后才会用德；以德治天下做不到了，然后才会用仁；以仁治天下做不到了，然后用义；以义治天下做不到了，然后用礼来治理天下。

道，是以道治天下的简化表述。以道治理天下，是思想和行为完全以道为遵循的自觉行为。也就是说，不管做什么事情，都以道为准则，都按道的路子去办，不但知道该怎么做，还知道为什么这样做，是知其然又知其所以然。即使碰到新生事物，首先想到的是按道应该怎么做，努力从道的规律、法则、精神去找到做事依据，找出解决方案，做到不断创新。因此，以道治理天下既是按道行事，也是与时并进地不断探索道的规律、法则，是完全的自然主义，是真正的无为，是客观科学的表现。

德，是以德治天下的简化表述。以德治天下，是行为以德为遵循。德，是遵道而行的品质，遵道而行的品质有高有低，品质高的就是上文说的“上德”，品质低的就是“下德”。遵道而行的品质高低在于含有主观人为成分的多少。品质最高的称为“孔德”（见第二十一章“孔德之容，惟道是从”），不含任何主观成分，完全以道为遵循，达到了前面所说的“道”的水准，如同地球围着太阳旋转一样自然。随着主观人为因素的增加，德的含“道”量就会越低。因此，以德治天下比以道治天下低一个层次。

仁，是以仁制治天下的简化表述。以仁制治天下，就脱离了以道为遵循的自然主义轨道而开始按照人类自己创立的伦理体制去治理社会，主观主义占据了上风。在以我为主的社会里，仁爱的施行必然有远近亲疏，不平等、不均衡的问题就产生了，社会也就不再和谐。

义，是以义治天下的简化表述。随着私欲膨胀，人人为己，仁爱对社会的调节力越来越弱，最终难以为继。既然无法做到对社会大众的普遍仁爱，那么就退一步，谁对我好我就对谁好。因此，以私利为纽带的“义”就登堂入室，成为调和社会关系的手段。比如君臣之义，就是我给你官做，你就要忠于我、给我做事。于是少数人结成统治联盟对大部分人进行奴役和剥削，人人以我为主，利字当头，互相利用，所以社会对立就更突出了。

礼，是以礼治天下的简化表述。以义治天下，总算还有点人情在里面，多少还能通过伦理来规范统治集团成员（王侯、士大夫等）的行为。但随着当权者私欲的膨胀，争权夺利加剧，单纯用“义”已经难以驾驭，所以统治集团就用“礼”制来规范阶级成员彼此的行为，力图维持统治稳定。

从以道治天下到以德、以仁、以义、以礼治天下，不是一蹴而就的，而是随着淡化客观、主观不断膨胀而逐渐演化的不同阶段，社会也随之逐步偏离大道。

《史记·高祖本纪》记载：“夏之政忠。忠之敝，小人以野，故殷人承之以敬。敬之敝，小人以鬼，故周人承之以文。文之敝，小人以僿，故救僿莫若以忠（夏朝的政治忠厚自然。忠厚的弊病是使得民众粗野少礼，所以殷朝代之以恭敬。恭敬的弊病是使得民众相信鬼神，所以周朝代之以礼仪。礼仪的弊病是使民众不诚恳。所以要救治不诚恳的弊病，就没有什么比得上忠厚自然）。”由此看来，夏朝崇尚以忠诚敦厚治理天下，大有自然之风。商朝虽然迷信，但对鬼神（大自然的化身）敬畏，说明还没有彻底脱离大道。但周朝施行礼制，导致人民不再忠诚敦厚，表现虚伪，就是脱离了大道。夏、商、周是逐渐堕落的顺序。

夫礼者，忠信之薄而乱之首。

这句话是紧接着上句来的。社会治理随着从道到德、从德到仁、从仁到义、从义到礼的退化，到了用礼来治理天下的时候，社会是什么状态？只要遵守礼法就可以了，其他道德伦理已不是必遵选项，所以遵循规律、取信于民的“忠信”遭到漠视，就有“信不足焉，有不信焉”，自上到下，人人如此，社会就没有信用了。这就是《史记》说的周朝礼仪的弊病是使民众不诚恳，也就是行事虚伪、不诚实，因此混乱也就开始了。这里的“忠”是指人类忠于自然、按规律办事。“信”则指最高统治者对臣民，诸侯、士大夫彼此之间以及对待治下民众应有的诚信。一个不愿意遵守自然规律、不讲诚信的社会，自然就开始混乱了。周幽王“烽火戏诸侯”就是典型的天子对诸侯的不诚信。周天子都不讲诚信了，社会自然也就没什么诚信可言。东周（春秋战国）时期，诸侯之间没有诚信，为了保证履约，只能把世子当人质押给对方。

道是世界的产生者、运行规则的制定者，所以按照道的规律行事，就不会有差错。而周朝的礼制是统治者为了维护统治阶层剥削和压迫民众、规范统治阶层秩序而制定的人为规范，虽然对政权的稳定有一定的作用，但因为纯粹出于主观人为，做法与大道精神相悖，所以导致了春秋战国大乱局。在混乱的春秋战国时期，统治阶层家族内部父子、兄弟、夫妇、母子及其他亲属之间为私利互相残杀的事情频发，诸侯国之间征伐不断，作为社会财富创造者的广大底层民众却生命不如蝼蚁。东周无义战，皆由私欲起。原因除了与大道背道而驰外，还因为统治阶层只要遵守礼就可以了，道、德、仁、义都成了可以不遵守的选项。但事情的发展并不像礼法制定者想象的那样，统治阶层能享受、有娱乐就能相安无事，享受的欲望一旦被开启就没有了限制，等级划分所产生的压差也时刻让低层级产生觊觎高层级的欲望，所以区区的礼制如同脆弱的堤坝难以抵挡不断膨胀的欲望洪流，最终导致社会陷入大混乱状态。

前识者，道之华而愚之始。

上一句说的是用礼治天下社会状态的变化。本句是说行道的变化。

如果只局限于已知的行道知识，迷信前人留下的学术经典，照葫芦画瓢，只在乎外表而不明就里，这就走上了形式主义的道路，行道自然就会走向愚昧。因为大道博大精深，前人留下的知识虽然宝贵但毕竟有限，所以行道者要在继承已有知识的基础上，不断地去探索研究道的表现和运行规律（“观其徼”，第一章），如同科学探索一样。其实，科学研究就是对自然规律、社会规律的研究。如果把前人有限的知识奉为无上经典而裹足不前，其实就是打着道的旗号做样子，行道就成了搞教条主义，是“下德不失德”。封建社会只局限于对四书五经等人文经典的机械运用，忽视了对大自然的探索实践，导致中国在自然科学方面裹足不前。

是以大丈夫处其厚，不居其薄；处其实，不居其华。故去彼取此。

“厚”，针对的是“忠信之薄”的“薄”，意思是重视忠信。“实”，针对的是“道之华”的“华”，意思是要实实在在行道，探索自然规律。“大丈夫”是有大智慧、明大事理的有道之士。这样的人始终重视自然规律和社会诚信，一直实实在在践行大道，而不会漠视忠信、搞行道上的形式主义。

这是对有德和无德的选择。

【小结】

遵道而行，是有德。打着德的幌子的仁、义、礼都是无德。

德是遵道而行的品质，它因道而生，出自自然，为万物所天生固有。而仁、义、礼，都是人凭主观想象出来的东西，既没有根据，也经不起时间检验。文景之治、贞观之治，证明了以道德治国的正确性。而讲求仁、义、礼的“无德”政治，总是由稳定时期开始执政，然后必然走向社会混乱。

中国历史充分证明了无德是导致社会混乱的根本原因。周朝采用礼制，不但引发了历史上时间长、社会危害大的东周列国之乱，而且开启了长达两千多年的争夺天下的改朝换代史，给广大普通民众带来了深重灾难。在古代，广大普通民众真正享受和平、过温饱生活的日子乏善可陈。

三十九章

【导读】

天、地能够保持常态化运行，神能保持灵验，江河湖海能够保持容蓄功能，人和万物能够保持生存，都是有原因的。是因为什么呢？本章将作深入剖析。

昔之得一①者：天得一以清②；地得一以宁③；神得一以灵④；谷⑤得一以盈⑥；万物得一以生；侯王得一以为天下正⑦。

其致之⑧：天无以清，将恐裂⑨；地无以宁，将恐发⑩；神无以灵，将恐歇；谷无以盈，将恐竭；万物无以生，将恐灭；侯王无以为正而贵高⑪，将恐蹶⑫。

故贵以贱⑬为本，高以下为基。是以侯王自谓孤⑭、寡⑮、不穀⑯。此非以贱为本邪？非乎？

故致⑰数舆⑱无舆。不欲琭琭⑲如玉，落落⑳如石。

【译文】

此前符合道的运行规律的：天符合道的运行规律，能够保持清澈；地符合道的运行规律，能够保持安宁；神符合道的运行规律，能够保持灵验；江河湖海符合道的运行规律，能够保持容纳水的功能；万物符合道的运行规律，能够保持生存；侯王符合道的运行规律，能够成为天下正道的表率。

这样说起来：天如果不能保持清澈，天体恐怕就要开裂解体；地如果不能保持安宁，恐怕就要崩裂喷发；神如果不能保持灵验，恐怕就要停歇；江河湖海如果不能保持容纳水的功能，恐怕就要枯竭；万物如果不能保持生存，恐怕就要灭绝；侯王如果不能保持走正道就没有尊贵的品质和崇高的地位，恐怕就要失去侯王的位置。

因此，尊贵的品质来自给大众做表率，崇高的地位基于为民众服务。所以侯王称自己是孤立的人、不走正道的人、不善良的人，以此来自我警示。这不是把大众作为根本吗？不是吗？

因此，不去为大众作表率、做奉献却只想在获得更多荣誉上下功夫，是得不到荣誉的。不要追求美玉那样的华丽外表，而要像粗糙的石头一样实实在在。

【注释】

① 得一：符合道的运行规律，即按照道的规律运行。得：适合、符合。如得体、相得益彰。一：道的核心精髓——运行规律（法则）。

② 清：清澈、通透。

③ 宁：安定。

④ 灵：灵验。

⑤ 谷：泛指江河湖海。

⑥ 盈：充满。

⑦ 正：正道，正统。王弼本作“贞”。

⑧ 其致之：如此说来。其：这样，如此。致：表达。

⑨ 裂：开裂，解体。

⑩ 发：发作，崩发。

⑪ 无以为正而贵高：不能走正道就没有尊贵的品德和崇高的地位。贵：指品质尊贵。高：指地位高。

⑫ 蹶：倒下，跌落。
⑬ 贱：指大众。后面的“下”也是此意。
⑭ 孤：孤立的人。
⑮ 寡：少德之人。
⑯ 不穀：不善良的人。穀（gǔ）：善良。
⑰ 致：招引，获取。明·宋濂《送东阳马生序》：“家贫，无从致书以观。”
⑱ 舆（yù）：通“誉”，名誉、荣誉。傅奕本作“誉”。
⑲ 琭琭（lù lu）：琢磨精美的样子。
⑳ 落落：粗糙自然的样子。王弼本作“珞珞”。

【解读】

昔之得一者：天得一以清；地得一以宁；神得一以灵；谷得一以盈；万物得一以生；侯王得一以为天下正。

“一”，是道的精髓所在（“其中有精”，第二十一章，下同），是道有信用的原因（“其中有信”），并贯穿于大道运行的全过程（“自古及今，其名不去”），天地万物因此而产生（“以阅众甫”）。因此“一”就是道的核心法则——运行规律。道因为有规律运行，才会取信于天下，才会让天地万物应运而生、因循而行。

“得一”，就是符合道的运行规律，按照道的规律运行，就是上一章说的“有德”，有德的人就是得道了。这与第二十三章“从事于道者，同于道”的思想一致。

“天”，包括宇宙空间和天体星球（包括地球）。天如果按照道的运行规律来运行，它就能保持宇宙空间的清澈通透的常态。自从它产生以来，一直就像现在我们看到的那样。

“地”，就是我们居住的地球，它是天的一部分，只是站在人类的角度，特别把它与地球之外的宇宙区分开来。如果大地能够按照道的运行规律运行，那么它就能够保持安宁的常态。其他的天体也是如此。

“神”，是天地之间的一种特殊存在，就是民间所尊称的神灵。如果把世界看作是一场体育比赛，那么道就是比赛的组织者，天地就是承办者，神就是比赛规则的执行者（裁判），执行的规则就是基于规律的因果定律。如果神按照道的运行规律运作，那么它能够保持灵验的常态。

"谷"，泛指江河湖海。江河湖海遵循道的运行规律，就能够容纳水，保持江河湖海应有的容纳、输送的功能。在上面比喻的比赛中，谷相当于比赛设施和体育器材。

"万物"，指一切有生命的事物。万物只有遵循道的运行规律，才会生存。顺道者生，逆道者亡。比如人在陆地上能生存，在水里不能；在大气层中能生存，在真空中不能。在陆地上就是顺道，去水里就是逆道。在上面比喻的比赛中，万物和人相当于参赛队伍。

"侯王"，天子及诸侯，泛指统治者。统治者、领导者如果按照道的运行规律来为人处世、治理天下，那么他就是天下人学习效仿的正统、走正道的表率。专门把侯王提出来，是彰显统治者在社会治理中的关键作用。侯王相当于比赛中的领队或教练。

原文校对情况：

"正"，帛书本、河上公本、严遵本、张镇南本如是，王弼本、傅奕本作"贞"。贞，假借为"正"。

其致之：天无以清，将恐裂；地无以宁，将恐发；神无以灵，将恐歇；谷无以盈，将恐竭；万物无以生，将恐灭。

前面讲天、地、神、谷、万物、侯王按照道的运行规律运行所表现出的应有常态。如果它们不"得一"，即不按照道的运行规律运行呢？

如果天不按照道的运行规律，就无法保持太空的清澈通透，各种天体将会崩裂，届时宇宙空间将被天体碎片所充斥。

地是天的天体之一，如果地不按照道的运行规律，就会与各种天体一样维系不住原有的稳固状态，将会喷发、开裂直至解体。

如果神不按照道的运行规律，就无法保持应有的灵验状态，无法发挥正常的功能直至彻底停止运作。

如果江河不按照道的运行规律，就无法保持容纳水的能力，丧失了蓄水功能，将会导致江河湖海枯竭，也就称不上江河湖海了。

如果万物不按照道的运行规律，就无法保持生存的常态，将会导致灭亡。

侯王无以为正而贵高，将恐蹶。

“无以为正而贵高”，就是“无以为正而无以贵高”的简化句。在遵从大道的时代，侯王的位置不是靠武力得来的，而是有德者居之，无德者失之。侯王不按照道的运行规律生存和治理天下，他就不是天下人走正道的表率，就没有尊贵的品德，也没有资格拥有崇高的地位，即就德不配位，所以他只有从侯王的位置上退下来。

原文校对情况：

“无以为正而贵高”，严遵本作“无以为正而贵高”，傅奕本作“无以为贞而贵高”，王弼本、河上公本、张镇南本作“无以贵高”，帛书乙本作“毋已贵以高”。

从东周开始，中国历史进入乱局的恶性循环之中。看看给大众做表率的统治者们的表现吧：“《春秋》之中，弑君三十六，亡国五十二，诸侯奔走不得保其社稷者不可胜数。”(《史记·太史公自序》)

身居庙堂的人，本应做天下人的表率，却冷酷狠毒，为了权力连亲人都不放过，这样的人怎会善待天下民众？不走正道，上行下效，他们才是中国几千年深陷乱局的罪魁祸首。纵观历史，真正做到自我约束、心系民众疾苦的最高统治者，寥若晨星，屈指可数。

故贵以贱为本，高以下为基。

因此，侯王的尊贵品德来源于为民众走正道做表率，从而得到民众的尊重；侯王的崇高地位，源自为民众服务而得到民众的推举拥戴。尊贵的品德和崇高的地位都来自为大众谋利益，所以一切为了大众才是根本。脱离了根本，侯王就失去了存在的基础和存在的价值。

原文校对情况：

“故贵以贱为本，高以下为基”，王弼本、严遵本、傅奕本、张镇南本如此，帛书本作“故必贵以贱为本，必高矣而以下为基”，河上公本、淮南子本作“贵必以贱为本，高必以下为基”。

是以侯王自谓孤、寡、不穀。此非以贱为本邪？非乎？

孤、寡、不穀，都是很难听的称呼。孤，是被人嫌弃、没人搭理的人；寡，是德行欠缺的人，和缺德差不多；不穀，是不善良、没人性之辈。侯王们为什么用这么不好的词语作践自己？就是为了时刻警醒自己保持走正道，正确履行职责，防止变成那样的人。因此，这样的侯王是称职的侯王，是以服务民众为根本的。

故致数舆无舆。不欲琭琭如玉，落落如石。

一味把心思用在追求荣誉上，反而得不到荣誉。这个结论是从“贵以贱为本，高以下为基”推出的，意思是尊贵的品德和崇高的地位不是靠获取赞誉就能得到的，而是来自带头践行大道和大众的认可。因此，往自己脸上贴金是没用的，最终的评判权在大众。

精琢细磨的玉器，圆润光泽，人人都喜爱，但它的华美出自人为，除了欣赏把玩，没有多大实用价值。粗糙坚硬的石头，是自然的存在，它的用处无处不在，比如铺路、建房、修堤、搭桥等。所以，不管是做人还是治理天下，不追求花里胡哨的外表，而要实实在在做人做事。

原文校对情况：

“落落”，河上公本、严遵本、傅奕本、张镇南本作“落落”，王弼本作“珞珞”，帛书本作“硌硌”。《文子·符言》：“故无为而宁者，失其所宁即危；无为而治者，失其所治即乱。故不欲碌碌如玉，落落如石。”不管是哪一种，所表达的意思是一致的。

“致数舆无舆”，王弼本、淮南子本如此，张镇南本作“致数舆无誉”，帛书甲本作“致数与无与”，帛书乙本作“至数舆无舆”，傅奕本作“致数誉无誉”，河上公本作“致数车无车”，严遵本作“造舆于无舆”。

“致数舆无舆”的典型例子——秦始皇。

秦王嬴政灭六国统一全国后，自认为德高三皇、功盖五帝，所以自称皇帝。他得意洋洋地巡视天下，去泰山和梁父山封禅，向天地宣示他的丰功伟绩；分别在泰山、成山、琅琊山、碣石等地树碑立传，颂扬自己的功德，在美化自己的同时，却用严刑峻法和繁重的赋役对待民众，致使民不聊生。结果不久他便死在了显摆自己的路上。他的万里江山永远属于他家的梦想也在他儿子手里破灭，成为天下永远的笑谈。

【小结】

本章主要讲德位相配。从天、地、神、谷、万物到侯王，只有有德（得一），才能维持应有的常态。一旦德不配位，常态就会无法维持，从而产生不良的后果。着重强调，统治者要遵循自然规律行事，以实际行动带领天下人走正道，否则就没有资格做统治者。

四十章

【导读】

道的运动方式是什么？道在具体运动中采用什么样的方式？世界万物的出现顺序又是怎样的？本章告诉你。

反①**者，道之动**②**；弱**③**者，道之用**④。

天下之物⑤**生于有**⑥**，有生于无**⑦。

【译文】

循环往复，是道的运动形式；柔弱渐进，是道在运动中的具体运用。

天下之物生于有形的存在，有形的存在生于无形的存在。

【注释】

① 反：反复，循环往复。

② 道之动：道的运动形式。
③ 弱：柔弱和缓，柔和渐进。
④ 用：应用，运用。
⑤ 天下之物：王弼本等作“天下万物”，楚简本、帛书本、傅奕本等为“天下之物”。
⑥ 有：有形的存在。
⑦ 无：无形的存在。

【解读】

反者，道之动。

整个宇宙都在做循环运动。生命世界在做出生、长大、繁衍、衰老、死亡的循环，代代相传；地球不停地自转，所以有昼夜的反复；地球不停地围着太阳运转，所以有四季的轮回；太阳系又随着银河系反复运转，银河系又随着它的母系运转……最终都围着道的核心做规律性运转。我们的地球自转一圈，是一天；地球围绕太阳转一圈，是一年；太阳（以其赤道为准）自转一圈，是一太阳天，相当于我们 24.47 天；太阳系围绕银河系中心转一圈，是一宇宙年，相当于我们的 2.26 亿年……

循环往复，是道的运动方式、运行规律，自然也是整个世界的运动方式、运行规律。道在做循环运动，我们则与道共振。

弱者，道之用。

道在具体的运行世界、养育万物的过程中所采取的方式，是柔和的还是剧烈的？道采取的是柔弱渐进、潜移默化的方式。就像地球转动一样，我们感觉不出它在运行，没有坐车的那种突兀、颠簸感。四季轮回，日月交替，都是在渐进中进行的。万物的生长，也是在一天天地逐渐长大的。

这个世界，运动是绝对的，静止是相对的。而静止的感觉就是源于“弱”的运动形式。比如坐着不动，其实仍然在动，在被地球带着旋转。

需要指出的是，柔弱渐进并不是绝对的速度快慢，而是表现柔和、平稳。比如地球在围绕太阳运行时以非常快的速度进行，但地球上的我们却感觉不到；地上的树苗在不断长高，我们用肉眼却观察不到；高速电梯在运行时我们没有异常感觉。

天下之物生于有，有生于无。

天下的一切事物，包括有生命的和没有生命的，都是生于天地这个有形态的大平台。而天地又产生于无形的混沌世界。这就是世界的简要演化过程。

原文校对情况：

本句王弼本、河上公本作“天下万物生于有，有生于无”，帛书乙本作“天下之物生于有，有□（□代表缺损）于无”，楚简本作“天下之勿生于又，生于亡”，严遵本、傅奕本作“天下之物生于有，有生于无”，张镇南本作“天地之物生于有，有生于无”。万物在《道德经》里主要表示有生命的存在，因此用天下之物更准确。

说明：本章在帛书甲、乙本中均位于第四十二章之前，很有合理性。本章讲道的运行规律和世界的来历，而第四十二章则详细阐述道生成世界万物的具体过程，承上启下非常明显，所以帛书本的顺序似乎更合理、更便于理解。

【小结】

道的运行方式是循环往复。道在运动中的表现则是柔和渐进、潜移默化。

道是无形的，道产生天地这个有形的大平台，天地又产生万物。

四十一章

【导读】

遵道而行是最好的行事方式，却很少有人这么做，这是为什么呢？

上士[①]闻道，勤而行之；中士闻道，若存若亡[②]；下士闻道，大笑之，不笑不足以为道。

故建言[③]有之：明道若昧，进道若退，夷道若颣[④]，上德若谷[⑤]，大白若辱[⑥]，广德若不足，建德若偷[⑦]，质真若渝[⑧]，大方无隅[⑨]，大器晚[⑩]成，大音希[⑪]声，大象无形，道隐无名[⑫]。

夫唯道，善贷[⑬]且成。

【译文】

素质上乘的人闻道后，积极地去践行；素质一般的人闻道后，感觉它若有若无；素质下乘的人闻道后，大声嘲笑它，不嘲笑反而衬托不出道的伟大。

因此，修道的格言里有这样的话：光明的大道好像是昏暗不起眼的；使人进步的大道好像是退步的；平坦的大道好像是坎坷难行的。上乘的德好像是虚无的；最明亮的东西好像被忽视了；广泛惠施天下的美德好像有不足之处；培养德行好像是在偷偷进行；品质纯真的人看起来是不专一的。最广大的地方是没有边际的，最大的器物是经过长期演化而成的，最大的声音是听不到声音的，最大的形象是无形的，道隐于世界的背后是一直默默无闻的。

只有道，才善于帮助万物，并善于成就万物。

【注释】

① 上士：素质上乘的人。
② 亡（wú）：通“无”，没有。
③ 建言：修道的格言。建：建立德行，修道。
④ 纇（lèi）：缺陷，这里指坎坷不平。帛书本等作“类”，通“纇”。
⑤ 谷：山谷，指空旷、空虚。见第十五章“旷兮，其若谷”。
⑥ 辱：埋没。《左传・襄公三十年》：“使吾子辱在泥涂久矣。”
⑦ 偷：偷偷，悄悄。
⑧ 渝：改变，不专一。
⑨ 隅：边，角落。
⑩ 晚：时间靠后的，经过的时间相对长的。
⑪ 希：听不见。见十四章“听之不闻，名曰希”。
⑫ 无名：没有名气，默默无闻。
⑬ 贷：施予，提供。

【解读】

上士闻道，勤而行之；中士闻道，若存若亡；下士闻道，大笑之，不笑不足以为道。

大道是真理，是人类生存的根本遵循。所以素质高的人听说道的知识后，如鱼得水、努力践行。虽然和“朝闻道，夕死可矣”所说的道不是一个概念，但心情是一致的。

一般人对道的态度是，认为对的时候就照着做，不把它当回事的时候就不再照着做，如此翻来覆去，没有定性。

最下乘的人，不是指民众，而是那些喜欢我行我素、从不把道当回事的人，他们听别人说起大道就像听到很可笑的事情一样会哈哈大笑，嘲笑讲道的人迂腐，不相信道的存在。有对比才会有高下，正是这群无知而又为所欲为的人对道的嘲讽，才会显示出道的伟大所在。如果连这群顽固的主观主义者都能遵道而行了，社会将是一个按照大道运行的世界，老子也就无须费心劳神写《道德经》了。

造成这个现象的原因是什么？下面接着给出了答案。

故建言有之。

因此，修道的格言是这么说的。建，建立德行，在遵循道的道路上不断前进，也就是常说的修道。下面都是修道的格言。

明道若昧。

大道是真理，是世界的本源、规律和运行动力。所以，大道是走向光明的道路，理应像太阳一样高悬于人的心头。但实际上，由于大道隐于幕后，从不显摆自己的伟大，人们无法直接地感触到它的存在，所以反而有一种昏暗不明、看不清楚的感觉。普通人崇尚直观，谁会在意看不清的东西呢？

进道若退。

大道是让人进步的道路，行无为之事，得到的是平安、健康、顺利、和平等这些人生最重要的东西。但世俗的价值观却是崇尚出人头地的大有作为，崇尚权力、地位、功名、财富、美色等身外之物，成功的标准也是在这些东西上。所以在行道人眼里的进步大道，在世俗者眼里就是退步的。我之蜜糖，彼之砒霜。价值观不同，结论必然不一样。当然，按道行事的人得到地位、财富是很容易的，但不是有意追求得来的，而是自然而然；并且不把地位当地位，不把财富当财富。

夷道若颣。

没有比大道更平坦的了，因为顺势而为，所以一帆风顺，没有陷阱、没有伤害，不会焦虑和纠结。但在世俗人眼里，坚定的行道者在行道的路上，不断抵御着各种诱惑的侵扰，不能随心所欲地干事情，不就是像走在坑坑洼洼的路上一样费劲吗？

上德若谷。

遵道而行的上乘品质，因任自然，包容万物，不去干扰他人，不去显示存在感，没有大有作为的光环，所以像空旷的山谷一样空空如也，感觉不出有德的样子。

大白若辱。

在我们人类生存的世界，最光明的东西莫过于太阳了，它一直为人类提供光和热，但人们对它却已经习以为常，就当它不存在一样地忽略了。有谁会说他的成功得益于太阳？对默默无闻做奉献的大道、天地和人的态度也是如此。

广德若不足。

广泛惠施天下的美德，因为不可能让每一个个体都时时、事事如意，所以看起来有不足之处。

建德若偷。

培养遵道而行的品德，重在践行而不自我表现，所以在世俗人眼里像是偷偷进行。平常所说的积阴德，就是做善事不留名、不宣扬。

质真若渝。

品质纯正、一心一意的行道人，因循规律，随机应变，所以看起来是善变的、不专一的、不拘一格的。这就是第十五章的“涣兮，若冰之将释”。

大方无隅。

最大的地方是没有边际的，道就是这样，广阔无际，包罗万象，把整个宇宙放在它里面都装不满（第四章“道冲，而用之又不盈”），所以是看不到边角的。

大器晚成。

最大的器具，是经过漫长的演化过程才得以形成，这就是我们的宇宙。先形成天地，再产生万物。也说明越是大的东西，做成所需要的时间越长；越是重要的事情，越要投入更多的精力和时间。

原文校对情况：

帛书乙本（甲本缺损）把“晚”作“免”，传世古本唯此一家。到底是因为经过两千多年的氧化腐蚀把“日”字旁损毁了，还是抄写者把“日”字旁丢了？是抄写者以“免”代“晚”，还是原经文就是“免”？无法确定。楚简本作“曼（慢）”，意思是慢慢形成的，也符合原文意境。

大音希声。

“听之不闻，名曰希”（第十四章）。最大的声音，不是超过、压制住其他声音，而是能让其他声音有展现的空间，所以是寂静无声的。这也是一种容纳，就如无边无际的空间一样。

大象无形。

如果有形包容有形，最大的有形谁来容纳？只有无形。所以最大的形象是无形。“视之不见”，无形的道包容整个世界。

道隐无名。

大道一直隐藏在世界的幕后而默默无闻（第一章“无名，天地之始”）。最厉害的反而是最不显山露水的，世界的奇妙就在于此。

夫唯道，善贷且成。

前面说道没有边际、没有声音、没有形状、没有名气，以道为核心的宇宙是经过漫长的演化才形成的。所以只有道，才有能力为天下万物提供生存空间，并成就万物。

外形不重要，能力才重要。长相不重要，品质最重要。

【小结】

大道有别于个体常态，又隐于幕后，所以难以被人理解和接受。而正是因为它不同于具体事物，才显示出它的伟大之处。同时也说明，在世俗人眼里，修道是一件很难的事情。但一旦走上大道，大道将帮助你、成就你。

四十二章

【导读】

道是怎样形成世界的？本章将作出详细阐述。

道生一①，一生二②，二生三③，三生万物。万物负阴而抱阳④，冲气⑤以为和⑥。

人之所恶，唯孤、寡、不穀，而王公以为称。故物或损之而益⑦，或益之而损。

人之所教，我亦教之。强梁⑧者不得其死，吾将以为教父⑨。

【译文】

道产生一个运行规律（法则），让无形的混沌世界运动起来（“道生一”）。在运行规律的作用下，无形的混沌世界清浊二分，产生了天地（“一生二”）。天地继续按照规律运行，相互作用，形成了由天上的日、月和大气层包围着的大地（地球）三者共同组成的生态系统（“二生三”）。生态系统按照规律运行产生了万物（“三生万物”）。万物在日月交替、昼夜循环下，在空虚的气体中实现与自然环境相适应。

人们所讨厌的，不过是孤立的人、不走正道的人、不善良的人，但王公们却把它们当作自己的称谓。所以，事物有时受损却是受益，有时候获益却是受损。

人们所应该学到的知识，我也应该教给他们。一味争强好胜的人不会得到善终，我们要把它作为教育的首要问题来讲。

【注释】

① 一：道的核心精髓——运行规律（法则）。见第三十九章“得一”。
② 二：天地，宇宙空间与天体。
③ 三：天上的日、月和大气层包围着的地球三者共同组成的具有生养功能的特殊环境，简称生态系统。
④ 负阴抱阳：背负着月亮怀抱着太阳，指日月交替、昼夜轮换。阴：月。阳：日。《黄帝内经·素问》：“日为阳，月为阴。”
⑤ 冲气：空虚的气体。冲：空虚。王弼本等多作“沖”，“沖”同“冲”。
⑥ 和：和谐，协调，融洽。
⑦ 益：受益。
⑧ 强梁：特别好强。强：好强。梁：物体拱起的部分，《诗·小雅·甫田》：“曾孙之稼，如茨如梁。”又如鼻梁，山梁。这里指表现突出。
⑨ 教父：教育的开始。父：通“甫”，开始。

【解读】

道生一，一生二，二生三，三生万物。

这是讲世界的形成过程。

在天地出现之前，道的形态是无形的混沌状态（第二十五章“有物混成”）。它自己产生一套运行规律让这个混沌世界运动起来。“一”，就是运行规律（法则）。混沌世界是由什么组成的呢？根据当代科学推算，应当充斥着质子、电子、光子、中微子等基本粒子。

在道的运行规律作用下，混沌的世界开始运动，旋转、碰撞……并发生一系列复杂的物理、化学等反应。对比大爆炸理论，道产生这套运行规律的起点或许就是大爆炸，将质子、电子、光子、中微子等基本粒子引爆，然后根据运行规律开始进行物理、化学反应，进而形成原子、分子。在规律的作用下，经过宇宙漫长的运动，原子、分子逐渐聚合，最终形成各种天体（包括地球）。混沌的世界清浊二分，形成了天体和空间。站在地球角度就是天和地。“二”，就是天和地（地球和地球之外的宇宙）。

天、地按照道的规律继续运动，经过长久的相互作用，在宇宙局部形成了由天上的日、月和大气层包围着的地球三者共同组成的具有生养功能的特殊环境。“三”，就是日、月和大气层包围着的大地（地球）三者组成的生态系统。之所以解读为日、月、大气层包围着的地球（大地），是因为下文说得很明白，“负阴抱阳”“冲气以为和”。阴就是月，阳就是日，气就是指大气层，万物是生存在大地（地球）上的，所以是大气层包围着的大地（地球）。以此类推，在宇宙中一定有其他的符合“三”的生态系统存在。

“三”这个生态系统，在道的规律作用下，逐渐产生了生命，生命品种很多，这就是万物。《道德经》里的万物，一般指有生命的群体。

万物负阴而抱阳，冲气以为和。

太阳为阳，月亮为阴。负阴抱阳，就是指万物在日月交替照射、昼夜不停的循环中生存作息。地球表面的大气层是生态系统的组成部分，万物除了需要获得太阳、月亮的能量、引力支持，还需要氧气呼吸和水汽的滋润。大气层就是一个动态循环系统，既供应空气满足呼吸需要，还要以气流循环、化云为雨的形式对万物进行浇灌滋润。科学证明，大气循环既与太阳的照射有关，也与月亮的引力有关。万物为大地所承载，并在空虚的大气层中实现与大自然的和谐统一。离开这个生态系统，万物将无法生存。

人之所恶，唯孤、寡、不榖，而王公以为称。故物或损之而益，或益之而损。

王公为了做天下人走正道的表率，用令人厌恶的“孤、寡、不榖”做称呼，警示自己不要走邪路。这说明有的受损是为了受益；同样，有的受益却遭受损失。有利于走正道，受损就是受益；有损于走正道，受益就是受损，这是关键所在。

人之所教，我亦教之。

人们所应该接受的教育是什么呢？前面讲了世界的形成过程和人类生存的环境，学什么就一目了然了，就是学习大自然的规律、常识以及怎样遵道而行的知识，用现在的说法就是学习自然科学和社会科学。这样的知识应当传授给大众。做到按规律办事，更好地生活。

强梁者不得其死，吾将以为教父。

大道作为主宰者都要按照自身规律运行，并以柔弱渐进的方式行动，作为顺应者，人没有逞强好胜的资格，因此那些逞强好胜、不知变通、不知进退的人，无法顺利走完人生道路。这就是教育中首先要讲的内容。

原文校对情况：

“教父”，王弼本、河上公本、严遵本如是，帛书甲本、傅奕本、张镇南本作“学父”。学（xiào），教导、教育，与教的意思一致。

【小结】

本章阐述了世界产生演化过程。道就好像一颗埋在地下的种子，慢慢发芽，逐渐长成由树干（天）、树枝（地）和叶子（万物）组成的大树（宇宙）。强调人特别是统治者要正确定位，遵道而行，不逞强好胜，实现与自然、社会的和谐。

四十三章

【导读】

了解了世界形成过程，就明白了人与自然的关系，这对人类的生存和社会治理会有怎样的启发呢?

天下之至柔①，驰骋②天下之至坚③，无有④入于无间⑤。

吾是以知无为⑥之有益。不言⑦之教，无为之益，天下希及⑧之。

【译文】

天下最为柔和的东西——空气，在周流不息的运动中能飞沙走石；无形的空气通过呼吸进入有形的身体来维持万物生存。

我因此懂得顺应自然而为的益处。不干预的教化策略，顺应自然而为的好处，天下很少有比得上的。

【注释】

① 至柔：最柔软的东西，指空气。
② 驰骋：飞马奔驰，这里指砂石被风吹得奔走。
③ 至坚：最坚硬的东西，指砂石。
④ 无有：无形的有，看不见的物质，指空气、气体。
⑤ 无间：没有间隙的物体，指固体。
⑥ 无为：顺应自然而为。
⑦ 不言：不说教，不干预。
⑧ 及：赶得上，比得上。

【解读】

本章结合世界的形成过程和“三”之中“气”的运行特点，说明生态系统的存在和运作是不以人的意志为转移的，以此证明无为、不言的好处。

天下之至柔，驰骋天下之至坚，无有入于无间。

“天下之至柔”，说的是气。上一章已经阐述了万物（人）在空虚的气体里生存（“冲气以为和”）。“至坚”，地球表面以自然形态存在的最坚硬、最坚固的东西就是砂石。“驰骋天下之至坚”则是描述空气是流动的，风大的时候能将砂石驱动得如同飞驰的骏马一样奔走，飓风、龙卷风的威力更是能摧枯拉朽。这是说明大气层内的空气是规律运行、周流不息的，正因如此，才能行云布雨，润泽万物。这是一幅立体、动态的空气运行画面。需要说明的是，虽然第七十八章有“天下莫柔弱于水”，但“柔”和“柔弱”是有区别的。

“无有”，是指看不见的有，这里接上一句还是指空气；“无间”，是中间没有间隙的物体，是有形的固体，这里主要指有生命的万物。“无有入于无间”，意思是大气层内看不见的空气，周流于天地之间，通过呼吸进入万物体内，为万物提供生命所必需。

整句是说气的运行在“三”这个具有生养功能的特殊环境中也发挥养育万物的作用，万物（人）离开空气就无法生存。

这几句描绘的现象，是通过观察得来的。“观”（见第一章），是老子教给我们认识世界的重要方法，《道德经》中的很多现象都是通过观察大自然得来的，而不是凭空臆断。

原文校对情况：

“驰骋天下之至坚”，王弼本、河上公本、严遵本、傅奕本、张镇南本、淮南子本如此，帛书甲本作“□骋乎天下之致坚”。

“无有入于无间”，帛书甲本（乙本残缺）、河上公本、严遵本如此，王弼本、张镇南本作“无有入无间”，傅奕本作“出于无有，入于无间”。《淮南子·原道训》引用老子“天下至柔，驰骋天下之至坚，出于无有，入于无间”明确指的是水，《淮南子·道应训》引用老子“无有入于无间”又作他指，明显是不同的编撰者因理解不同而引用的传本不同。

吾是以知无为之有益。不言之教，无为之益，天下希及之。

气作为“三”这个生养系统的主力军，循环在天地之间供万物呼吸，有规律地为万物提供生存服务，进一步说明大自然为万物造就了一套不以人的意志为转移的养育系统，所以才得出一个结论：在客观世界和客观规律面前，顺之者昌，逆之者亡，作为万物之一的人类顺应是最好的方式，所以无为、不言就是最好的选择。这给第二章“处无为之事，行不言之教”以证据支持。

《道德经》逻辑严谨，每一个结论都有依据，都经得起推敲，而不是有感而发。说话有根据，做事有遵循（第七十章“言有宗，事有君”）是《道德经》始终贯彻的根本原则。

【小结】

本章接续上一章的“三”，即由天上的日、月和大气层包围着的大地（地球）共同组成的具有生养功能的特殊环境，以气在这个特殊世界中养育万物的自然运行为例，进一步揭示了我们生存的世界是一个按照规律独立运行的系统，进而推出人类处理人与自然之关系的正确做法是无为，以及效法自然进行社会管理的做法是不言之教。

四十四章

【导读】

人生在世，应该树立什么样的价值观呢？本章给出具体答案。

名[①]与身[②]孰亲？身与货[③]孰多[④]？得与亡[⑤]孰病[⑥]？甚爱[⑦]必大费，多藏必厚亡。

故知足不辱[⑧]，知止不殆，可以长久。

【译文】

名声和生命哪一个更亲？生命和财货哪一个更重要？名声财货的得与失哪一个更有害处？过度贪恋名声必然会付出巨大代价，过多聚敛财货必然会遭受重大损失。

因此，知道满足就不会遭受屈辱，知道适可而止就不会有危险，这样就可以做到长久。

【注释】

① 名：名声，名气。
② 身：生命，身体。
③ 货：财货，财物。
④ 多：重，与“轻”相对。
⑤ 亡：失去。
⑥ 病：弊端，害处。
⑦ 爱：贪，贪图。
⑧ 辱：受辱。

【解读】

名与身孰亲？身与货孰多？得与亡孰病？

生命与名声谁更亲，生命和财富比起来哪一个更重要，以及如何看待得失的问题，决定了一个人的人生价值观。人生在世，生命为本。所以名声、财富都是身外之物。生命与名声谁更亲的问题，在第十三章的“宠辱若惊，贵大患若身”就已经表明了立场；生命和财富比起来哪一个更重要的问题，在第九章“金玉满室，莫之能守”也给出了答案。如何看待名声财富的得失上，在第二十二章“少则得，多则惑”、第二十七章“善数者不用筹策”、第四十二章“损之而益，或益之而损”也做了回答。

甚爱必大费，多藏必厚亡。

名声是枷锁，财物是累赘。

过度追求名声这种虚无的东西，必将投入大量的精力和物力，得到它必然是盛名之下其实难副，为了维护名声又不得不殚精竭虑，甚至不择手段。同理，过度追求权力地位、沉溺美色等亦会对身体造成巨大损耗。

对财富聚敛得越多，以后失去的也就越多。况且聚敛的财富是以生命、健康的代价在残酷竞争中获得的，守护也要付出代价，是不值得的。

道恒无名，人却爱之。圣人不贵难得之货，俗人却爱之。行道者不计得失，贪婪之人却看得胜过生命。这就是道与不道的区别。

故知足不辱，知止不殆，可以长久。

不贪婪、知道满足就不会遭受屈辱，这个大家都有体会。不管朋友、家人还是乞丐，如果没完没了向你伸手，你也会很烦，会忍不住用言语怼他，他这就叫自取其辱。

知止，就是知道底线、红线。河水的底线是岸堤，人的底线是自然法则和由自然法则衍生的社会规则。第三十二章讲了天地万物自生成之时就有了各自定位，因此得出了“知止所以不殆”的结论。本章用对名声财富的追求不宜过度的具体事例来做进一步的说明。

做到了知足、知止，就没有过失和危险，自然能够长久。

【小结】

本章阐述在人类社会中怎样处理生命本身与名声、财货等身外之物的关系，做到以生命为根本，知足、知止。

弄清了生命本身和身外之物的关系，就明白了生存的真谛。

四十五章

【导读】

观察了解以道为核心的大自然运行，能够帮助我们找到正确的生活道路。

大成[①]**若缺，其用**[②]**不弊**[③]**。大盈若冲，其用不穷**[④]**。大直**[⑤]**若屈**[⑥]**，大巧**[⑦]**若拙**[⑧]**，大辩若讷。**

躁[⑨]**胜寒，静胜热**[⑩]**，清静为天下正**[⑪]**。**

【译文】

最成熟完备的事物似乎有欠缺，但它的功能却不会出问题；最有容量的事物看起来是空虚的，但它的作用不会消失。最正确的处世方式看起来屈就顺从，最巧妙的行为方式看起来笨拙，最善于表达的人看起来很木讷。

多动能克制寒冷，为了生存而活动的行事风格却能克制冲动。内心清虚无杂念、为了生存而活动才是天下的正道。

【注释】

① 大成：非常成熟完备的事物。大：极，非常。成：成熟，齐备。
② 用：功能，作用。
③ 弊：弊端，问题。
④ 穷：终结。
⑤ 直：正确。如，理直气壮。
⑥ 屈：屈服，屈从。
⑦ 巧：做事巧妙。
⑧ 拙：笨拙。
⑨ 躁：躁动，好动，妄动。
⑩ 热：热情，指冲动。
⑪ 正：正道，正统。

【解读】

大成若缺，其用不弊。

大成，“大器晚成”，功能齐备。

最成熟的事物功能完备，看起来虽然有不足的地方，但不会影响其正常功能的发挥。比如以大道为核心的大自然，总会有让人感到不如意的地方，比如夏天太热了，冬天太冷了，但都在忍受限度之内，不影响万物正常的生存。而一个非常成熟的人，熟悉规律法则，深谙人情世故，一直走在正道上，虽然不能事事做到完美如意，但处世稳妥，不会出大纰漏。

大盈若冲，其用不穷。

最有容量、有内涵的事物，就像装满水的瓶子，看起来好像是空的，但用处却一点也不空。比如大道，虽然看起来是空虚的，但却容纳、运行着整个宇宙。比如山谷，空旷深远，但生机盎然，万物勃发。比如德行水平很高的人，上德若谷，看起来没什么作为，但却能引领社会走正道。

大直若屈。

天体运行，日月旋转，都按照既定轨道在有序进行。河流在沿着最适合的道路向前流淌。最善于处世的人，顺应自然规律，顺势而为。这些都是正确的做法，也都是屈就、顺从。屈就、顺从的是世界的规律和法则。因为无为（顺应自然而为），所以大直若屈。

大巧若拙。

做事的真正诀窍只有一个，那就是按正确的路子实干。不投机取巧，没有好看的花架子，虽然动作看起来笨拙，但最实用、最有效。十年磨一剑，看似太慢，但循序渐进，磨出的剑一定是好剑。

大辩若讷。

讷，言语迟钝、口齿笨拙的意思，与伶牙俐齿相对。

大道不言，运行世界；天地不言，养育万物。开水不响，响水不开。大辩不辩，是不言的体现。最高水平的辩者不是靠嘴，而是以身作则、身体力行。事实胜于雄辩，如果没有事实，再动听的话也没有说服力。

躁胜寒，静胜热。

众所周知，天冷的时候多做运动，身体就会热乎起来。多动、躁动似乎也就这么点好处吧。人是热血动物，常常会有冲动。冲动是魔鬼，是情绪的爆发，与理智相悖。怎样克服冲动呢？就是用“静”，即为了生存而活动的行事原则去克制，只做该做的事，这样习惯成自然，就不会轻举妄动，也就不会犯错了。

清静为天下正。

清，就会欲望少；静，就不会去胡乱作为。可简单地表达为：心无杂念为清，行不多事为静。“清、静”与第十六章“致虚极，守静笃”相呼应，是无为的具体表现。所以，清静之道才是天下的正道。

唐太宗李世民就说过：“夫治国犹如栽树，本根不摇则枝叶茂荣。君能清静，百姓何得不安乐乎？”（见《贞观政要》）

【小结】

大成，成熟完备，能为天下所用。大盈，德行高尚，能容纳天下。大直，因循自然，无为而无不为。大巧，尊重规律，实实在在。大辩，以身作则，行不言之教。

作为极品虽然都不是完美的，但不影响它们的伟大。它们都在按规律运作。

作为人而言，安守本分的清静之道，就是最正确的生活方式。

四十六章

【导读】

上一章说“清静”是天下的正道。统治者走或者不走正道，社会有天壤之别。不走正道的结果是严重的。那么，不走正道主要表现在哪些方面呢？本章作分析。

天下有道①，却走马以粪②。天下无道，戎马③生于郊。
罪莫大于可欲④，祸莫大于不知足，咎⑤莫大于欲得⑥。
故知足之足，恒⑦足矣。

【译文】

天下按道运行时，骏马回到农田用于耕作。天下不按道运行时，怀胎的母马都被用作战马，产崽只能在郊外的战场上。

罪过没有比随心所欲更大的了；祸患没有比不知足更严重的了；灾难没有

比一味贪占更惨痛的了。

所以，把知足作为满足的标准，就能做到永久满足。

【注释】

① 有道：按照道的规则运行，遵循道的规则治理。
② 却走马以粪：让善跑的马回去耕地。却：返回，反转。走马：善跑的马，骏马。粪：施肥，耕地。
③ 戎马：战马。
④ 可欲：随心所欲，为所欲为。见第三章“不见可欲”。
⑤ 咎：灾难。
⑥ 欲得：总想得到，一味贪占。
⑦ 恒：王弼本作“常”。

【解读】

天下有道，却走马以粪。

大道行于天下，统治者以身作则，天下人人遵道而行，社会太平，没有战争，跑得再快的马也没有用武之地，而是用于耕田种地。描述的是一片祥和景象。

天下无道，戎马生于郊。

统治者不按照大道治理天下，则欲望横行，人与人纠纷不断，国与国争端不休，战争成了常态，战乱频发，怀孕的母马也被征调作战，产仔也产在了战场上。母马生崽，本来应该在安静舒适的马棚里进行的。比喻整个社会处于战乱之中，怀孕的母马也不能避免。

两种情形形成了鲜明的对比。有道、无道决定了幸福与灾难。

罪莫大于可欲。

对统治者而言，不能正确认识世界，不能自我正确定位，狂妄自大，把自己当成世界的主宰而随心所欲，为了一己私利而为所欲为，置国家和民众于危险之中，确实没有比这更严重的罪过了。对于个体而言，随心所欲、为所欲为是无法无天、极端没数的表现，会招致很严重的后果。若人人如此，天下必将大乱。

因为统治者对国家、社会的作用举足轻重，所以本句以及后面的“祸莫大于不知足”“咎莫大于欲得”主要是针对统治者说的。

原文校对情况：

王弼本没有这句，河上公本、帛书本、严遵本、傅奕本、张镇南本都有此句，韩非子本为“祸莫大于可欲”。楚简本有此句，但文字难以辨别确定。

祸莫大于不知足。

不知足，不知道满足，追求无限度，做人无底线。

不知足就会越界。越大自然的界，就是违反客观规律，自然会受到大自然的惩罚；越社会的界，就会侵犯别人的利益，必然遭到别人的反击。都是在招惹事端，遗祸无穷。

在欲望开启的社会，人的追求是无度的。人无节制的追求，一方面导致人与人之间的竞争越来越激烈、贫富差距越拉越大，国与国之间的关系越来越紧张；另一方面对大自然索取越来越多，导致生态环境急剧恶化，不但对人类自身造成严重危害，而且给其他动植物带来严重的生存危机，很多物种在日趋恶劣的环境中已经灭绝或正在灭绝的路上。

咎莫大于欲得。

总想获得，总想赚取，必然是别人的财物、别人的利益，形式不是巧取就是豪夺。这种人，想获取的东西有些并不是自己需要的，但禁不住一贪为快。老想占便宜的人一般都不会有好下场。

原文校对情况：

主要参考古本基本一致，但帛书本为“咎莫憯于欲得”。憯（cǎn）：惨痛。韩非子本作“咎莫惨于欲利”。

故知足之足，恒足矣。

万事皆有度。再好吃的东西如果无节制地吃，也会撑坏了身体；舒服的温泉没完没了地泡，也会泡出毛病；思虑过度，心神损耗严重。知足，就是知道什么是满足，有确定的期望值、标准和底线。所以把满足的标准定得越低，就越容易做到满足。人生的意义是生存，而满足生存的基本需求，就是满足的基本标准。因此，人生知足很容易做到。《淮南子·诠言训》有言："知足者，不可以势利诱也。"因此，把知足当成满足，就不会有多余的欲望，而且在各种欲望的诱惑面前不为所动，把多余的财物看作是废物，把权力、名声、地位当累赘，这样就能实现长久的满足。满足，体现在衣食住行的各个方面。

【小结】

最大的罪恶是诱发出不应有的欲望，最大的祸患是不知道满足，最惨痛的灾患源于一味贪占。

德国哲学家黑格尔说："人类唯一能从历史中吸取的教训就是，人类从来都不会从历史中吸取教训。"这与唐朝杜牧在《阿房宫赋》中说的"秦人不暇自哀而后人哀之。后人哀之而不鉴之，亦使后人而复哀后人也"是一个道理。原因是什么呢？就是统治者不愿放弃特权，不愿放弃欲望，不愿意做到知足，不愿意与民众平等。几千年的历史都是：你方唱罢我登场，一时豪杰一己私。

四十七章

【导读】

万物一理。只要抓住了世界的根本，将一通百通，轻松处事。

不出户，知天下；不窥①牖，见②天道③。其出弥④远，其知弥少。

是以圣人不行而知，不见而明，不为⑤而成。

【译文】

通晓大道的人不用出门，就能知道天下的情势；不用透过窗子向外看，就能了解大自然的变化规律。不通晓大道的人，出去越远看得越多，对大道的认知反而越少。所以圣人不出行就知道天下的情况，不用看就明白自然规律的运行情况，不用去主动作为就能取得成功。

【注释】

① 窥（kuī）：从小孔或缝隙里看。王弼本作“闚”，同“窥”。
② 见：知道，了解。
③ 天道：大自然的运行规律。天：上天，大自然。
④ 弥：越。
⑤ 不为：不主动作为。

【解读】

不出户，知天下。

天下万物同出于道，而道以“一”（规律）运行天下。所以天下万物虽然外在表现千姿百态、各有特色，但其内在本质是一致的：大道至简，万物一理。因此，知一可知天下。春天来了，不用出门也会知道万花竞开，知道农人在田间耕种。“人间四月芳菲尽，山寺桃花始盛开”，不用登山也知道山上的温度比山下的低。

原文校对情况：

“知天下”，王弼本、严遵本、张镇南本如此，帛书本、河上公本、淮南子本作“以知天下”（下句为“以见天道”），傅奕本、韩非子本作“可以知天下”（下句为“可以见天道”）。

不窥牖，见天道。

大自然的规律是以固有的模式、固定的周期运行的，所以不用整天趴在窗户上往外看，也会知道大自然的运行情况。比如，通过从窗子照射到地面的阳光长度，就可以知道太阳的运行情况和季节变化。

其出弥远，其知弥少。

读万卷书，行万里路，讲的是理论联系实际。如果不知道万物一理的道理，如果被万事万物纷繁复杂的外表所迷，最终如庄子所言“吾生也有涯，而知也无涯，以有涯随无涯，殆已”。当事人或许觉得已经了解很多，但乱花渐欲迷人眼，却不知道得到的都是皮毛，离本质真理越来越远。

是以圣人不行而知，不见而明，不为而成。

圣人懂大道，知共性，所以不用四处行走就能知道社会的情况，不用看见具体事情就能知道其中的原由，不用主动去做什么也能有所成就。

不为而成，主要指天下遵循规律的情况下，圣人不去主动作为，社会自然会沿着正确的道路前进（第三十二章的“万物将自宾”）。比如，农民从事农业生产，自己会按照时令季节进行耕种收获，不用统治者去专门指挥就会做得很好。这其中有圣人的功劳，他遵循自然规律治理天下，不去干扰；有农民的功劳，他们按照自然规律操作；有自然的功劳，它提供一切生长条件。圣人的不为，是因为有民众按照正道的有为和大自然的自然运行。所以，“不为而成”并不是说什么也不干，而是指善于借力、借势，就如顺水行舟。

【小结】

大道至简，但万物千姿百态。要善于把握事物的本质规律，不要被丰富多彩的表象所迷。

有所为有所不为，遵循规律做应该做的事情。

四十八章

【导读】

前面一直在说无为的好处。那么怎样做才能达到无为的境界？本章告诉你具体办法。

为学日益①，为道日损②，损之又损，以至于无为③，无为而无不为④。

取⑤天下恒⑥以无事⑦，及⑧其有事⑨，不足以⑩取天下。

【译文】

随着学习道的知识一天天地增加，践行大道要一天天地减少不符合道的主观思想和行为陋习，这样不断地减少再减少，消除了主观陋习，养成了遵道而行的习惯，就达到了顺应自然而为的境界。顺应自然而为，所做的事就没有什么是不应该做的。

取得天下的治理权要始终采用自然而然的方式，如果采取不正当手段，就没有资格取得天下。

【注释】

① 为学日益：学习道的知识一天天地增加。日：每天，一天天。益：增加。
② 为道日损：践行大道要一天天地减损不符合道的主观陋习。损：减少，削减。
③ 无为：顺应自然而为。
④ 无不为：没有什么是不应该做的或者是不恰当的。见第三十七章。
⑤ 取：获得，得到。
⑥ 恒：永恒不变的，一直。王弼本作“常”。
⑦ 无事：不生事端，自然而然。
⑧ 及：如果。
⑨ 有事：生事端，指采取非自然、非常规的手段。
⑩ 不足以：不够格，不能够。

【解读】

为学日益，为道日损。

“为学”是学习什么呢？学习道的规律、法则以及自然常识。第十六章讲“知常曰明”，懂得常规是明智的；第二十章讲“绝学无忧”，杜绝学习人文主观的东西，有道者应该“贵食母”，从大道中汲取营养；第四十一章讲“上士闻道，勤而行之”，要求知道、行道，合二为一；第四十二章又讲“人之所教，我亦教之”，进一步强调学习大道及其规律以及一切与生存有关的自然常识。学习这类知识，既要不断地学习、不断提高认识（“为学日益”），还要重在践行，而且是一边学习一边践行，每天学习每天践行。怎么践行？按照道的标准不断地去修正自己的行为，把以前养成的不符合道的主观陋习逐渐消除（“损之又损”）。学习是悟道的过程，践行是得道的过程。只有自己的日常行为完全符合道了，才叫得道。这里表达的也是知行合一，是具体化的知行合一。

由此可以看出，学道越早越好。学得越早，在践行大道的时候所要“损”的东西就越少，就越容易得道。如果从婴儿开始就学习道的知识，按道的要求行事，那么根本不需要“损”这个环节就直接得道了，因为他根本就没有沾染上主观陋习。当然这是最理想的状况。早悟道就能早行道，尽早地走上正道，避免走不必要的弯路，就好比森林中的树木，从小笔直向上生长的就能长成参天大树，而那些从小就斜着长的，很难成材。因此，有的人建议到了一定年龄、有了一定社会经验才能学习《道德经》的说法是不可取的。

朝闻道，夕死可矣，说明学道悟道的重要性、紧迫性。悟道的目的是为了指导我们的生活，如果悟道而不行道，又有什么用呢?

损之又损，以至于无为，无为而无不为。

旧习惯的去除，新习惯的养成，都不是一蹴而就的，都需要不断地重复才能完成，这就是“损之又损”。只要持之以恒地做下去，自身的行为习惯就会与大道越来越一致，当完全符合道的精神时，就达到了“无为”的境界，也就是得道了。这时候，自己的一切思想行为都会自然而然地遵循道的规律，习惯性地按照自然法则处事。这样，所作所为就没有什么不妥当了。这就是修道的最高境界“无为而无不为”。人们常说人生十有八九不如意，却不去考虑为什么会这样。真正的原因就是人们按照自己的主观意愿去做，而按照主观大多数是错的，自然就不如意了。

以上既是修道的方法，也是做到无为的方法。学习、践行要持之以恒、养成习惯，最终才能发乎自然、合乎自然。这是修行的关键所在。

取天下恒以无事。及其有事，不足以取天下。

用道治理天下，要想取得天下的治理权，要始终用“无事”的方式。无事，就是顺其自然，不生事端，不用非常手段。德行高的人被大家一致拥戴而成为统治者，这叫自然上位，德位相配。相反，如果采取阴谋政变、暴力、战争等非正常手段，就没有资格取得天下的统治权。

以此类推，对社会个体而言，要取得对某个事物的控制权、使用权，也要以“无事”的方式，功到自然成，是你的就是你的，不是你的不要觊觎。阴谋夺取、强行占有都是不可取的。但在失道的社会，大家都把天下作为无主财产，为了占为己有而你争我夺，于是战争、暴力、阴谋成了上位的常用手段，战争频发、朝代更迭成了家常便饭。

【小结】

培养行道的品德，就是坚持不断地学习道的知识，并按照道的精神不断地修正自己的行为，把不符合道的习惯逐渐消除。等到主观陋习都消除干净了，也就达到了完全按照道的规律行事的境界（无为）。

所以，得到天下应当是顺势获得，自然成就，才能德位相配。做事也是如此。

四十九章

【导读】

圣人按道治理天下，以怎样的方式引领民众走上正道？本章给出答案。

圣人恒无心①，以百姓心为心。

善者②吾③善之④；不善者吾亦善之，德⑤善。信⑥者吾信⑦之；不信者吾亦信之，德信。

圣人在天下，歙歙⑧焉，为天下浑其心⑨。百姓皆注其耳目⑩，圣人皆孩之⑪。

【译文】

圣人一直没有私心，而是把民众的心愿作为自己的心愿。

善于按道行事的人，圣人好好待他们；不善于按道行事的人，圣人也好好待他们，通过引导、感化，人们都会善于按道行事。诚信的人，圣人信任他们；

不诚信的人，圣人也信任他们，这样人们都会讲诚信。

圣人主政天下，客观公正、表现自然，为的是让天下人的心境变得朴实。因为民众都注重所听所见，所以圣人都把他们当成自己的孩子一样去引导。

【注释】

① 恒无心：一直没有私心。恒：王弼本作“常”。
② 善者：善于生存的人，善于按道行事的人。善：善于。
③ 吾：指圣人。
④ 善之：善待他们。善：善待。
⑤ 德：通“得”，得到。
⑥ 信：诚信。
⑦ 信：相信。
⑧ 歙歙：不偏执的样子，指处事客观自然。歙（xī）：通“翕”，和顺的样子。
⑨ 浑其心：使他们的心变得朴实。浑：天然质朴，这里用作动词。
⑩ 注其耳目：关注所听所看。
⑪ 孩之：当成自己的孩子一样去对待。孩：孩子，这里用作动词。之：百姓。

【解读】

圣人恒无心，以百姓心为心。

圣人是靠德行自然上位的，是按道行事的典范。他效法大道的无私无欲、甘于奉献，因此把民众对生活的美好追求当作自己的追求。广大民众的追求其实很简单，有饭吃，有衣穿，有地方住，没有压迫，没有剥削，没有战争，平等和谐。那么，圣人的追求就是去引领民众去实现这个目标。

原文校对情况：

“恒无心”，王弼本、河上公本、严遵本、傅奕本作“无常心”，张镇南本作“无心”，帛书乙本作“恒无心”。虽然多数主要古本是“无常（恒）心”，但“恒无心”或“无心”更符合上下文的文脉与《道德经》的核心思想，所以校定为“恒无心”。

善者吾善之；不善者吾亦善之，德善。

圣人对民众一视同仁，不搞差别对待。不管是善于按照自然模式生存的人还是不善于的人，圣人都好好地对待他们。这样，善于的人因此会得到鼓励而继续沿着正道前进，不善于的人受到感化而逐渐也学会走正道。所以，整个社会都会走上善于按道行事的正道。

相反，如果对掉队的人不管不顾甚至抛弃，问题就来了。轻者自暴自弃，在抑郁沉沦中自我消亡；重者报复社会，让无辜者受到伤害。不管是哪一种，结局都是双输。所以圣人对于落后的人不是丢弃而是帮助。就像第二十七章说的“恒善救人，故无弃人”。

原文校对情况：

“德”，王弼本、帛书甲本、河上公本如此，严遵本、傅奕本、张镇南本作“得”。

信者吾信之；不信者吾亦信之，德信。

同样，对于诚实守信的人，圣人信任他；对于不诚信的人，圣人也信任他，引导他，而不是排挤他、打击他，这样大家都会成为诚信的人。对圣人而言，每一个人都是他的子民，都是大家庭的一员，包容他们并让每一个人走上正道是他的追求，所采用的措施就是第六十三章说的“报怨以德”。

圣人在天下，歙歙焉，为天下浑其心。

圣人治理社会，不偏不倚，客观公正，对民众一视同仁，把天下民众的心灵引向浑厚的一面，让大家回到自然淳朴的生活模式。也就是第三章讲的“恒使民无知无欲”的状态。

百姓皆注其耳目，圣人皆孩之。

社会就好比羊群。群羊只看头羊，头羊往哪里走它们就跟着往哪走。人的社会性是上行而下效，所以圣人把民众当成自己的孩子一样，以身作则，引领他们走正确的道路。同时也说明，民众心地单纯、思想简单，没有所谓的心机和远见，就如小孩子一样，所以圣人要像对待孩子一样爱护他们、引导他们，而不是利用自身聪明优势去欺骗、奴役他们。

原文校对情况：

“百姓皆注其耳目”，王弼本没有这一句，但他在注解“圣人皆孩之”时说“……百姓各皆注其耳目焉，吾皆孩之而已”，因此推断极有可能漏掉了。其他主要传世古本均有此句。

【小结】

圣人一切为了民众而没有自己的私心，对民众一视同仁，目标是人人善生存、讲诚信的大同世界。圣人在天下的表现，客观公允，对待民众像对待自己的孩子一样去耐心引导，是真正的大爱。

所以，真正的圣人很伟大。

五十章

【导读】

人生在世，生死事大。有的人长寿，有的人短命。背后有什么玄机吗？本章给你解密。

出生入死。生之徒①，十有三；死之徒②，十有三。人之生③，动之死地④，亦十有三，夫何故？以其生⑤生之厚⑥。

盖⑦闻善摄生⑧者，陆行不遇兕⑨虎，入军不被⑩甲兵⑪。兕无所投⑫其角，虎无所措⑬其爪，兵无所容⑭其刃。夫何故？以其无死地。

【译文】

从出生到死亡。能够自然终老的，十个中有三个；中途死了的，十个中有三个。人在生存过程中，把自己置于死亡境地的，也是十个中有三个，这是为什么呢？因为他们太追求享受的生活了。

听说善于保养生命的人，在陆地上行走不会碰到犀牛和老虎，到军中不会遭受兵器伤害。犀牛无法用角去顶他，老虎无法用爪子去抓他，兵器无法让兵刃伤害到他。这是为什么呢？因为他没有把自己置于死亡之地。

【注释】

① 生之徒：自然终老的人。徒：同一类人。
② 死之徒：半途夭亡的人。
③ 人之生：人在生存过程中。
④ 动之死地：置之死地。
⑤ 生：生活，过日子（动词）。
⑥ 生之厚：优厚的生活，享受的生活。厚：优厚。
⑦ 盖：助词，用于句首，表示后面是发表议论。
⑧ 摄生：保养生命。摄：保养。
⑨ 兕（sì）：犀牛一类带角的猛兽。
⑩ 被：蒙受，遭受。
⑪ 甲兵：铠甲和兵器，泛指兵器。
⑫ 投：发向，指攻击。
⑬ 措：放置，指扑、抓。
⑭ 容：容纳，指让兵刃伤到。

【解读】

出生入死。

从出生到死亡，指人这一辈子。

生之徒，十有三；死之徒，十有三。

接上一句。就是在所有来到这个世界的人中，有十分之三的人能够自然终老，做到善终；有十分之三的人半道夭亡，不能自然终老。

上面的这种比例是出于当时的统计还是出自固有的规律，尚不得而知。即使在医学发达和物质条件相对优越的今天，能够善终的也是少数。在生命前进的道路上，不断有人离开。从这一点看似乎是固有规律。

人之生，动之死地，亦十有三，夫何故？以其生生之厚。

人生在世，除了上面所说的两种固有情形之外，有的人却把自己推向了绝路，这样的人也占了十分之三。还有这么傻的人？这是真的。什么原因呢？因为这些人太追求优厚的生活了（“以其生生之厚”）。要知道在周朝那个时代，生产力落后，粮食等产出有限，物资相对匮乏，加上有很多不劳而获的剥削者，整个社会平均下来连吃饱穿暖都很勉强，加上物资支配权被极少数人控制，所以绝大多数人生活艰辛，要过上优厚的生活非常困难。优厚的生活，既包括拥有对物质财富的支配权，又拥有对别人命运的支配权。富贵险中求，这些都需要在残酷的竞争中获取，又要在你死我活的争夺中保持。于是战争成了常态，有的人不是为了去抢夺他人的财富而战斗，就是为了保护自己的财富而战斗，结果生命时刻处在危险之中。另外，为了获取山珍海味、奇珍异宝，很多人也向大自然冒险索取。柳宗元的《捕蛇者说》就是例证。有的人在追求优厚生活的途中倒下了，有的人在享受生活过程中不幸了，有的人拥有了富贵后“强盗遇上贼打劫”而人财两空……追求优厚的生活，代价相当惨重。一旦享受成为自然，祸事就不远了。所以前文有“祸莫大于不知足，咎莫大于欲得”“知足不辱，知止不殆，可以长久”。

原文校对情况：

“人之生，动之死地”，王弼本、河上公本、张镇南本如是，严遵本作“而民生，动之死地”，傅奕本、韩非子本作“民之生生而动，动皆之死地”（傅奕本“民”前有“而”），帛书甲本作“而民生生，动之死地”，帛书乙本作“而民生生，僮之死地”。

盖闻善摄生者，陆行不遇兕虎，入军不被甲兵。

人生在世的意义就是好好活着，好好活着首要的问题就是保养好生命。善于养生的人，在陆地上不会遇到犀牛、老虎等凶猛的野兽。为什么？因为他不到猛兽出没的地方去冒险，也不去招惹这些危险的动物。善于养生的人到了军中也不会被兵器所伤害，因为他去军队中不是为了发动战争，不是去战斗、厮杀。军队的存在，更多的是一种维护和平、吓阻战争的威慑力量。这在后文还要阐述。

兕无所投其角，虎无所措其爪，兵无所容其刃。夫何故？以其无死地。

善于保养生命的人，不和犀牛面对面，所以犀牛没有办法用尖锐的角顶他；不和老虎有见面的机会，老虎没有办法用锋利的爪子扑他；和平时期的兵器没有用武之地，所以无法伤害到他的身体。总而言之，善于养生的人不会把自己置于危险的地方。就像第三十六章说的“鱼不可脱于渊”，不给加害者机会。危险大多是自己造成的，不去危险的地方，不招惹是非，不与人争斗，自然也就没有危险，也就不会成为“动之死地亦十有三”的情况。

有人问，那剩下的十分之一是什么？是各种不确定因素而造成不确定结果的那一部分。

这也是第二十章“人之所畏，不可不畏”的情形之一。

【小结】

要让感官享福，就要付出生命健康代价。

不冒险就不会有危险，不作死就不会死。

古来如此。

五十一章

【导读】

万物生存，离不开道和德。道和德在养育万物方面具体发挥了哪些作用呢？

道生之①，德②畜③之，物形之，势④成之。

是以万物莫不尊道而贵德。道之尊，德之贵，夫莫之爵⑤而恒自然⑥。

道生之、德畜之，长之、育之、亭⑦之、毒⑧之、养之、覆⑨之。生而不有，为而不恃，长而不宰，是谓玄德⑩。

【译文】

道创造万物，德畜养万物，物质让万物有了形体，大自然运行之势让万物长大。

所以万物都尊崇道、重视德。道受到尊崇，德受到重视，这个不是爵位高低的原因，而是它们一直能保持自然本色。

道创造万物，德畜养万物，让万物得以生长、使万物得到培育，让万物成形、使万物成熟，为万物提供生活所需、为万物提供生存庇护场所。

创造万物而不认为是自己所有，为万物提供一切生存条件而不倚仗自己伟大，让万物成长而不去支配它们，这就是道所表现出的品质。

【注释】

① 之：万物。
② 德：遵道而行的品行、素质，是万物固有的自然属性。德依附于道，因道而存在。
③ 畜（xù）：畜养。
④ 势：必然趋势。既包括自然界的运行之势，也包括事物自身的内在生长之势。
⑤ 夫莫之爵：这不是爵位的原因。夫：这。莫：不是。爵：爵位。王弼本作“夫莫之命”。
⑥ 恒自然：一直保持自身本来的样子。恒：王弼本作“常”。自然：自身本来的样子。见第二十五章“道法自然”。
⑦ 亭：成形，使身体长成。
⑧ 毒（shú）：同“熟”，使身体成熟。
⑨ 覆：遮盖，指提供生存庇护场所。
⑩ 玄德：道表现出的按照自身固有规律运行的品质。玄：道的表现，关于道的。

【解读】

道生之，德畜之。

道产生万物。德是万物遵道而行的固有品质，指引万物从道那里得到畜养。其实真正畜养的还是道，但有德的指引才会做到。

道和德的关系是这样的，道产生万物，并为万物提供生存平台；德就是让万物在这个平台上如何进行生存，是万物与生俱来的先天本能，属于自然属性。

关于道和德，就好比母牛生了小牛，这是“道生之”；小牛按照本能自己去找母牛完成吃奶的行为，这是“德畜之”。

物形之，势成之。

万物通过大自然这个生存平台摄取营养物质而有了身体。以道为核心的大自然（宇宙）一直在有规律地运行，这个自然运动趋势带动万物自身内在生命的生长趋势，让万物逐渐长大、长成。我们都在大自然的运转大势里，不管你愿意不愿意，宇宙都在滚滚向前，于是人由小到大，由大到老，谁都逃脱不掉。比如一粒种子，只要条件具备它就要发芽生长，谁也挡不住，不管它自己愿意不愿意。运转之势是宏观动态之势，整个宇宙都在按照它作规律运行；在局部又有静态之势，比如在地球表面，每一个物体都因为受到地球引力而具有指向地心的势能，正因如此我们才不会飘到空中。地球等行星之所以一直围绕太阳旋转而不飞离，也是因为太阳与行星之间存在势能。

是以万物莫不尊道而贵德。道之尊，德之贵，夫莫之爵而恒自然。

万物生存都依赖于道和德，自然都对它们敬重。它们的尊贵不在于它们有多高的爵位、地位，而在于它们一直都那样规律运行，保持不变。反过来，如果它们不守规律、随意改变，就如太阳想出来就出来、不想出来就不出来，万物就无所适从，也就无法生存。

原文校对情况：

“夫莫之爵”，帛书本、严遵本、傅奕本、张镇南本及唐御疏本、御注本等多数古本作“夫莫之爵”，王弼本、河上公本作“夫莫之命”。

道生之、德畜之，长之、育之、亭之、毒之、养之、覆之。

道产生万物，德畜养万物。光有道不行，没有德万物就不知道如何生存，所以德是道的配套，万物的生存需要它们的共同作用。具体怎么畜养的？就是使万物在遵道而行中得到成长、化育、成形、成熟，得到养育资源和安全的生活场所。

原文校对情况：

“德畜之”，帛书本无“德”字。

“亭之”，王弼本、帛书本、傅奕本如此，河上公本、严遵本、张镇南本作“成之”。

“毒之”，王弼本、帛书乙本、傅奕本如此，河上公本、严遵本、张镇南本作“熟之”。

生而不有，为而不恃，长而不宰，是谓玄德。

玄德，是道的品质。道的伟大之处就在于此。第一章带领我们认识道时要“观其妙”，妙就妙在“恒无欲”，只贡献而不占有、不依仗、不主宰，只做不说，甘当无名英雄。这句话在前面第十章出现过。

【小结】

道是万物的创造者、养育者。万物遵循大道则会得到养育，这就是德的作用。德有天生之德和后天之德之分。天生之德就是万物的本能（恒德，第二十八章），它遗传于道的基因，是基础之德，但会受主观影响而削弱，所以要“涤除玄览”（第十章），保持本色；后天之德来源于学习和实践，容易受主观干扰，所以拥有后天之德难能可贵，后天之德在于培养（修德），要领是主观服从于客观，按规律办事。

道的德是玄德，是道表现出的品质，是“道法自然”，是“生之畜之，生而不有，为而不恃，长而不宰”。

五十二章

【导读】

老子把“道”作为世界的本源，并以此为基础构建了宇宙模型。他的依据是什么？是主观想象，还是科学的推理？本章将告诉你。

天下有始①，以为天下母②。既得其母，以知其子③。既知其子，复守其母④，没身不殆。

塞其兑⑤，闭其门⑥，终身不勤⑦。开其兑⑧，济⑨其事，终身不救⑩。

见小⑪曰明，守柔曰强。用其光，复归其明⑫，无遗身殃。是谓袭常⑬。

【译文】

既然天下有本源，就把它作为天下的母体。在认识了母体之后，以此来认识它所产生的天下万物的情况。在认识了天下万物的情况后，再按照母体的运行法则行事，终生都不会有危险。

耳朵不主动去听、眼睛不主动去看、嘴巴不去主动说教，切断主观作为的欲望之门，这样一辈子不会辛苦。竖起耳朵主动去听、睁大眼睛主动去看、张开嘴巴主动进行说教，竭力想成就一番事业，这样终生不可救药。

表现出微不足道的样子，是明智之举；坚持以柔弱的方式处世，才是真正的强大。比如使用光亮，搞清楚光亮的源头和规律，这样不会给自己留下灾祸。这就是秉承规律办事。

【注释】

① 始：开端，本源。

② 母：母体。

③ 子：子体，被产生者，这里指天下万物。

④ 复守其母：再遵守母体的法则行事。复：再。守：遵守。

⑤ 塞其兑：塞上耳朵、闭上眼睛和嘴巴。塞：堵上，塞住。兑：孔窍，这里指眼睛、嘴巴和耳朵。

⑥ 闭其门：关闭欲望之门。

⑦ 勤：辛苦。

⑧ 开其兑：竖起耳朵、睁大眼睛、张开嘴巴。

⑨ 济：成就。

⑩ 救：救药。

⑪ 见小：表现出弱小的样子。见（xiàn）：通“现”，显露，表现。

⑫ 复归其明：回归到发光的源头，找到本源。明：光源，发光体。

⑬ 袭常：遵循规律。袭：继承，沿袭。常：常规，规律。王弼本作“习常”。

【解读】

天下有始，以为天下母。

认识世界从哪里下手呢？大千世界一定有源头，有本源，那么就把这个本源当成是天下的母体，而不管它叫道还是叫其他名字。也就是先确定源头母体。

既得其母，以知其子。

既然确定了母体、本源，先观察认识母体的情况，包括存在状态、运行规律等，然后再顺势去认识它所产生的子体即天下万物的情况。因为母体与子体是一脉相承的，就像顺藤摸瓜。

既知其子，复守其母，没身不殆。

完成了对母体的认识，又完成了对子体的认识，回过头来按照母体的规则行事就是了。因为母体是本，子体是末，末服从于本。这样做自然不会有危险。“复守其母”的要义就是按母体的规律办事，也就是无为——顺应自然而为。

“天下有始，以为天下母。既得其母，以知其子。既知其子，复守其母”是《道德经》这本书构建的以道为本源的宇宙世界的根本依据。它不是主观想象，而是来自科学推理。

《道德经》的核心思想可用一副对联来表示。

上联：道生一，一生二，二生三，三生万物

下联：人法地，地法天，天法道，道法自然

横批：玄之又玄，无为不言

“道生一，一生二，二生三，三生万物”，阐述的是世界的形成过程。

“人法地，地法天，天法道，道法自然”，阐述的是世界的运行秩序（法则）。

“玄之又玄”，说的是认识世界的方法；“无为不言”说的是处世原则。

“既得其母，以知其子”对应“道生一，一生二，二生三，三生万物”。

“既知其子，复守其母”对应“人法地，地法天，天法道，道法自然”。

塞其兑，闭其门，终身不勤。

世界很大，事物繁多，但各有各的运行规律，各有各的生存之道，各有各的因果。一切保持自然，互不干涉，就是最好的生活方式。人没有资格去管，也没有这个能力，何必操心劳神？眼不见心不烦，听不到不操心，不去主动说教就没有烦恼，切断多管闲事的欲望之门，这样心里清净，身体轻松，自然一辈子都不会辛苦。

还是那句话，不干预是常态、干预是例外，不主动干预不是完全不干预，别人急需帮助有求于你，你还是要出手的。比如有人溺水了，你能装作看不见吗？

相安无事，是最和谐的状态；保持距离，是最大的尊重。

开其兑，济其事，终身不救。

人本来就好奇，本来就好为人师，如果再打开欲望大门，主动出击，意图管尽天下事，能不累吗？真的就没救了。

见小曰明，守柔曰强。

大道创造世界、养育万物，却隐于幕后，表现出微不足道的样子，何况是人呢？所以表现渺小，不展现自己多么伟大，不但不是坏事，还是效法大道的高明做法。因为“挫其锐”才能“解其纷”，表现得不起眼就不会引发竞争和嫉妒，也就不会产生矛盾与纠纷。同理，柔和的处世方式才是高明的处世之道。

本句与第二十二章“不自见，故明”、第三十六章“柔弱胜刚强”相呼应。

不表现自己、守柔示弱是大智慧。

用其光，复归其明，无遗身殃。

做事要追根求源，知其然还要知其所以然。比如我们使用阳光，就要去研究太阳的运行情况、出没规律等，这样才能更好地应用它。就像去河里游泳，如果只看到水面的平静而不去了解水下是否有暗流涌动，那就危险了。探索规律，认识世界，一直是《道德经》所提倡的。

这句遵循的就是“天下有始，以为天下母。既得其母，以知其子。既知其子，复守其母，没身不殆”的精神。

是谓袭常。

这些就是遵循规律的正确做法。

原文校对情况：

帛书甲本作“是胃袭常”，严遵本、傅奕本、张镇南本以及唐御注本、御疏本等多数传本、碑文作“是谓袭常”，王弼本作“是为习常”，河上公本作“是谓习常”。

【小结】

本章告诉我们认识世界的逻辑方法和处世之道。

用母子的关系来比喻道和天下万物的关系，阐述怎样认识世界及其规律，怎样具体操作。

五十三章

【导读】

上一章讲了正确的处事之道，本章将讲一讲不符合道的做法。

使我介[①]然有知，行于大道，唯施是畏[②]。大道甚夷[③]，而民好径[④]。

朝[⑤]甚除[⑥]，田甚芜[⑦]，仓甚虚[⑧]；服文彩[⑨]，带利剑，厌饮食，财货有余，是谓盗夸[⑩]，非道也哉。

【译文】

即使我稍微有点知识就会明白，在大路上行走，就怕走邪路。大道非常平坦，人们却喜欢走小路。

朝堂宫殿修建得非常豪华，农田却荒芜严重，民众的粮仓内存粮很少。统治者却穿着锦绣华丽的衣服，佩带锋利的宝剑，喝厌了天下美酒，吃腻了美味，搜刮的钱财物资多得用不了。这是强盗头子，是不符合道的！

【注释】

① 介：通“芥”，微小。
② 唯施是畏：只怕走斜路。语句结构与“惟道是从”一样。唯：只。施（yí）：斜行。
③ 夷：平坦。
④ 好径：喜欢走小路。好（hào）：喜欢。径：小路。
⑤ 朝：朝堂宫殿，统治者上朝和居住的场所。
⑥ 除：建造，修整。
⑦ 芜：荒芜。
⑧ 虚：空虚，这里指仓库内粮食很少而显得空荡。
⑨ 服文彩：穿着锦绣多彩的衣服。服：穿。文：在锦上绣上花纹。彩：五彩，多彩。
⑩ 盗夸：被强盗推崇的人，指强盗头子。盗：强盗。夸：赞美。《韩非子·解老》等作“盗竽”，《韩非子·解老》：“竽也者，五声之长者也。”盗竽即盗之长，也就是强盗头子。

【解读】

使我介然有知，行于大道，唯施是畏。大道甚夷，而民好径。

大路平坦安全，邪路坎坷有风险。但世俗之人却喜欢走小路、走捷径。用走大路还是走小路，来比喻世人按照大道行事还是走歪门邪道。

朝甚除，田甚芜，仓甚虚。

这是讲统治者不务正业、走歪门邪道。一方面他们大兴土木，把朝堂宫殿建造得非常豪华，满足自我奢侈私欲。另一方面却是民众被强迫服劳役，没有时间种植、管理庄稼，农田都荒芜了。这样的农田收获不了多少粮食，民众的仓库里粮食很少，自然显得空空荡荡。有限的粮食大部分被统治者们占据，民众缺粮吃又要担负繁重的劳动，他们的生活可想而知。

服文彩，带利剑，厌饮食，财货有余，是谓盗夸，非道也哉。

朱门酒肉臭，路有冻死骨。一方面，民众生活悲惨；另一方面却是统治者奢侈贪婪。他们穿着华丽的衣服，身上佩带着锋利的宝剑，好战嗜杀，天下珍馐美味都吃腻了，库房里装满了从天下搜刮来的金钱财物。这是一幅对比强烈的画面。

这样的统治者是强盗头子，是与大道背道而驰的极端者。

原文校对情况：

“彩”，王弼本、河上公本作“綵”，“綵”是“彩”的繁体字。帛书本、严遵本、傅奕本、韩非子本作“采”。张镇南本作“彩”。

【小结】

本章用大路和小路来比喻道与非道，列举、批判了与道相反的做法。一方面是统治者大兴土木，生活奢靡，热衷战争，搜刮财富；一方面却是民众赋税、劳役负担沉重，生活艰难困苦。这样极端对立的社会，怎能和谐长久？所以是违反自然之道的。

五十四章

【导读】

践行大道、成为有德之人应该从自身做起，才能惠及自身、家庭和天下。

善建[①]者不拔[②]，善抱[③]者不脱[④]。子孙以祭祀不辍。

修[⑤]之于身[⑥]，其德乃真；修之于家，其德乃余；修之于乡[⑦]，其德乃长[⑧]；修之于国，其德乃丰；修之于天下，其德乃普[⑨]。

故以身观身，以家观家，以乡观乡，以国观国，以天下观天下。

吾何以知天下之然哉？以此。

【译文】

善于建立德行的人，德行不会改变；善于保有德行的人，德行不会失去。子孙因而能够祭祀不断，世代传承。

自己践行大道，他遵道而行的品德就是真实的。带动全家人践行大道，他遵道而行的品德就是盈余的。带动全乡的人践行大道，他遵道而行的品德就是壮大的。带动全国的民众践行大道，他遵道而行的品德就是盛大的。带动全天下人践行大道，说明他遵道而行的品德就是广大的。

所以通过一个人的表现可以观察出这个人的德行水平，通过家庭成员的表现可以观察出这个家庭的德行水平；通过一方乡里人的表现可以观察出这个乡的德行水平；通过一个国家国民的表现可以观察出这个国家的德行水平；通过天下人的表现可以观察出全天下的德行水平。

我是怎么知道天下的德行情况的？就是用这个方法。

【注释】

① 建：建立德行，修道。
② 拔：改变，移动。
③ 抱：持有。
④ 脱：脱离，失去。
⑤ 修：修行，践行。
⑥ 身：自身，自己。
⑦ 乡：古代一种居民组织单位，一万二千五百户为一乡。
⑧ 长（zhǎng）：增长，壮大。
⑨ 普：广大的样子。

【解读】

善建者不拔。

地基挖得越深，楼才能建得越稳固；根往下扎得越深，大树越不容易被风刮倒。建立德行的道理也一样，从开始就坚信大道、踏踏实实地按道办事，打下修行的坚实基础，这样就不会轻易改变信仰。

善抱者不脱。

遵道而行的习惯融入身体的每一个行为，成为生命的一部分，怎么会丢掉呢？就好像高明的剑客做到人剑合一、高超的车手做到人车合一一样。习惯成自然。

子孙以祭祀不辍。

修行（修道）做到了上面两点，就会发扬光大，代代相传，香火不绝。

修之于身，其德乃真；修之于家，其德乃余；修之于乡，其德乃长；修之于国，其德乃丰；修之于天下，其德乃普。

自己践行大道，他遵道而行的品质（德）就会不断得到提升，受益自身；如果全家人都在跟着他践行大道，说明他的德已经有余，产生了外溢效应；如果在他的影响下所在地的乡里乡亲都跟着他践行大道，说明他的德就像爬山虎的蔓叶一样在不断增长、壮大；如果全国的人都跟着他践行大道，他的德就已经达到很丰厚、盛大的程度；如果带领天下人践行大道，说明他的德已经广大到普及天下了。这是德行由小到大的成长过程。

人的德行是在不断积累中逐渐增长的，对社会的影响也是逐渐展开的。从另一个角度说，做好自己就有资格做自己的主人；能成为全家的榜样就有资格做家长；成为全乡的榜样就可以成为乡长；成为全国的榜样就会成为国家的领导人；成为天下人的榜样就会成为天下的领袖。讲求的是德位相配。

故以身观身，以家观家，以乡观乡，以国观国，以天下观天下。

因此要看一个人、一个家庭、一个乡、一个国家（诸侯国）乃至整个天下的德是什么水平，就要看这个人的表现、看这个家庭成员的表现、看这个地方乡里民众的表现、看这个国家民众的表现、看天下人的表现。一个人的表现符合于道，这个人就是有德之人；一个家庭的成员的表现合于道，这个家就是有德之家，一个乡的民众的表现合于道，这个地方就是有德之乡；一个国家的民众的表现合于道，这个国家就是有德之国；整个天下的人的表现合于道，就是天下有道。

吾何以知天下之然哉？以此。

我就是这么知道天下的德行情况的。

【小结】

道表现为规律，德表现为遵道的行为。

从个体而言，从自身做起，做一个有德的人。随着德行水平的提高，进而带动全家、全乡、全国、全天下人去践行大道。这样，社会将变成美好的社会。

羊群需要领头羊，人类也一样。

五十五章

【导读】

上一章讲了践行大道、建立德行的问题。德行深厚的人具有哪些特征呢?本章将以赤子为喻进行描绘。

含德之厚，比于赤子[1]。蜂虿[2]虺[3]蛇不螫[4]，猛兽不据[5]，攫鸟[6]不搏[7]。骨弱筋柔而握固，未知牝牡[8]之合而朘作[9]，精之至[10]也。终日号[11]而不嗄[12]，和[13]之至也。

和曰常[14]，知常曰明。益生曰祥[15]。心使气[16]曰强。物壮则老，谓之不道，不道早已。

【译文】

德行深厚的人，就像刚生下来红彤彤的婴儿。蜂子、蝎子、毒虫、毒蛇等不去蜇咬他，猛兽不去按他，猛禽不去抓他。虽然筋骨柔弱但握东西却很牢固，不知道男女交合之事生殖器却能勃起，这些都是精气非常充沛的缘故。大声哭喊一整天却不会嘶哑，这是身心非常和谐的缘故。

身心和谐就是身体健康运行的常态。知道按常态（规律）办事叫作明智。有益于生命的做法称为吉祥。用心灵驾驭情绪叫作强大。事物太强盛了会走向衰败，这是不符合道的，不符合道的东西会早早灭亡。

【注释】

① 赤子：刚生下来的孩子，身体发红，所以称为赤子。
② 虿（chài）：蝎子一类的毒虫。
③ 虺（huǐ）：毒蛇，毒虫。
④ 螫（shì）：蜇咬。
⑤ 据：按着，按住。
⑥ 攫（jué）鸟：猛禽一类的鸟。
⑦ 搏：扑，抓。
⑧ 牝牡：母牛公牛，这里指男女。
⑨ 峻作：生殖器勃起。峻（zuī）：同“朘（zuī）”，男子生殖器。王弼本作“全”。作：兴起，勃起。
⑩ 精之至：精气非常充沛、精力非常专一。精：精气，精力。至：极，最。
⑪ 号：大声喊叫，大声哭。
⑫ 嗄（shà）：嗓音嘶哑。
⑬ 和：和谐，协调。
⑭ 常：常规，规律。
⑮ 祥：吉祥，好事。
⑯ 心使气：心灵（理智）支配情绪。使：支配。气：情绪。

【解读】

含德之厚，比于赤子。

遵道而行的品质很高的人，已经达到返璞归真的地步，这和刚出生的婴儿好有一比。因为刚出生的婴儿没有主观人为意念，其行为完全出于自然本能。

蜂虿虺蛇不螫，猛兽不据，攫鸟不搏。

并不是说这些毒虫、猛兽、猛禽不伤害刚生下来的婴儿，而是说婴儿在全息先天本能的指引下，知道什么能做什么不能做。这些毒虫猛兽等都是危险的东西，婴儿不去招惹这些东西，也不会去它们出没的地方，因而不会受到伤害。这和前面所讲的善于养生的人不去危险的地方是一致的。

骨弱筋柔而握固，未知牝牡之合而峻作，精之至也。

刚出生的小孩柔柔弱弱的，但你把手指给他，他会握得很有劲，这确实让人惊奇。男婴的小鸡鸡有时候挺起来硬硬的，这么大的小家伙根本不懂男女之欲，但就这么神奇。原因在于婴儿精气饱满，就像一个充满气的气球一样鼓鼓的、生机盎然，用手指一戳反弹力挺大，属于浑然一体、牵一发则动全身，所以握的力气来自全身气力的凝聚；同样，因为精气充沛，所以很容易让小鸡鸡挺起来。相反，精气不充沛的状态就像撒气的气球，蔫蔫的缺乏生机活力。从这个意义上讲，人应该保持精力充沛，不要随意消耗精力，让身体始终处于健康状态。

原文校对情况：

“峻”，河上公本、严遵本如是，帛书乙本、傅奕本作“朘”，王弼本作“全”，张镇南本作“酸”，楚简本此处的字无法确定。唐御疏本、御注本等多数后来传本作“峻”。

吕思勉在《先秦学术概论》里说：“《老子》书中无男女字，但称牝牡，足见其时之言语与后世殊科……书辞义甚古。”

终日号而不嗄，和之至也。

婴儿确实很神奇，整天啊啊地叫或者哭闹，但从来没见过喉咙喊哑、哭哑的。这是因为心里想要做的事情与身体相适应，哭喊并没有超出身体的承受范围，属于量力而行。这就是心思和身体很协调、很适应，是身心合一。这就是第十章说的“载营魄抱一，能无离乎”。

不为毒虫猛兽危害，精气充沛，身心和谐，这些特点就是德行深厚之士所具有的。

和曰常，知常曰明。

身心保持协调一致，是身体健康运行的常态表现。遵循常态规律行事，是明智的做法。

原文校对情况：

“和曰常”，帛书甲本、楚简本如此，王弼本、河上公本、严遵本、傅奕本、张镇南本、淮南子本是“知和曰常”。之所以校定为“和曰常”，一是因为帛书甲本、楚简本属于最古老的传本之一，二是根据上下文的意思“和曰常”更合理。

益生曰祥。

一切为了身心安全健康的举措都是好的，都值得提倡。道家是提倡养生的，因为生命的意义是生存，所以养护好身体，保障身体安全和健康是最重要的。

心使气曰强。

人活着就有情绪。如果情绪得不到控制，很容易做出出格的事情。正确的方法不是放纵情绪，不我行我素，而是用心（理智）去控制情绪，把情绪引入柔和的轨道，化情绪为无形。心为本，情为表，所以心必须清净，既不能有乱七八糟的欲望，也要对做事的结果保持低期望值，不管成功与否都把它当成自然的事情，这样就能有效避免情绪爆发而少犯错误。所以管控情绪的关键是修心。

这里与第十章“专气致柔，能婴儿乎”相呼应。

物壮则老，谓之不道，不道早已。

事物太过强盛就打破了自身的平衡，这不是应有的常态，就好比行为强度超过身体所能承受的能力而造成透支，只会加速衰败，所以不符合于道，不会维持长久。前文第三十章也有此句。

【小结】

前面讲个体尊道修德，就会成为有德之人。本章把德行高的人比作刚生下的婴儿。因为不主观、不贪婪，所以不会招惹危险；因为精力能够保持充沛、专注，虽然柔弱但却表现有力；因为身心和谐，所以行为妥当。

所以要养护身体，尊重规律，不要主观意气用事。

五十六章

【导读】

上一章说知道按常态规律办事的人是明智的（“知常曰明”）。知道按道行事的人，是怎样落实“不言”的？本章做一个具体阐述。

知者[①]不言，言[②]者不知。

塞其兑，闭其门[③]；挫其锐，解其纷[④]；和其光，同其尘[⑤]，是谓玄同[⑥]。

故不可得[⑦]而亲，亦不可得而疏；不可得而利，亦不可得而害；不可得而贵，亦不可得而贱。故为天下贵。

【译文】

知道按道行事的人不去教化别人；教化别人的人不懂得按道行事。

耳朵不主动去听、眼睛不主动去看、嘴巴不去主动说教，切断主观作为的欲望之门；去掉锋芒锐气，消除与他人的纷争；柔和光芒，与大众和谐共处。

这就是与道的表现相一致。

因此这样的人不会对有的人亲近，也不会对有的人疏远；不会对有的人有利，也不会对有的人有害；不会对有的人重视，也不会对有的人轻视。

所以被天下人所尊崇。

【注释】

① 知者：知道按道办事的人。
② 言：说教，干预。与“不言”的言同义。
③ 塞其兑，闭其门：塞上耳朵、闭上眼睛和嘴巴，关闭欲望之门。见第五十二章解释。
④ 挫其锐，解其纷：去掉自己的锋芒锐气，消除与他人的纷争。挫：折损，去掉。锐：锋芒，锐气。解：消除。纷：纷争，王弼本作“分”。
⑤ 和其光，同其尘：柔和自己的光芒，与大众和睦相处。光：光芒，这里指高贵的地位。尘：尘世，世俗社会。
⑥ 玄同：与道的表现一致。玄：道的表现，关于道的。同：相同，一致。
⑦ 不可得：不可能，不会。

【解读】

知者不言，言者不知。

上一章讲了“知常曰明”（知道按常态规律办事是明智的）。这里进一步总结指出，知道按道（规律）行事的人不会去干预他人，干预他人的人不知道按道（规律）行事。这与第二章讲的“行不言之教”是一致的。

这里补充一点，“言”不只是强迫、强制等不利行为，也包括主动给予、支持和帮助等看似利他行为，比如溺爱。知者，是懂得按道（规律）办事的人，因此是有德之人。

古往今来，读不懂《道德经》的人，总是从字面上去理解这句话：知道的不说，说的不知道。进一步推论下去就成了谬论，即世界上根本没有知道的，因为知道的不会说出来，而说出来的一定不知道。文坛大家白居易就专门写了一首诗，很有代表性：

言者不知知者默，
此语吾闻于老君。
若道老君是知者，
缘何自著五千文？

塞其兑，闭其门。

“塞其兑，闭其门”在第五十二章已经讲过，要从源头上切断主动作为、干预他人事务的欲望大门。

“塞其兑”是措施，“闭其门”是目的。

挫其锐，解其纷。

世界上没有比大道更厉害的了，但它隐于幕后，藏起了所有高明，所以与万物无争。有本事不是错，但用来显摆、争强好胜就错了。在竞争社会，比别人强既是资本，也是原罪。不去表现得比别人高明，不以自己的优势与民争利，就不会与大众产生矛盾，社会就能和谐长久。个体如此，作为统治者更应该如此。

“挫其锐”是措施，“解其纷”是目的。

原文校对情况：

“纷”，王弼本、严遵本作“分”，帛书本、楚简本、河上公本、傅奕本、淮南子本作“纷”，张镇南本作“忿”。

和其光，同其尘。

得道之人、称职的领导者，是大家的表率。如果高高在上，就成了孤家寡人。所以要接地气，要收敛自己的光芒，放低自己的身段，回到大众中来；做到平易近人，与民众打成一片，就像大道陪伴万物一样。对个体而言，不管你能力多强、本领多大，都不要特立独行、玩清高，要融洽与周围人的关系，做合群的人；要让你不一般的本领成为别人的助力而不是负担。

“和其光”是措施，“同其尘”是目的。

“挫其锐，解其纷；和其光，同其尘”在第四章已经出现过，讲道怎样处理与万物的关系。这里则是指有道之士怎样处理与社会的关系。文字一样，但主语不一样，所以在解读上会有差别。帛书本、楚简本这四句在这里的顺序是“和其光，同其尘；挫其锐，解其纷”。

是谓玄同。

做到了“塞其兑，闭其门；挫其锐，解其纷；和其光，同其尘”，就与大道的表现相一致了。玄同，与玄相同。与第二十三章的“从事于道者，同于道”意思一致。

故不可得而亲，亦不可得而疏；不可得而利，亦不可得而害；不可得而贵，亦不可得而贱。故为天下贵。

上面讲的行为与道保持一致的人，就像“圣人不仁，以万物为刍狗”一样，对待别人一视同仁，客观公正，不会厚此薄彼，不会有利有害，更不会有贵贱之分。因此，这样的人会被天下人所尊崇。

这样的人，是脱离利益羁绊的人，也是逍遥自然的人。

原文校对情况：

三个“亦”字，王弼本、严遵本、张镇南本没有，帛书本、楚简本、河上公本、傅奕本有。

【小结】

本章对“知者”（有道之士、有德者）作了一个界定，首先应当“不言”，具体应当做到“玄同”。对他人像道对万物一样一视同仁，自然会得到天下人的敬重。

五十七章

【导读】

通过对前文的总结，本章将明确地给出治国、用兵、获取天下的具体方略。

以正①治国，以奇②用兵，以无事取天下。吾何以知其然哉？以此：天下多忌讳③，而民弥贫；民多利器④，国家滋昏⑤；人多智巧，奇物⑥滋起⑦；法令滋彰，盗贼⑧多有。

是以圣人云："我无为而民自化；我好静而民自正；我无事而民自富；我无欲而民自朴。"

【译文】

用清静无为的正道来治理国家，以奇异诡诈之道用兵作战，以不生事端的自然方式去获取天下。我是怎么知道这其中的道理的？根据下面的这些事实：天下禁止性的规定越多，民众被束缚了手脚因而越贫穷；民众追逐私利的人越多，国家就越难管理；人们的机巧之心越多，奇异诡诈的事情就越多发；法令的作用越彰显，抢劫盗窃的犯罪行为就越多。

所以圣人说："我顺应自然而为，民众就会自然生存发展；我喜欢按照静的方式处事，民众自会按正道前进；我不去无事生事，民众不被干扰，自会专心生产实现富足；我没有乱七八糟的欲望，民众自然不会受到诱惑而保持纯朴本色。"

【注释】

① 正：正道，即遵道而行的清静无为之路。
② 奇：邪路，诡道，不正常的路子。与"正"相对。
③ 忌讳：禁止性的规定。
④ 利器：追逐私利的人。器，人才。
⑤ 滋昏：更加难以治理。滋：更加。昏：昏暗不明。
⑥ 奇物：奇异诡诈的事物。
⑦ 起：发生。
⑧ 盗贼：小偷和强盗。古语中，盗指偷东西的人，贼指抢东西的人。

【解读】

以正治国。

用正道来治理国家。正就是正道，就是符合道的路子，也就是前面章节反复强调、论证的"处无为之事，行不言之教"的清静无为之道。

以奇用兵。

用兵以取胜为目的，所以要出奇制胜。孙子兵法云："兵者，诡道也。"用兵本来就是不正常的事情，所以要用不正常的诡诈手段。兵无常势，水无常形，出其不意，攻其不备。

以无事取天下。

获取天下的治理权要以自然上位的形式，而不是用制造事端、兵戎相见、非法谋夺的方法。这在第四十八章"取天下恒以无事，及其有事，不足以取天下"和第五十四章已经论证过。

有的注解本将"取"翻译为治理，不但文脉不通，也与"以正治国"重复。

吾何以知其然哉？以此。

上面的治国、用兵、取天下的结论，是通过下面的事实得出的。

天下多忌讳，而民弥贫。

这也不让干，那也不让干，人为的规矩太多，限制了社会大众自身能动性的发挥，生产方式受限，生产效率降低，产出下降，自然会贫穷。

古代贫与穷的区别：贫，指缺乏衣食财物；穷，指不得志，没有出路。

民多利器，国家滋昏。

民众如果私利太重，为了自身利益必然你拉我扯、你抢我夺，这样的国家自然混乱不堪、难以管理。此处的“利器”与第三十六章“国之利器”的“利器”意义不同，请注意对比区分。

人多智巧，奇物滋起。

一旦社会上玩心机、耍聪明成为常态，投机取巧、坑蒙拐骗等稀奇古怪的事情就会层出不穷。

原文校对情况：

“人多智巧”，帛书甲本作“人多知”，楚简本作“人多智”。王弼本、严遵本作“人多伎巧”，傅奕本作“民多知慧”，河上公本作“人多技巧”，张镇南本作“民多知巧”。

法令滋彰，盗贼多有。

和谐的社会源自朴实自然的道德观念。如果只用法律规范人的行为，人的价值观就由自我约束变成被动遵守，做人的自觉性基础就不存在了，人们就会把犯罪所得与付出代价进行衡量，而不是用良知自我约束，难免触碰法律底线。周朝用礼法约束社会最终导致天下大乱，就是一个明证。另外，世上事物千差万别、层出不穷，区区律法又怎能规定周全？因此，用法令来规范社会注定是在不断修补法令的漏洞与加强执法力量的道路上艰难前行，其本质是扬汤止沸。

因此，如果放弃道德源头的治理，越是单纯依靠法律，犯罪的人反而越多。

是以圣人云：“我无为而民自化；我好静而民自正；我无事而民自富；我无欲而民自朴。”

上面的例子说明那一套根本行不通。所以还是按照遵道而行的圣人说的去做：

“我无为而民自化”，圣人以身作则，顺应自然而为，上行下效，民众自然也会按照自然生存模式去生活，社会保持和谐而不会走向混乱。

“我好静而民自正”，圣人喜欢只做与生存有关的事情，不会有追逐难得之货、沉溺声色犬马等行为。民众自然也会走正道，该做的做、不该做的不做，所以没有那些乱七八糟的事情发生。

“我无事而民自富”，圣人不搞人为的那套规矩束缚民众，不无事生非，不做大兴土木、发动战争等劳民伤财、耽误农时的事情，民众就能专心致志地搞生产，生活自然富足。没有统治者的干扰，民众的生活会更好。“功成事遂，百姓皆谓我自然”（第十七章）。司马迁在《史记·平准书》中说的“网疏而民富”正是这个道理。

“我无欲而民自朴”，作为领头羊的圣人清心寡欲，没有乱七八糟的欲望，不会给民众带来各种诱惑，民众心态清净，保持朴素自然的本色，不用法律约束也不会违法犯罪、作奸犯科。

这四句的核心就是“处无为之事，行不言之教”，这就是以正治国的核心。

原文校对情况：

“无欲”，王弼本、河上公本、严遵本、傅奕本、张镇南本作“无欲”，帛书乙本作“欲不欲”，楚简本作“谷不谷”。

四句之后河上公本还有一句“我无情而民自清”。

【小结】

上一章讲完个体遵道修德，本章接着讲社会治理，原则就是“以正治国，以奇用兵，以无事取天下”，并在随后的章节里逐一展开阐述，顺序是治国→取天下→用兵。

本章列举不“以正治国”的举措造成的不良后果来证明以正治国的正确性，并给出了“以正治国”的具体方略。

五十八章

【导读】

上一章讲述了施行“以正治国”和不“以正治国”的不同结果。其实，国家治理的好与坏，人间的祸与福，都是有规律可循的。那么，福祸的转化规律是什么？真的如“塞翁失马焉知非福”那样难以把握吗？本章进行大解密。

其政闷闷[①]**，其民淳淳**[②]**；其政察察**[③]**，其民缺缺**[④]**。**

祸兮，福之所倚；福兮，祸之所伏。孰知其极[⑤]**？其无正**[⑥]**？正复为奇**[⑦]**，善复为妖**[⑧]**。人之迷**[⑨]**，其日固**[⑩]**久。**

是以圣人方[⑪]**而不割**[⑫]**，廉**[⑬]**而不刿**[⑭]**，直**[⑮]**而不肆**[⑯]**，光**[⑰]**而不耀**[⑱]**。**

【译文】

国家在施政上无所事事，它的人民就敦厚淳朴。国家施政主动精明，它的人民就虚伪狡诈。

灾祸啊，与幸福相依；幸福啊，与灾祸相连。谁知道它们之间的界限吗？难道没有规律可循吗？走正道转换为走邪路，结果就会由好事转换为坏事。人们不明白这个道理，这样的日子确实很久了。

所以，圣人坚定正确的方向，但不会因为民众与自己不一致而放弃他们；圣人能力出众，却不会与民争利而伤害他们；圣人掌握真理，却不会无视群众的感受而肆无忌惮地行事；圣人造福民众，却不会借此而自我炫耀。

【注释】

① 闷闷：沉闷，无所作为、无所事事的样子。
② 淳淳：敦厚淳朴的样子。淳：朴实。
③ 察察：精明的样子。察：精明。
④ 缺缺：狡诈的样子。缺：缺失，指缺失朴实自然的本性而变得狡猾不真诚。缺又是河南土话，代表骗的意思。
⑤ 极：尽头，边界。
⑥ 其无正：难道没有规律可循吗？其：难道。正：规律，道理，范晔《后汉书·张衡传》："妙尽璇机之正。"
⑦ 正复为奇：走正道转换为走邪路。正：正道。复：回到，转换。奇：邪路，诡道。
⑧ 善复为妖：好的结果就会转换为坏的结果。善：美好。妖：邪恶，有害。
⑨ 迷：糊涂，不明白。
⑩ 固：确实。
⑪ 方：方向，指坚定正确的方向。《庄子·骈拇》："小惑易方，大惑易性。"
⑫ 割：割裂。
⑬ 廉：有棱角，指出众。《孔子家语·问玉第三十六》："廉而不刿，义也。"
⑭ 刿：刺伤，割伤。
⑮ 直：正确，有理。见第四十五章"大直若屈"。
⑯ 肆：放肆，无所顾忌。
⑰ 光：给予光明，指造福民众。
⑱ 耀：炫耀，夸耀。

【解读】

其政闷闷，其民淳淳；其政察察，其民缺缺。

国家在管理上行不言之教，不折腾，尽量不去干预民众，表现得平平淡淡、不怎么管事的样子，民众就生活得很自然，民风就淳朴厚道。

国家在治理上细致入微、面面俱到，民众在上有政策下有对策的被迫应付中也变得心眼子多起来，处事狡诈起来，淳朴之风就会荡然无存。人与人之间关系变得更加紧张、复杂，社会治理也就更加困难。

祸兮，福之所倚；福兮，祸之所伏。

人人都希望得到幸福，不希望有灾祸。其实福祸原本一体，就如硬币的正反面，它们结伴而居，就在前面等着我们。

孰知其极？其无正？

谁知道福祸的分界线吗？真的没有规律可循？真的如“塞翁失马，焉知非福”？

正复为奇，善复为妖。

其实，福祸可知，福祸可控，福祸可选。答案就在“正复为奇，善复为妖”这句话里。意思是，走正道变成走邪路，好事也就变成坏事，反之亦然。换句话说就是走正道通向福，走邪路通向祸。走正道有善果、走邪路有恶果，这是天下最根本的因果定律，也是福祸转化的规律所在，更是“以正治国”的原因所在。“正”是正道，遵循大道、按规律办事的清静之道；“奇”是邪道，不按规律办事、不走常规之路的诡诈之道。“正”与“奇”表示行为，“善”与“妖”表示结果。“其政闷闷”就是走正道，所以有“其民淳淳”的好结果；“其政察察”就是走邪道，所以有“其民缺缺”的恶果。走什么样的道路，就有什么样的结果。

因果关系在《道德经》中广泛存在。除了本章以外，第三十章的“其事好还”（凡事有果报）提出了因果关系的基本概念；第二十一章至第二十四章和第二十七章阐述在道的规律运行下，万物得以产生、生存、处世、治理的因果关系；第三十九章阐述了天地万物遵循与不遵循道的运行规律所产生的不同结果；第四十八章阐述了无为与无不为的因果；第五十七章阐述了以正治国与不以正治国的因果。另外，在第三章、第四章、第七章、第八章、第九章、第十二章、第十五章、第十六章、第十九章、第二十九章、第三十四章、第三十六章、第四十二章、第四十四章、第四十六章、第五十二章、第六十三章、第六十四章、第六十六章、第六十七章、第七十二章、第七十五章、第七十六章、第八十一章等都有因果关系在里面。

由此可以看出，因果关系之所以存在，是基于以道为核心的宇宙世界的规律运行。正是因为世界规律运行，才导致了天地万物的运行有了必然性，即遵循规律是善果，不遵循是恶果。因此，因果定律其实是规律运行下的世界对天下万物的评价体系。反过来说，如果世界运行没有规律，也就没有因果关系。

俗话说善有善报、恶有恶报。但在现实中似乎有些善良的人没有很好的结局，而那些没心没肺的人却福寿绵长。原因何在？其实是对“善”的理解出现了偏差，这个善指善于按照客观规律办事、善于与自然规律共振，不仅仅是心地善良，行为还要符合自然法则。所以，有的热心人好管闲事，妄为多动，不明事理，好心做坏事，所以难有善报；没心没肺的人不去管别人的闲事，只做该做的事，反而能得善终。很多结果，别人从表面上看不到原因，并不能说明没有因果关系。比如，一个人早逝，他不一定伤害过别人，但可能没有善待自己的身体。原因有很多，只有他自己清楚。

需要说明的是，**因果定律是古代中华民族在认识、探索世界的伟大实践中总结出的重要规律，是中华文明的重要组成部分。**它不是舶来品，它源于本土，一直发扬光大，还被其他宗教文化所采用。

原文校对情况：

“妖”，王弼本、严遵本如此，河上公本作“訞”，傅奕本作“祅”，张镇南本作“词”，帛书甲乙本均缺损。唐《御注》本作“袄”，唐《御疏》本等多作“妖”。

人之迷，其日固久。

人们只懂得祈福避祸，却不知道福祸是怎么来的，不知道福祸转化的因果关系。这样的日子确实很久了。

在现实生活中，人们从房屋布置、佩戴服饰，到去佛堂、道观拜佛求神，无不是祈福避灾，却不知道福祸的原因在自己身上。这不是糊涂吗？

因此，求人不如求己，求自己按规律办事、求自己走正道就可以了。

是以圣人方而不割，廉而不刿，直而不肆，光而不耀。

因为懂得福祸的根源，懂得因果定律，懂得“以正治国”的重要性，所以圣人在走正道的路上做到了“方而不割，廉而不刿，直而不肆，光而不耀”。

“方而不割”，圣人清晰正道的方向，并坚定践行正道。同时作为领导者，“以百姓心为心”，责任所系，不能脱离群众只顾自己，还要引领他们共同走正道。只有大家都走正道了，社会才算走上正轨。本句与“同其尘”（第五十六章）有呼应。

“廉而不刿”，圣人能力出众，如果凭借自己的才能与民争名利，必然会引发与大众的矛盾，所以圣人效法大道，收敛自己，默默奉献，所以不会损害民众的利益。这正是对“明白四达，能无为乎”（第十章）的最好诠释，也与“挫其锐”（第五十六章）有呼应。

“直而不肆”，圣人掌握真理，做的是正确的事情，但并不强迫他人照办，这是出于对大众的尊重。正因为尊重，所以对于暂时不理解的民众，不是得理不饶人般的肆无忌惮，而是耐心、包容，允许他们有自己的选择而不去强迫他们，让他们有认识、转化的过程。这样就不会发生争执和纷争。比如你在道路上正常行驶，有人从前面逆行而来，让他过去而不是有理声高地训斥他，这就是“直而不肆”。本句与“解其纷”（第五十六章）有呼应。

“光而不耀”，虽然圣人为大众谋利益，但不高高在上，不把自己当成救世主，不夸耀自己，而是把所作所为当成应该做的事情、自然的事情。这样民众也就没有什么不适的感觉。本句与“和其光”（第五十六章）有呼应。

原文校对情况：

“耀”，河上公本、严遵本、傅奕本、张镇南本、韩非子本如是，王弼本作“燿”，帛书乙本作“眺”。

以上这四点也是“其政闷闷”的原因。

【小结】

本章继续讲述“以正治国”。

“以正治国”的“其政闷闷”（不言之教），带来的是“其民淳淳”；不“以正治国”的“其政察察”，带来的却是“其民缺缺”，治理效果形成鲜明对比。进而对福祸的根源和转化规律进行了解密，那就是“正复为奇，善复为妖”的因果定律。

为了落实“以正治国”，圣人在治理中采取了“方而不割，廉而不刿，直而不肆，光而不耀”的方式。

五十九章

【导读】

上一章讲到“其政闷闷，其民淳淳”。当政者要实现“其政闷闷”的不言之教，具体应当从哪里做起呢？

治人事天①**，莫若啬**②。

夫唯啬，是以早服③**；早服谓之重积德；重积德则无不克**④**；无不克则莫知其极；莫知其极可以有国**⑤**；有国之母**⑥**可以长久。**

是谓深根固柢⑦**，长生久视**⑧**之道。**

【译文】

治理民众以自然为师，没有比省心省力更好的了。

只有做到省心省力，才是做到了按道行事。做到了按道行事就叫重视积德；重视积德，遵道而行，就没有什么做不到的；没有什么做不到的事，他的德行就高深到没有人知道的地步；德行高深到没有人知道的地步就可以执掌国家；

执掌国家遵循天下之母的运行法则，就会长久。

这就是根扎得深、基础打得牢，就能长久生存、长久治理的道理。

【注释】

① 事天：以自然为师。事：以……师，跟……学习。《史记·老子韩非列传》："(非）与李斯俱事荀卿，斯自以为不如非。"天：上天，大自然。

② 啬：节省，俭约，这里指在治理上省心省力，不去主动作为。《韩非子·解老》："圣人之用神也静，静则少费，少费之谓啬。"

③ 早服：已经服从于道，做到了按道行事。早：已经。服：服从，遵从。

④ 克：完成，做到。

⑤ 有国：执掌国家。有：拥有。国：诸侯的封地。《周礼注》："大曰邦，小曰国。"

⑥ 之母：用天下母体的运行法则。之：用。《战国策·齐策三》："故物舍其所长，之其所短，尧亦有所不及矣。"母：天下之母。

⑦ 柢（dǐ）：树根。

⑧ 视：治理，处理。《左传·襄公二十五年》："崔子称疾不视事。"

【解读】

治人事天，莫若啬。

治理民众以天为师，最根本的一点就是俭约、省心省力。《道德经》前面所讲的不言之教的核心，就是不要操心劳神地去教化、干预别人。这里用一个"啬"字来画龙点睛，含义却包含了无为、无事、无欲、好静等，意思就是省省心吧。统治者自己省心了，天下的事情就好办了："我无为而民自化；我好静而民自正；我无事而民自富；我无欲而民自朴。"（第五十七章）

关于吝和啬的区别有这么一种说法，吝是对别人舍不得，啬是对自己舍不得。统治者把天下的资源当成自己的东西并且还舍不得用，确实是奇葩但又超级高尚。统治者的安分守己、省心省力，对民众而言就是最大的利好。

夫唯啬，是以早服。

费尽心思、指手画脚，怎么能算按道行事呢？只有做到了省心省力，做到了俭约，才算是按道行事了。

原文校对情况：

“是以”，帛书乙本、楚简本、严遵本、傅奕本、张镇南本、韩非子本作“是以”，王弼本、河上公本作“是谓”。

早服谓之重积德。

按道行事、遵道而行，就是重视积德。这一句好理解，因为德就是遵道而行的品质，所以越是按照道去做，德行就越高。

重积德则无不克。

重视积德就是不断地践行大道，按道的法则去做符合道的事情，这样就没有做不到的。需要说明的是，并不是什么事情都能做到，只有遵循道的法则、精神的前提下去做的事情，才能够做到。比如违法犯罪就不符合道的法则，就不在此列。

无不克则莫知其极。

按照道的法则去做事情没有做不到的，说明他的德行已经非常高深，高深到没有人能够看透的地步。

莫知其极可以有国。

德行修到没有人能够看透的高深地步，这样的人可以来治理国家。这就是自然上位，德位相配。是“以无事取天下”的要义所在。

有国之母可以长久。

德行高深的人是按道行事的，他治理国家自然也是按道的精神来进行的，所以这样的国家能够长久。

是谓深根固柢，长生久视之道。

这就是基础牢固才能够长久的道理。建设一座楼，如果在打地基的时候挖得很深、地基建得很牢固，那么这座楼盖起来就很结实，能够使用很长时间。一棵树只有从小把根深扎入土中，才能稳稳地站立在地面上，任凭风吹雨打。一个人的德行培育如此，一个国家的治理根基也是如此。

原文校对情况：

“固柢”，王弼本、傅奕本、韩非子本如此，河上公本、严遵本、张镇南本作“固蒂”，帛书本作“氐”。

【小结】

管理社会要效法大自然，真正做到了省心省力，才是真正做到了按道行事。而按道行事就是积德，当德行增加到一定程度，就可以自然上位，成为国家的管理者。这样的治国与大道一脉相承，所以会长治久安。

本章也是讲述“以无事取天下”的程序。

六十章

【导读】

紧接上一章内容，本章继续对“以正治国”的不言之教进行阐述、论证。

治大国，若烹小鲜①。

以道莅②天下，其鬼不神③；非④其鬼不神，其神不伤⑤人；非其神不伤人，圣人亦不伤人。夫两不相⑥伤，故德交归⑦焉。

【译文】

治理大国就像烧煮小鱼一样。

用道来治理天下，其间的鬼不会作祟；不但其间的鬼不会作祟，其间的神也不会妨碍人；不但其间的神不会妨碍人，圣人也不会妨碍人。这样互相不妨碍，因此所有的美德是汇聚成一个方向的。

【注释】

① 小鲜：小鱼。
② 莅（lì）：统治，管理。
③ 其鬼不神：其间的鬼怪不会作祟。其：其间的，这个世界上的。鬼：鬼怪。神：作祟（贬义），灵验（褒义）。
④ 非：不但……而且……
⑤ 伤：妨碍，妨害。
⑥ 两……相……：互相。
⑦ 交归：汇聚一起。

【解读】

治大国，若烹小鲜。

烧煮小鱼，如果翻动过勤，鱼就碎了，乱成一锅粥了。治理大国，就像烧煮小鱼一样，不要轻易进行干预，否则就乱套了。为什么？因为大国体量大，国情复杂多样。既要尊重不同的地域特点和不同区域的民风习俗，又要基于船大难掉头的客观实际保持政策的稳定性，因此不宜轻易出手干预。

以道莅天下，其鬼不神。

用道来治理天下，天下的鬼都不会来添乱。第二十三章的“同于道者，道亦得之……同于失者，道亦失之”，说明道会帮助行道的人，鬼自然不会作祟，因为鬼只会去妨碍走歪门邪道的人。

非其鬼不神，其神不伤人。

第三十九章讲过“神得一以灵”，神按照道的运行规律运行才会发挥灵性，方向与道是一致的，与以道治天下也是一致的，所以神自然不会妨碍走正道的人。

非其神不伤人，圣人亦不伤人。

圣人也是走正道的，所以自然不会妨碍大众走正道。

夫两不相伤，故德交归焉。

鬼、神、圣人、人都互相不妨碍，都遵道而行，都是因为大道行于天下的缘故，所以遵道而行的德行汇合叠加朝一个共同方向，形成合力，互相助力。

【小结】

本章继续讲述“以正治国”。

用烧煮小鱼的生动例证来比喻治理大国，重点还是强调“不言”、不主动干预。

明确指出，遵道而行的“以正治国”之所以会通向幸福，是因为鬼、神、圣人都遵道而行，都不会来干扰，因为所有的德如同多股合流的水，方向一致。这与第三十五章“执大象，天下往。往而不害，安平太”相呼应。

六十一章

【导读】

第五十九章讲了通过“以无事取天下”的自然上位取得国家管理权的情况，本章继续讲述“以无事取天下”在国家外交中的运用。

大国者下流①，天下之交②，天下之牝③。牝恒④以静胜牡⑤，以静为下⑥。

故大国以下小国，则取小国；小国以下大国，则取于大国。故或下以取，或下而取。大国不过欲兼⑦畜⑧人，小国不过欲入事⑨人。夫两者各得其所欲，大者宜为下。

【译文】

大国应该和江河的下游一样，是小国向往的汇聚之地。天下的交往，要学习天下的母牛。母牛一直因为具有静的品质而胜于公牛，因为静就是谦下的表现。

所以大国以谦下的姿态对待小国，就会得到小国的归附；小国以谦下的姿态对待大国，就会得到大国的接纳。因此，要么是因为谦下得到别国的归附，要么是因为谦下而被别国接纳。大国不过想要扩大领土、集聚更多的人口，小国不过想要加入大国跟随大国学习。要使两者都能够实现各自的愿望，大国应该谦和处下。

【注释】

① 下流：江河的下游。
② 交：交往，外交。
③ 牝：母牛。
④ 恒：一直，总是。王弼本作“常”。
⑤ 牡：公牛。
⑥ 以静为下：因为静是处下的表现。
⑦ 兼：兼并，扩大疆域。
⑧ 畜：通“蓄”，积聚。
⑨ 事：以……为师，向……学习。

【解读】

大国者下流。

江河的下游是众多的水流汇入之处，因为地势低下。真正的大国以道治国，谦和处下，如同汇聚水流的江河下游一样，是天下人向往、汇聚的地方（见第三十五章“执大象，天下往”）。因此，真正的大国之所以成为大国，不是通过武力扩张，而是因为德行水平高而得到小国的主动归附。这也是“以无事取天下”的情形。

天下之交，天下之牝。

天下人与人的交往、国与国的交往，要向母牛学习。为什么呢？

牝恒以静胜牡，以静为下。

母牛的一切行为（吃草、喝水、迁徙、休息、繁衍等）都围绕着生存进行，因此具有“静（为生存而活动）”的品质，因此表现得安静、自然，而公牛则是好动、好斗、好争，离“静”的标准有一定的距离，所以母牛处世方式胜于公牛。母牛为生存而活动（静）的品质，体现出的是对客观自然的尊重、遵循，体现出的是不争，所以是处下的表现。

原文校对情况：

以上三句，严遵本作“大国者，天下之所流。天下之所交，天下之牝。牝以静胜牡，牝以静为下”。

傅奕本作“大国者，天下之下流。天下之交，天下之牝也。牝常以靖胜牡，以其靖，故为下也”。

帛书甲本作“大邦者，下流也。天下之牝，天下之郊也。牝恒以靓胜牡，为其靓□□宜为下”。

帛书乙本作“大国□□□□□□□牝也，天下之交也。牝恒以静朕牡，为其静也，故宜为下也”。

王弼本、河上公本作“大国者下流。天下之交，天下之牝。牝常以静胜牡，以静为下”。

张镇南本作“大国者下流。天下之郊，天下之郊，牝常以静胜牡”。

故大国以下小国，则取小国；小国以下大国，则取于大国。

大国对待小国，如果用强硬手段，必然遭到反抗，即使占领小国，民心也不会归附。反过来，如果大国以谦卑的姿态对待小国，就好比礼贤下士，那么小国会很情愿归附。如果小国用谦和处下的姿态向大国展示自己想归附的诚意，必然也会受到大国的欢迎。

故或下以取，或下而取。

不管是大国得到了小国的归附，还是小国得到了大国的接纳，都是因为谦和处下。主动示好，以诚相待，目标一致。

大国不过欲兼畜人，小国不过欲入事人。

大国接纳小国的加盟，只不过是要扩大领土，增加人口，使德行远播；小国向大国归附，只不过是羡慕大国治理有道而加入进来好好学习，让自身受益。

夫两者各得其所欲，大者宜为下。

要让大国小国都能如其所愿，大国更应该主动处下，这样会更容易实现。所以作为大国，更应该走正道、修德政，感化、影响更多的国家走上正道，世界将会变得更加美好。相反，如果大国不修德政，推行霸权主义，世界将变得混乱不堪。

【小结】

上章说治国内政，本章谈外交。要用好的品德去吸引人，而不是用武力去征服。这就是“以无事取天下”的真谛所在。

六十二章

【导读】

人生在世，人人都离不开道。前面章节阐述了按道行事的很多好处。本章将告诉我们，遵道而行不但好处多，而且简单易行、效果明显。

道者，万物之奥[①]，善人之宝，不善人之所保[②]。

美言[③]可以市[④]，尊行[⑤]可以加[⑥]人。人之不善，何弃之有？故立天子，置三公[⑦]，虽有拱璧[⑧]以先驷马[⑨]，不如坐进[⑩]此道。

古之所以贵此道者何？不曰求以得，有罪以免[⑪]邪？故为天下贵。

【译文】

道是万物的主宰，是善于生存者的宝贝，也是不善于生存者所要依仗的。

良言可以引导人，高尚的行为可以影响人。人之中那些不善于遵道而行的人，有什么理由放弃不管呢？所以设立天子，设置三公，虽然配有大玉璧、使用四匹马拉的车治理天下，还不如坐着推荐用道来治理。

古代为什么如此重视这个道呢？不就是说只要寻求就可以得到它、有罪过就可以避免再犯吗？所以被天下所重视。

【注释】

① 奥：主，主事人，指主宰。帛书本作“注”，同“主”，意思一致。
② 保：依仗，依靠。
③ 美言：良言。
④ 市：原意是商品的交换，这里指语言的交流。
⑤ 尊行：值得尊重的行为，高尚的行为。
⑥ 加：施加影响。
⑦ 三公：指太师、太傅、太保，是周代权位最高的三位大臣。
⑧ 拱璧：大璧，因为很大需要两只手才能拿稳，所以称为拱璧。拱：双手拿。璧：平而圆、中心有孔的玉。
⑨ 以先驷马：使用前面四匹马拉的车。以：用，使用。先：前面。驷马：同拉一辆车的四匹马。
⑩ 进：推荐。
⑪ 有罪以免：有罪过可以避免再犯。罪：罪过，错误。免：避免。

【解读】

道者，万物之奥，善人之宝，不善人之所保。

道是世界的本源，万物的主宰。善于生存的人都是善于按道行事的人，他们深知遵道而行的好处，所以把道当作宝贝一样对待。不善于生存的人，虽然不善于按道行事，但完全离开道却无法生存，因此也离不开道。

比如，所有的树都根植于大地。有的长得笔直，茁壮成长；有的长得歪斜，虽然生长艰难，但也不想倒下脱离大地这个生存根本。

原文校对情况：

“保”，王弼本、帛书本、河上公本、傅奕本如此，严遵本、张镇南本作“不保”。

美言可以市，尊行可以加人。人之不善，何弃之有？

对于不善于生存的人、不善于按规律办事的人，可以通过两种方式去帮助他们。一是用推心置腹的诚恳交流让他们明白事理；二是用以身作则的高尚行为去影响他们，使其走上正确道路。因此，没有理由对那些不善于生存的人弃之不顾，放弃不管。

原文校对情况：

“美言可以市，尊行可以加人”，王弼本、河上公本、严遵本、张镇南本如此，帛书本与王弼本基本一致（“加”作“贺”），淮南子本作“美言可以市尊，美行可以加人”，傅奕本作“美言可以于市，尊言可以加于人”。

故立天子，置三公，虽有拱璧以先驷马，不如坐进此道。

为了治理社会，朝堂之上设立了天子，以上天之子的名义君临天下，设置了由太师、太傅、太保三公领衔的大大小小官吏组成的官僚体系，配备了珍贵的拱璧等用品和四匹马拉的马车等交通工具。这样的配置，这在周朝时代不可谓不全，投入不可谓不大。但这套管理体系发挥的作用，远远不如简简单单用道去治理天下。

上古以道治天下，天下太平，政风民风敦厚。从夏朝、商朝到周朝的执政变化，就能看出些端倪。从司马迁的《史记·高祖本纪》里所说的“夏之政忠。忠之敝，小人以野，故殷人承之以敬。敬之敝，小人以鬼，故周人承之以文。文之敝，小人以僿，故救僿莫若以忠”可以看出，夏朝尚且重道，商朝开始崇拜神祇，从周朝开始就主要讲礼仪、讲形式了。所以真正的失道是从周朝开始的。也是从周朝开始，天下进入了混乱循环。此后的历史已经证明了这一切。

本句阐述的是以道治理天下简单易行的优点。

古之所以贵此道者何？不曰求以得，有罪以免邪？故为天下贵。

古代为什么如此重视大道呢？因为大道就在我们身边一直陪伴我们，只要想找它，马上就能得到；只要按道行事，就不会再犯主观妄为造成的错误。就好比在阴冷的屋里，从屋子里走出来就能得到阳光的照射和温暖。“有罪以免”，并不是说以前所犯的罪过一笔勾销，而是在不按道行事的时候所犯的错误，按道办事就不会再犯了。

所以，道被天下所重视。

本句阐述的是道随时可以得到而且即时见效的优点。

原文校对情况：

“求以得”，帛书乙本、河上公本、严遵本、傅奕本、张镇南本如是，王弼本作“以求得”。

【小结】

本章阐述人人离不开道，以道治理天下是最好的方式。

道是万物的主宰。所以遵循道的规律法则治理天下，一切问题迎刃而解。

而以人为的方式治理天下，虽然设置众多的管理职位，配备好的装备，忙忙碌碌、费心劳神，也很难取得好的治理效果。

关键是，道有简单易行、随时加入、即时有效的优点。

六十三章

【导读】

本章将对本书前面的正确做法进行总结，归纳出为人处世、治理天下等应当遵循的原则，并从本章开始对这些原则逐一展开论证。

为无为①，事无事②，味无味③。大小④、多少⑤。报怨以德⑥。

图⑦难于其易，为大于其细。天下难事，必作⑧于易。天下大事，必作于细。是以圣人终不为大，故能成其大。夫轻诺⑨必寡信，多易必多难。是以圣人犹难之⑩，故终无难矣。

【译文】

以顺应自然而为的原则去作为，以无事不生事的原则去做事，以平淡的原则对待人生追求。处事要遵循大与小、多与少之间的转化规律。用遵道而行的德行去消解社会矛盾。

解决难事要在它容易解决的时候进行，做大事要从小事做起。因为天下难事必定是从容易开始逐渐发展而成的，天下大事必定是从小事逐渐做大的。所以，圣人从不只想着做大事，因此能够做成大事。轻易许诺，必然会造成信用缺乏；把事情想得越容易，做起来就越难。所以圣人把要做的每件事情都当作难事来对待，因此从来没有什么难事。

【注释】

① 无为：顺应自然而为。
② 无事：无事不生事，顺其自然。
③ 味无味：人生追求要以平淡的态度。味：滋味，人生的滋味，这里指人生的追求。无味：平淡。
④ 大小：大与小之间的转化规律。
⑤ 多少：多与少之间的转化规律。
⑥ 报怨以德：用德去应对、化解矛盾。报：回报，回应。怨：怨恨，矛盾。德：遵道而行的品质、做法。
⑦ 图：设法对付。
⑧ 作：开始。
⑨ 诺：许诺，承诺。
⑩ 犹难之：如同对待困难一样对待它。

【解读】

为无为。

这是人生的行为原则。

不管是个人生活还是治理国家，都要按照无为（顺应自然而为）的原则去做，这样所做的事情都符合大道、符合规律、符合自然，因此不容易出差错，无为而无不为。

事无事。

无事，就是不无事生非、只做该做的事。什么是该做的事情？就像自然界的动物那样，忙忙碌碌都是为了生存。与生存无关的都是没有意义的事情，都是不该做的事。

因此，不管个人做事，还是管理社会事务，不无事生非，不无事生事；只做该做的事，不做不该做的事。本质上与第十六章的“守静笃”相一致。

这是做事应当遵循的原则。

味无味。

不追求轰轰烈烈、大有作为，而是以平平淡淡的态度看待人生、对待生活。这是对待人生（价值观）的原则。

大道运行天下、养育万物，表现出的却是“生而不有，为而不恃，长而不宰”的“恒无欲”精神。人类作为道的衍生物，人生的意义不过是生存而已，既没有主宰天下的能力，更没有大有作为的资本。因此放弃虚妄的追求，回归顺应自然、以生存为本的正确轨道。以有限的生命、能力去追求无限的欲望，是行不通的。

本句与第三章的“弱其志”相呼应。

大小、多少。

任何事物都有从小到大、从少到多的过程。抓住事物发展变化的规律，作为处事的依据。

这是按具体规律办事的原则。后面将展开阐述。

报怨以德。

道生万物，自然有维持万物和谐的功能。德是遵道而行的品质，“报怨以德”就是要求按照道的路子去处理矛盾问题。那么，道是怎么处理与万物之间关系的？是“生而不有，为而不恃，长而不宰”，是“挫其锐，解其纷；和其光，同其尘”，道作为万物的主宰者、养育者，它只做有利于万物的事，而从不与万物相争；它默默地为万物服务，从不显示自己多么厉害，也不会对万物进行干预，更不会向万物索取，给万物以最大限度的自由，这样避免了与万物的冲突、纷争，自然也就不会有矛盾。因此，处理社会矛盾要学习道的方法，要按规律办事，多做与民有利的事情，不去与民争利，这样就能减少、避免矛盾的产生。德的最高境界是无为无不为，即所做的事情都是妥当的，怎么会产生矛盾呢？就好比有序的交通，行人、非机动车、机动车各行其道，就不会产生碰撞和纠纷。

报怨以德，就好比太阳，不管对它有没有意见，它每天都会为你提供光明。

图难于其易，为大于其细。天下难事，必作于易。天下大事，必作于细。

要解决困难，最好在它还没发展成难事、比较容易解决的时候下手解决。要做成大事，最好从一点一滴做起。因为天下的任何难事，都是从容易的事慢慢积累成的；天下的大事，都是从小事逐渐做大的。比如，病是一天天积累而成的，所以越早治疗越容易治；好习惯是一点一滴逐渐养成的，所以越早下手越容易养成。大道至简，万物一理。

这是对“大小、多少”开始进行具体解释。

是以圣人终不为大，故能成其大。

圣人从来不本着做大事去，而是一步一个脚印、扎扎实实从眼前的小事做起，结果却成就了大事业。就像爬山，一步一个台阶，最终会达到峰顶。第二十二章讲过“敝则新”（付出就有收获），持之以恒地付出，就有大收获。我们往往有过这样的体会，为邻居家的孩子几年不见长高了而惊奇；为身边的人突然出名而诧异，这是因为我们没有看到他们背后的付出。同理，有人每天比别人多努力一点点，持之以恒、久久为功，到头来必定脱颖而出。这都是点滴的积累、潜移默化的进步所导致的。相反，有的人却喜欢好高骛远，结果大事做不了，小事又不屑去做，长此以往，一事无成，庸俗一生。

夫轻诺必寡信。

社会上总有一些喜欢随意许诺的人，被称为说大话、吹牛。吹牛容易践行难。因此，喜欢吹牛的人很少有诚信可言。不管是社会个体还是社会管理者，都应该谨言慎行，避免失信。

多易必多难。

如果把事情看得太容易，既不会在事先做充分的准备，也不会在做事过程中用心谨慎，一旦遇到问题就会措手不及。这就是把事情想容易了，所以遭遇挫败。

是以圣人犹难之，故终无难矣。

针对上述做法的弊端，圣人的做法是对要做的每件事情都把它当成难事来看待，事先准备充分、如临大敌，事中小心谨慎、全力以赴，因此不会有问题出现。

【小结】

本章总结了为人处世和治理天下应当遵循的几个原则："为无为，事无事，味无味。大小、多少。报怨以德。"并着重对"大小、多少"之间转化规律在治理中的应用做了具体论述。

《道德经》有个特点，前半部分是一边认识一边启发，后半部分是一边论证一边归纳。

六十四章

【导读】

本章将对上一章提出的“大小、多少”原则的运用进一步展开论证，并阐述按规律办事的重要性。

其安易持[①]，其未兆[②]易谋，其脆易泮[③]，其微易散。为之于未有，治[④]之于未乱。合抱之木生于毫末，九层之台起于累土[⑤]，千里之行始于足下。

为者败之，执者失之。是以圣人无为，故无败；无执，故无失。民之从事[⑥]，恒[⑦]于几成而败之。慎终如始，则无败事。

是以圣人欲不欲[⑧]，不贵难得之货；学不学[⑨]，复[⑩]众人之所过，以辅[⑪]万物之[⑫]自然而不敢为[⑬]。

【译文】

事物处于稳定状态时容易控制，问题还没有出现明显的征兆时容易应对，风险在脆弱时易于化解，隐患在微小时容易消除。在问题还没有发生之前就要做好预防工作，在未出现乱象之前就要采取处置措施。双臂才能抱过来的大树生长于细小的萌芽，九层高的楼台起于第一筐土，千里的行程开始于脚下第一步。

不讲规律，做事我行我素就会遭受失败；执意我行我素地对待事物就会失去它。所以圣人顺应自然而为，因此不会失败；不执意地操控事物，因此不会失去。人们遵从规律做事，往往在快要成功的时候却失败了。谨慎地对待结束就像对待开始那样，就不会失败。

所以圣人做该做的事（比如按规律办事），不做不该做的事，比如不去看重那些难得的东西；学习该学的知识（比如自然规律和常识），不学不该学的东西（比如主观自创的人文知识），来纠正大众所犯的过失，以此辅助万物走自然生存之道而不敢随意作为。

【注释】

① 其安易持：事物处于安定状态时容易控制。其：泛指事物，下同。安：安定，平衡。持：控制，掌控。
② 兆：征兆。
③ 泮（pàn）：化解。
④ 治：处理，处置。
⑤ 累土：一筐土。累：荆条编的筐子。
⑥ 从事：遵从规律做事。从：遵从，指遵从规律。
⑦ 恒：常常，往往。王弼本作“常”。
⑧ 欲不欲：要做什么不要做什么。
⑨ 学不学：学什么不学什么。
⑩ 复：平复，纠正。
⑪ 辅：帮助，辅助。
⑫ 之：往，到……去。
⑬ 为：主观妄为，随意而为。

【解读】

其安易持。

一个事物，不管是国家政局、社会态势还是一般的事物，当它处于安定状态的时候，容易被掌控。比如一辆摩托车，当它不偏不斜立在地上时，用很少的力气就能使它保持这种稳定状态；但如果它失去重心发生倾斜时，用全身的力气去扶正它可能都无法做到。健康方面，除了躺着之外，人在直立的时候脊柱受力最小，因为这时候脊柱处于平衡状态，腰肌不用费力就能维持，所以避免腰肌劳损或者椎间盘突出的最好办法除了躺着就是保持直立或坐直的状态。

其未兆易谋。

防患于未然。一个事物在还没有发生问题或者在问题还没有出现迹象的时候，就想办法去预防它、解决它，会比较容易做到。

其脆易泮。

事物在脆弱的时候容易解决，对于问题尤其如此。比如水面上的结冰，当它很薄的时候，一敲它就碎了。相反，对于我们希望它成长的事情，就要注重呵护，如保护好婴幼儿的健康安全。

原文校对情况：

“泮”，王弼本如是，楚简本作“畔”，傅奕本作“判”，河上公本、严遵本、张镇南本作“破”。帛书甲乙本此处缺损。

其微易散。

事物很微小的时候，很容易把它化解掉。比如被子被烟头点着了，刚开始时一杯茶水就能浇灭。虽然星星之火可以燎原，但星星之火也容易扑灭。

为之于未有，治之于未乱。

对于可能存在的风险、隐患，要在没有出现任何端倪之前就要做好预防措施，未雨绸缪，防患于未然。对于已经出现混乱征兆，要在其未发展成乱象之前及时采取果断措施进行处置。

不少中医院设有“治未病”部门，源于“上工治未病”。史上名医扁鹊兄弟三个都行医，数扁鹊最有名。当有人问他兄弟三人谁的医术最好时，扁鹊却说：“大哥最好，二哥次之，我最差。我大哥治病，善于在病情发作之前将病根铲除，但一般人不知道这其中的玄妙，所以他的名气无法传扬出去。我二哥善于在病情初起之时将病治好，大家以为他只能治轻微的小病，所以他的名气也仅限于本地。而我治的病，都是发生在病情十分严重、病人痛苦万分、家属心急如焚之时。此时，人们看到我在经脉上穿刺、或在患处施行以毒药、或用手术治疗，都以为我的医术高明，所以名气响遍全国。”

合抱之木生于毫末，九层之台起于累土，千里之行始于足下。

这几句好理解，大事物都是从点滴开始做起的，都有从小到大的过程。

原文校对情况：

“千里之行”，王弼本、河上公本、傅奕本如是，严遵本、张镇南本作“百仞之高”，帛书甲本作“百仁之高”，帛书乙本作“百千之高”。

以上所讲的内容，是风险控制之法，也是事业成功之道，都是对“大小、多少”转化规律的具体运用。

为者败之，执者失之。

上面以大小、多少之间的转化规律为例子，阐述了正确的处事方法。但是，如果有人不按照规律去做事，而是我行我素，结果只有失败；如果顽固不化，坚持这种主观行事方式，就会失去对事物的掌握控制，不管是曾经拥有的江山社稷、财富还是事业、名声、地位，甚至是身体。历史一直在一而再、再而三地证明着这个道理。

前面第二十九章也有“为者败之，执者失之”这句话，但指向的对象是天下。这里指向的对象则是宽泛的。

是以圣人无为，故无败；无执，故无失。

圣人崇尚无为，是按规律办事的，无为而无不为，所以不会失败。圣人对天下行不言之教，不会去主动干预、操控，所以不会失去天下。

民之从事，恒于几成而败之。慎终如始，则无败事。

民众按照规律行事了，但还是会遭遇失败，这是为什么呢？人们在开始做某件事的时候，往往热情满满，谨慎专注，但时间长了，注意力就开始分散，精神开始松懈，就会三心二意，就会见异思迁，就会发生意外或者主动放弃，与成功失之交臂。这是因为还差一个要件——慎终如始。做事从开始就要慎重专注，心无旁骛，直到完成。做到恒心如一，善始善终，就没问题了。行百里者半九十，就是讲的同样道理。寓言故事“龟兔赛跑”中的兔子就是没有做到慎终如始。

慎终如始，既指做某件事情的从一而终，也是走人生正道的从一而终。

是以圣人欲不欲，不贵难得之货。

经过上面正反两方面的阐述论证，圣人知道该干什么（“欲”），不该干什么（“不欲”）。该干什么？按规律办事，持之以恒。不该干什么？不随心所欲，因此不会稀罕那些难得但无用的东西。

原文校对情况：

“不贵难得之货”，帛书本、韩非子本作“而不贵难得之货”。

学不学。

第四十二章已经讲过，要学道的运行规律和自然常识。本章前面又讲了具体按照规律办事的要点，所以进一步强调了该学的要“学”，学的是自然规律和常识；不该学的“不学”，不去学习主观人为的东西。分别与第二十章的“贵食母”“绝学无忧”相呼应。

复众人之所过，以辅万物之自然而不敢为。

圣人带领大家“欲不欲，学不学”的目的，就是要纠正大众在生活道路上的过失，以此来帮助万物走自然生存之路，而不敢随意而为。

就像江河堤坝，辅助流水沿着河道流淌，而不是更弦易辙。

【小结】

接上一章的内容，阐述了大小、多少的转化规律在防范化解矛盾、处理问题和在成就事业方面的运用。随后强调指出，按照规律办事就会成功，否则就会失败。按照规律办事，还要慎终如始，坚守初心。并总结指出，圣人之所以贯彻按规律办事、不随心所欲和学习客观规律常识、不学习主观知识的目的，是为了帮助大众走自然生存的大道，而不敢去随意而为。

六十五章

【导读】

上一章阐述了圣人的无为表现在于“以辅万物之自然而不敢为”。要做到无为必须反“智”。本章就具体讲一讲为什么不能用“智”来治理国家。

古之善为道者，非以明①民，将以愚②之。

民之难治，以其智③多。故以智治国，国之贼④；不以智治国，国之福。

知此两者，亦稽式⑤。恒⑥知稽式，是谓玄德⑦。玄德深矣，远矣，与物反矣，然后乃⑧至大⑨顺。

【译文】

古代善于按道行事的人，不是开化民众的心智，而是让民众保持敦厚。

民众之所以难以治理，是因为他们有了太多的心机智巧。所以用智巧治理国家，必然导致民众有太多智巧，是国家的祸害；不用智巧治理国家，让民众保持敦厚，是国家的福气。

知道这两种方式的区别，也就知道了正确的治国模式。一直懂得用正确的治国模式治理国家，就叫作符合道表现出的品质。道表现出的品质很深很远，与万物的表现相反——以不变的运行规律应对万变的具体事物，这样才会让整个世界实现顺利运转。

【注释】

① 明：变得聪明，开化。
② 愚：使敦厚。
③ 智：聪明，智巧。
④ 贼：祸害。
⑤ 稽式：经过实践验证了的模式。稽（jī）：验证。
⑥ 恒：一直。王弼本作“常”。
⑦ 玄德：道所表现出的品德。
⑧ 乃：才。
⑨ 大：指整个世界。

【解读】

古之善为道者，非以明民，将以愚之。

古代那些善于以道治理国家的，都遵循一个原则。那就是不去开化民众的心智，不让他们变得有心机，而是让他们保持淳朴厚道。民众看起来似乎很愚笨的样子，但他们却善良敦厚，专心走在正确的生活道路上，没有投机取巧之心，也没有见异思迁之念。就像我们进到深山里见到朴实的山民一样。

自然运作是大智慧，人类的聪明是小智慧。不要用人类的小聪明去干扰自然运行的大智慧。

民之难治，以其智多。

民众难以治理，是因为他们的心机太多。他们的心机是从哪里来的呢？来源于聪明人（智者）的传染，更源于统治者用心机去对付民众。民众原本性情淳朴，心思单一，统治者用聪明伎俩对付民众，触发了民众的心机，于是民众也逐渐学会了用心机对付统治者。为了对付有了心机的民众，统治者会采用更加狡诈的心机。以智巧对智巧，以欺诈对欺诈，如此几个回合下来，社会变成了钩心斗角的主战场，诚信、淳朴成了奢侈品，社会治理自然成了难题。

智，是妄为的根本原因，是社会乱象的根源。有智的人，觉得自己很厉害，就会漠视、更改自然法则，并按照自己的意愿创立规则，掌控他人的命运，掌控社会资源，因此会引发社会纷争，让社会走上混乱。另外，人类探索规律、利用规律（科学）的目的是趋利避害，更好地生存，但智者对科学的利用却没有底线，比如制造原子弹等大杀器、制造戕害同类的病毒、无原则地开发利用人工智能等，为人类自掘坟墓。因此，要保持走正道，一方面从清静无为上下手，另一方面就是要防智。关于防智，《道德经》里多处提到，第三章的“恒使民无知（智）无欲，使夫知（智）者不敢为也”、第十章“爱民治国，能无知（智）乎”、第十八章“智慧出，有大伪”、第十九章“绝圣弃智，民利百倍”、第五十七章“人多智巧，奇物滋起”等。

故以智治国，国之贼。

从上面的解读可以看出，统治者才是使用心机智巧的始作俑者，是让社会陷入混乱的源头。同时，“以智治国”也与“以正治国”（第五十七章）相悖。另外，人的智慧是有限的，用有限的智慧去操控无限的世界一定会失败，所以以智治国是国家的灾难。

王弼对这句话理解得很到位。他在《道德经注》里说：“以智术动民邪心，既动复以巧术防民之伪。民知其术，防随而避之，思惟密巧，奸伪益滋，故曰以智治国，国之贼也。”

不以智治国，国之福。

有对比才有高下。所以不用智巧治理国家才是国家的福气。上下以诚相待，彼此没有投机取巧之心，贵在自然，这才是和谐社会应有的气象。这与第三章的“恒使民无知无欲，使夫知者不敢为也”相呼应。

知此两者，亦稽式。恒知稽式，是谓玄德。

懂得了以智治国与不以智治国的不同效果，也就懂得了哪一种才是正确的治国模式。如果做到了一直用正确的治国模式去治理国家，那么他表现出的品质就和“玄德”（大道表现出的品质）是一致的。“玄德”是什么？是“生而不有，为而不恃，长而不宰”，是道的无为。

这里要注意，“知此两者，亦稽式”应该是“知此两者，亦知稽式”的简化句，“恒知稽式，是谓玄德”应该是“恒知稽式，是谓恒知玄德”的简化句。因为玄德只属于道。

原文校对情况：

“稽式”，王弼本、帛书本、傅奕本如此，河上公本、严遵本、张镇南本作“楷式”。

玄德深矣，远矣，与物反矣，然后乃至大顺。

道的表现之所以深远，在于它以固有不变的规律去运行世界，养育万物，以不变应万变，这就是它与千变万化的万物相反的地方。正因为道以不变的规律对待天下，万物才会有所遵循、有所依靠，使得整个世界能以大道为核心顺利运行。玄德好比是火车，万物好比是乘客。火车的路线、各站点的停靠、发车时间是不变的，乘客凭此来规划自己的出行。也以此说明，作为国家的最高管理者，与普通的个体民众表现是不一样的，也应该宜静不宜动，政策宜稳定而不宜频繁变动，否则大众将无所适从。

本章与第二十一章相呼应。

原文校对情况：

在主要参考古本中，帛书甲乙本、严遵本、傅奕本没有“然后”。

【小结】

本章承接上一章，阐述了不用聪明才智治理国家的方式符合“玄德”的自然之道。“玄德”和万物的关系，就像大树的主干和树叶，只有主干稳如磐石，树叶才会有活动的基础和空间。

六十六章

【导读】

“不争”，是无为的重要特点。本章将从“不争”的角度，继续阐述无为在治理国家中的具体运用。

江海所以能为百谷王①者，以其善下之②，故能为百谷王。

是以圣人欲上民③，必以言下之④；欲先民⑤，必以身后之⑥。是以处上⑦而民不重⑧，处前⑨而民不害⑩。是以天下乐推⑪而不厌。

以其不争，故天下莫能与之争。

【译文】

江海之所以能成为众多河流的汇聚之处，是因为江海善于处在它们的下方位置，所以能成为众多河流的汇聚之处。

所以圣人要想成为民众的统治者，必须在政策上体现出对民众的尊重；想要做民众的领导者，必须把自己的利益放在民众之后。所以圣人处在统治者位置上，民众不会感到压迫；圣人处在领导者的位置，民众的利益不会受到侵害。所以天下人乐于拥戴他而不讨厌他。

因为圣人不与人争，所以天下没有人能够与他相争。

【注释】

① 百谷王：众多河流的汇聚者。百：泛指众多。谷：河流，水流。王：大。
② 下之：处在它们的下方。
③ 上民：做民众的统治者。上：上位，指居于统治地位。
④ 以言下之：用政策表达自己处于民众之下，即用政策体现出对民众的尊重。言：言语，这里指政策、方针、政令等。下之：对民众谦和处下，尊重民众。
⑤ 先民：在民众的前面，做民众的领导者。
⑥ 身后之：自身的利益放在民众之后。
⑦ 处上：处于上面的地位，处于统治地位。
⑧ 不重：不会感觉沉重，不会受到压迫。
⑨ 处前：处于前面的位置，做领导者。
⑩ 不害：不会受到侵害。
⑪ 推：推举，拥戴。

【解读】

江海所以能为百谷王者，以其善下之，故能为百谷王。

江海之所以很大，源于众多小河流的汇入。之所以众多小河流汇入，因为江海处在比那些小河流更加低下的地方。

是以圣人欲上民，必以言下之；欲先民，必以身后之。

天下一理。圣人想要成为民众的统治者，必须在政策上体现出对民众的尊重，“以百姓心为心”，也就是尊重民意，以民为本，把自己的位置摆在民众的下方，这样民众就会像河流入海一样踊跃归附。圣人想要成为大众的带头人，就要把自己的利益放在民众的后面，优先考虑大众的利益。这样的领导谁不追随呢？

第七章有“后其身而身先，外其身而身存”之说。《道德经》的论事方式是，先观察源头（道、天、地）的特点和表现，再将从中得到的启发用于为人处世，然后展开具体论述、概括总结。

原文校对情况：

王弼本没有“圣人”二字，帛书本、楚简本、河上公本、严遵本、傅奕本、张镇南本有。

是以处上而民不重，处前而民不害。是以天下乐推而不厌。

因此，圣人做天下的统治者，民众的人格能得到充分尊重，没有高压统治，因此没有什么压迫感、不适感；圣人做天下的带头人，民众的利益能得到充分保障，不会有剥削、压迫等侵害行为发生。

这样大公无私的好领导大家尊崇都觉得不够，怎么可能反感呢？

原文校对情况：

王弼本、傅奕本、河上公本在“处上”之前有“圣人”二字。帛书本、楚简本、严遵本、张镇南本没有。

以其不争，故天下莫能与之争。

圣人之所以受到天下如此厚爱和拥护，都是因为他不与民众争利。正因为他不争，大家都支持他，所以天下没有谁能争得过他。

【小结】

圣人之所以受民众拥戴，一是做到了尊重民众的意愿，用好的政策善待民众；二是做到了尊重民众的权利，把民众的利益放在自己的前面，不压迫民众，不剥削民众。这些都是“无为”中所蕴含的“不争”的体现。

六十七章

【导读】

紧接上一章。圣人的伟大来自无为不争，这样的圣人具有怎样的高贵品质？本章将进行具体解析。

天下皆谓我[①]大，似不肖[②]。夫唯大，故似不肖。若肖，久矣其细也夫[③]！

我有三宝，持而保[④]之。一曰慈[⑤]，二曰俭[⑥]，三曰不敢为天下先[⑦]。慈，故能勇；俭，故能广[⑧]；不敢为天下先，故能成器长[⑨]。

今[⑩]舍慈且[⑪]勇，舍俭且广，舍后且先，死矣！

夫慈，以战则胜，以守则固。天将救之，以慈卫之。

【译文】

天下的人都说按道行事的圣人很伟大，但看起来又不像现实中称王称霸的大人物那样。正因为很伟大，所以才看起来不像现实中称王称霸的大人物那样。如果像现实中的大人物那样（大有作为、轰动一时），经过这么久早就变得渺小而不值一提了。

圣人有三个法宝，拥有它们并作为行事的遵循。一是对民众慈爱；二是生活简朴、行政简约；三是不敢把自己的利益置于天下人的前面。因为对民众慈爱，所以民众在国家有难时有捍卫国家的勇气；因为生活俭朴、行政俭约，因此天下四方归附，疆土广大；不敢把自己的利益置于天下人的前面，所以能够得到天下民众的拥护而成为天下的君主。

如果统治者不对民众慈爱，却要求民众去为他拼命；不去俭朴生活、从简行政，却要得到更大的地盘；不重视民众的利益，却要做天下的君主，这是死路啊!

拥有慈爱，用于战斗就能获得胜利，用于防守就能坚不可摧。上天要救助谁，就会让他拥有慈爱来得到保护。

【注释】

① 我：这里指按道行事的圣人。
② 肖：相似，相像。
③ 也夫：语气词，表示感叹。
④ 保：依靠，倚仗。
⑤ 慈：慈爱。
⑥ 俭：节俭，指生活节俭、行政俭约。
⑦ 不敢为天下先：不敢把自己的利益置于天下人的前面。先：居前，优先。
⑧ 广：扩大疆域。《史记·乐毅传》：“破宋，广地千里。”
⑨ 器长：天下的君主。器：象征社稷或国家的器物。第二十九章有“天下神器”。
⑩ 今：如果，假设。
⑪ 且：而，却。

【解读】

天下皆谓我大，似不肖。

上一章讲了圣人如同江海一样海纳百川，受到民众的拥戴与爱护。都觉得圣人很伟大，但是这种伟大似乎又与现实中那些王侯将相、英雄豪杰等大人物不是一回事。

原文校对情况：

“我大”，王弼本作“我道大”，帛书本、河上公本、严遵本、傅奕本、张镇南本作“我大”，没有“道”字。因此，此处的“我”不是指道，而是指行道的圣人。

夫唯大，故似不肖。若肖，久矣其细也夫！

为什么圣人表现出的伟大与现实中的大人物不一样呢？因为圣人效法大道，不谋私利，以无为的方式，维护公平秩序，让大众生活在一个长久和谐的社会里。这与那些为一己之私而争夺天下、一将功成万骨枯的王侯将相、英雄豪杰等大人物昙花一现式的大有作为当然不是一个概念。如果圣人大有作为，他就违背了遵循大道的原则，也就谈不上真正的伟大，早就与那些所谓的大人物一样湮灭在茫茫的历史潮流中而不值一提了。

以上阐述按道行事的圣人与现实中的所谓大人物有根本的不同。

我有三宝，持而保之。

圣人是行道者的佼佼者，圣人之所以伟大，是因为他身上有三个宝贵的品德，并一直践行。

一曰慈。

一是慈爱。慈，是父母对子女的爱，也泛指上对下的爱，比如上天慈悲等。在这个世界上，没有比父母对子女的爱更好的了，因为慈爱是发自内心的、不求回报、有包容性的至爱，是发自万物自然本性的、没有功利色彩的真爱。这种爱甚至超越对自我的爱。做过父母的会有这个感受，看到过猫、狗、鸟等动物养育幼崽的也会有这个感觉。统治者像爱自己的子女一样去爱民众，民众焉能不爱戴、拥护统治者？社会焉能不和谐？历史上的地方官员用“父母官”来粉饰自己，本意即源于“慈”。

慈爱之所以是自然属性，因为其既继承了大道对万物的慈爱，又是大道为了万物的繁衍而赋予万物的本性，非人类所独有，动物对后代的悉心爱护不比人类差。

慈与仁不一样，仁是为了调和与其他社会成员的关系而倡导的一种非自然的伦理之爱，是纯粹人文的东西。另外，慈爱是大爱，就如同上天爱惜万物一样，是不分亲疏的、没有分别的爱，它高于“老吾老，以及人之老，幼吾幼，以及人之幼”那种由近而远的有分别的仁爱。

二曰俭。

二是节俭，对统治者而言主要是对社会索取少、对社会行政干预少，当然也包括个人生活节俭。

三曰不敢为天下先。

三是不敢把自己的利益放在大众（别人）的前面。对统治者而言则是不与民争利，而把自己的利益放在后面，甘愿为民众奉献。而对社会个体而言，就是在与别人相处时没有以我为主的优先意识，不要老想占别人的便宜，这样就不容易引发冲突和竞争。

不敢为天下先，是对待利益的态度，和现在的说法不是一个意思。这一点一定注意。

总之，对统治者而言，慈是对民众好，俭是对民众索取少、干预少，不敢为天下先是不与民争利、不搞特殊化。

慈，故能勇。

因为有爱，所以有勇气。统治者对子民像对自己的孩子一样去爱，子民自然把统治者当亲人，那么这个国家就是一个大家，人人相亲相爱，团结一心。当国家遭受侵略时，全国上下就会众志成城，勇敢地去保家卫国。这样的国家怎么可能战胜呢?

慈，对于社会个体而言也很有借鉴意义。俗话说，为女本柔弱，为母则刚强。母亲为了保护孩子，就是豁出性命也在所不惜，这是多么大的勇气！在动物世界里，为了幼崽的安危而与捕猎者奋力抗争的母亲比比皆是。这就是慈爱能产生勇气的道理。

慈爱，源于“万物之母”对万物的“长之、育之、亭之、毒之、养之、覆之”的伟大爱心，也就是俗语说的上天有好生之德。

俭，故能广。

作为统治者而言，生活上节约俭用，民众的负担就很轻；执政上对民众干预少，不奴役民众，不无事生事，不发动战争，民众就有更大的自由度和更多的时间去从事生产而过上富裕生活。民众喜欢这样的统治者，会有越来越多的民众去归附他、追随他，因此他管辖的地盘自然会越来越广。

对社会个体而言，节俭体力、精神，节约生活用度，不但能延年益寿，更能让德行广为传播。

俭，源于无为、不言。

不敢为天下先，故能成器长。

始终把自己的利益放在民众之后的人，不与民争先，民众喜欢他、推举他、拥护他，自然能成为国家的君主、天下的共主。第二十九章称天下为“神器”，所以器长也就是天下的首领。

不敢为天下先，源自道的“生而不有，为而不恃，长而不宰”。

慈、俭、不敢为天下先的典范——汉文帝刘恒。

慈。汉文帝时时牵挂天下民众疾苦，并采取了以下政策：一是减免田之租税。汉文帝二年（前 178）和十二年（前 168），文帝曾两次“除田租税之半”，即租率由十五税一减为三十税一。汉文帝十三年（前 167），更是全部免去田之租税，直到汉景帝元年才恢复三十税一。其间十一年未曾收税，为中国古代有历史记载的唯一时期。二是减轻徭役，施行“丁男三年而一事”，即成年男子的徭役减为每三年服役一次。这样的减免幅度，在中国封建史上也是独一无二的。三是降赋，民赋由每人每年 120 钱减至每人每年 40 钱（到汉武帝时民赋涨至数百钱）。四是废除肉刑，不搞连坐。五是解除山泽之禁，开放原来归属国家的所有山林川泽，造福民众。六是怜惜官吏和士卒由封地向京城运输物资的长途跋涉之劳苦，命列侯归于封国。七是对待犯错误的官员和民众重在感化，大启宽容之风。八是收养抚恤孤儿和孤寡老人等。

俭。施行无为而治的方略，行政上采取不妄为、少干预举措，政治气氛宽松，休养生息得以实现。在军事上，为了不搅扰民众，不主动兴兵，采取积极的防御策略。在生活上节俭，为天下树立了榜样：一是大幅减少皇宫卫戍力量；二是生活上一切从简，在位二十三年，宫室、园林、狗马、车骑仪仗、服饰器具等都没有增加。文帝曾经想修建一个露台，预算报上来需要百金，相当于十户中等人家的资产，他便放弃了这一想法。文帝自己穿着黑色的粗丝衣服，他所宠爱的慎夫人穿的衣服不拖到地面，所用的帷帐都不刺绣纹花，以自身朴素为天下人做表率。修建自己的陵墓，都使用陶制器物，不准使用金、银、铜、锡装饰，利用山陵地势，不另外兴建高大的坟堆；三是不接受臣下进献的物品等。正是因为文帝提倡俭约，所以当时的国家财政开支大幅节制和缩减，贵族官僚也不敢肆意搜刮和奢侈享受，大大减轻了民众的负担，提高了民众的幸福指数。

不敢为天下先。从不为自己歌功颂德，而是优先考虑民众的利益，时时检讨自己的不足，不敢少有松懈。一旦有什么天灾人祸，就反省自己的德行不高，为自己做得不够而自责。他让负责祭祀的官员不要为他一人祈福，而要为天下苍生祈福。即使在临死之前，怕他的丧礼影响民众生活，也提前做了一切从简的安排。做到了不敢为天下先而敢为天下先（不敢把自己的利益放在天下人前面，而敢于做天下人的楷模）。

今舍慈且勇，舍俭且广，舍后且先，死矣！

统治者不去关心、爱护民众，不把他们当人看，却让民众去勇敢地为自己战斗、拼命保护自己，这可能吗？

统治者自己穷奢极欲，对民众盘剥无度，恶名远扬，却期望得到更多人的归附，获得更广阔的疆域，这能实现吗？

平时一直自私自利，事事优先为自己着想，优先保障自己的利益，不把民众的利益放在眼里，这样的人却要想做民众的领导者，这能行得通吗？

对民众好，民众才会拼命保护国家、保护统治者；对员工好，员工才会像对待家一样努力为公司工作；对别人好，别人才会对你好，这是基本的常识。否则，结果就会相反。

以上就是本章开头阐述的圣人与现实中大人物的不同之处。

夫慈，以战则胜，以守则固。

慈爱，具有强大的力量。统治者对民众好，民众就会信任、爱戴统治者。上下一心，团结一致，汇聚成强大的力量。在发生战争的时候，进攻则能打败敌人，防守就会坚不可摧。《孙子兵法 · 谋攻篇》：“上下同欲者胜。”

天将救之，以慈卫之。

所以，慈爱是个好东西。上天要帮助某个人的时候，就让他拥有慈爱的品行，这就足以护他周全，而不需要排出天兵天将或赠予神兵利器。

慈爱是软实力，却是威力无比的武器。心虽然是软的，但却是人心的强力黏合剂，能聚沙成塔，众志成城。

【小结】

老子首先鲜明地指出遵道而行的圣人与现实中所谓的大人物有本质的区别。

遵道而行的圣人具有三大宝贵品质并一直践行：慈、俭、不敢为天下先。并阐述了有“慈”才会有“勇”、有“俭”才会有“广”、有“不敢为天下先”才会有“成器长”的因果关系。如果搞反了，就像不付出却要得到，是行不通的。

六十八章

【导读】

接上一章，本章将阐述“不争”在战争方面的具体运用。

善为士①者不武，善战者不怒，善胜敌者不与②，善用人③者为之下。是谓不争之德，是谓用人之力，是谓配④天⑤、古⑥之极⑦。

【译文】

善于按道行事的人不使用武力；善于作战的人不会发怒；善于战胜敌人的人，不用与敌人交战；善于管理人的人，对他们谦和处下。这就是不争的品德，这就是管理人上的能力，这就是最符合自然和原始的做法。

【注释】

① 善为士：善于行事的有道之士。

② 不与：不与敌人交战。与：交往，这里指交手、交战。

③ 用人：管理人。用：管理，治理，《荀子·富国》：“仁人之用国，将修志意，正身行。”
④ 配：与……相配，符合。
⑤ 天：上天，自然。
⑥ 古：自古就有的。
⑦ 极：最。

【解读】

善为士者不武。

有道之士不把使用武力作为治理国家的选项。政治解决比军事解决更有智慧和效果，这需要有大格局、大智慧。在第三十章“以道佐人主者，不以兵强天下”已经阐述过这个问题。

事例：汉文帝以德报怨收服南越赵佗。

赵佗以前是秦朝将领，楚汉相争期间在南越自立为王。汉朝建立后，赵佗向汉朝称臣，是汉初的诸侯王之一。吕后统治时期与赵佗闹翻，对南越实行经济封锁政策，赵佗也随即称帝，与汉王朝分庭抗礼，以兵戎相见。文帝即位后，终止了军事进攻，采取了向南越提供发展生产所需的耕牛、铁器、农具，修葺赵佗在真定（今河北正定）的祖坟并派专人按时祭祀，让赵佗的兄弟做官等一系列安抚政策。在汉文帝的感召下，赵佗谢罪称臣。

善战者不怒。

但是，当战争不可避免时，就要认真、积极地去面对。善于用兵的人，始终保持清醒理智，始终牢记为什么要打仗，把消除战争或争取胜利作为终极追求，不节外生枝，不被怒火等情绪左右。这样的人，知道战争是极度危险的事情，事关国家人民安危，决不为个人发泄情绪而误了军国大事。否则就是拿国家的命运和无数人的生命在赌气，这是用兵最忌讳的。《孙子兵法·火攻篇》有“主不可以怒而兴师，将不可以愠而致战”，说的就是不能因为怒火而轻易开启战端；《孙子兵法·计篇》有“怒而挠之”，说的是在具体交战中为了战胜对方而故意激怒他。

善胜敌者不与。

善于战胜敌人的人不是与敌人交手、杀得敌人血流成河，而是不战而屈人之兵。兵不血刃，是用兵的最高境界，体现出的是大智慧，更是对生命尊重的慈悲心。所以《孙子兵法》说“不战而屈人之兵，善之善者也”。

善用人者为之下。

除了要做到“善为士者不武”“善战者不怒”“善胜敌者不与”，还要善于管理人，才能做到不发生战争、消弭战争或者不战而胜。战争的关键因素是人，所以对人的管理应用至关重要。善于管理人的诀窍就是尊重大众的人格和权利，做到众志成城。

是谓不争之德，是谓用人之力，是谓配天、古之极。

善为士者不武，说的是不用武力争强；善战者不怒，说的是作战不是为了争口气；善胜敌者不与，说的是战争的目的不是为了与敌人通过交战争高下。这些都是不争之德。善用人者为之下，则是指善于用人。

这些做法是有根据的，都是符合自然、符合古代原始的最好做法。

【小结】

本章描绘了“善为士者”“善战者”“善胜敌者”“善用人者”的最高境界。他们都具有不争的品德、善于管理人的能力，都是与自然相一致，与古代原有的做法相一致。

六十九章

【导读】

本章继续论证“不争”在应对战争上应当采取的原则。

用兵有言：“吾不敢为主[①]而为客[②]，不敢进寸而退尺。”是谓行[③]无行[④]，攘[⑤]无臂[⑥]，执[⑦]无兵[⑧]，仍[⑨]无敌[⑩]。

祸莫大于轻敌，轻敌几丧吾宝。

故抗兵相若[⑪]，哀者胜矣。

【译文】

关于用兵有这样的话：“我不敢主动发动战争，而是采取防御策略；我不敢侵占别人一寸土地，而宁愿后退一尺。”这是说，有能够排兵布阵的军队却不去发动战争，有挽起袖子进行战斗的勇气却不出手挑衅，握着武器却让武器没有用武之地，这样就没有人与之为敌了。

灾祸没有比轻视敌人更严重的了，轻视敌人几乎把三宝之首的慈爱原则丢弃了。

所以规模实力差不多的两支军队对抗，怀着悲愤心情进行自卫的一方能够获得胜利。

【注释】

① 主：主动，这里指主动进攻、发动战争。
② 客：被动，这里指防守。
③ 行（háng）：军队的行列，这里指训练有素的军队。
④ 行（xíng）：行动。
⑤ 攘：捋起、挽起袖子，指有勇气。
⑥ 臂：伸出胳膊，指出手。
⑦ 执：拿着武器。
⑧ 兵：用兵器杀人。《史记·伯夷列传》："左右欲兵之。"
⑨ 仍：于是，就。
⑩ 敌：敌对，为敌。
⑪ 若：相同，差不多。

【解读】

用兵有言："吾不敢为主而为客，不敢进寸而退尺。"

这是引用用兵的一句格言。拥有军队的目的不是为了发动战争，而是保家卫国、捍卫和平。不敢去挑起战争，不敢去侵略别人，而是进行必要的防御准备，防患于未然。这样既威胁不到别人，又有遏制侵略的能力。不敢向前挑衅别人，不敢侵占别人的一寸领土；为了和平，为了避免战争，宁愿回退一尺。必要的有限度的忍让并不代表软弱可欺。

是谓行无行，攘无臂，执无兵，仍无敌。

本句是对上面用兵格言的解读。

"行无行"，第一个"行"是军队的行列，指拥有能够排兵布阵、训练有素的军队。后一个"行"是行动。整句话就是有能够排兵布阵、训练有素的军队，却不去挑起战争。这是以防御为主导的国防战略。也是贯彻第三十章"以道佐人主者，不以兵强天下”的精神体现。

“攘无臂”，攘是挽起袖子准备出手的动作，指有勇气、有能力出手。臂，出手的意思。整句话就是，不畏惧战争，有勇气、有能力随时出手作战，但却不会主动出手去攻击别人。

“执无兵”，手里拿着武器，时刻准备着保家卫国，但武器却没有用武之地。

“仍无敌”，这句话是结论。国家有训练有素的军队，有勇敢的兵士，有精良的武器来保护，让有觊觎之心的他国不敢轻举妄动；又不去侵略别人，奉行和平主义，所以其他国家也就没理由与我们为敌了。

以上四句，说的是拥有军队的目的不是为了发动战争，而是为了维护和平。拥有的军队不是摆设，而是训练有素、武器精良、有强大止战实力的队伍。需要说明的是，拥有军队是在国与国争端频发、世界并不太平的特殊时代的产物。

原文校对情况：

“行无行，攘无臂，执无兵，仍无敌。”河上公本、严遵本、傅奕本、张镇南本均如此，帛书本四句的顺序与前面几家的一致，“仍无敌”作“乃无敌”，“仍”与“乃”意思相同，都是“于是，就”的意思。王弼本虽然作“行无行，攘无臂，扔无敌，执无兵”，但他的注解却是“用战犹行无行，攘无臂，执无兵，扔无敌也。言无有与之抗也”，把“扔无敌”置于“执无兵”之后，与前面几家的一致。

祸莫大于轻敌，轻敌几丧吾宝。

面对战争的危险，最大的祸患就是轻敌。为什么？因为轻敌就是没有把战争的残酷性放在心上，不去预防战争，不去努力制止战争，不去为降低战争损失做准备。而战争的残酷性首先表现在对生命的大规模杀戮上，因此，轻敌就是漠视生命。漠视生命的人怎么会有慈爱呢？所以说，轻敌几乎把慈爱这个看家宝贝都丢了。

原文校对情况：

“轻敌”，王弼本、河上公本、严遵本如是，帛书甲本作“无適”、乙本作“无敌”，傅奕本作“无敌”，张镇南本作“侮敌”。

故抗兵相若，哀者胜矣。

两支规模实力差不多的军队对抗，充满悲哀、悲愤的一方会取得胜利。

要明白这句话，先要明白什么是哀者。哀者是充满爱心、充满悲伤、充满愤恨、充满斗志、战斗力爆表的人。他们生活在慈爱的国度里，君主慈爱民众，民众爱戴君主，家庭充满天伦之乐，民众彼此之间像家人一般和谐共处。他们很珍惜这种美好生活。但侵略者要打进来了，国家面临灭亡、同胞面临生死、家庭面临离散、财产面临损失、好日子面临到头的威胁，哀者为国家、为亲人、为同胞、为自己的生死充满悲伤和忧愁。他们不甘心做待宰的羔羊，为了国家、亲人和同胞的生死，他们愤怒地团结起来进行反抗。因为他们为自己、亲人、国家的生死存亡而战，所以有大无畏的精神和义无反顾的斗志去同侵略者进行殊死搏斗，因此战斗力惊人。反观侵略者，不过是为了掠夺他国的土地和财物，追求的含金量远远低于生死和亲情，战斗力与哀者自然不在一个等级。因此，同样规模实力的两支军队，为了反抗侵略、充满悲哀悲愤的一方最终会取得胜利。其本质是正义战胜非正义。这也是“哀兵必胜”成语的由来。

如果反抗者不是哀者，则情况就不一样了。如果在一个没有慈爱的国度，统治者把民众当牛羊般地无节制压迫剥削，上下势同水火，人与人之间尔虞我诈、关系冷漠，那么在受到侵略时，就不存在哀者，也就不会有必胜的结果。

原文校对情况：

“相若”，帛书本、傅奕本、张镇南本如此，王弼本、河上公本作“相加”，严遵本无此句。王弼本虽然作“相加”，但其注解却是“加，当也”。当，有“对等、相当”的意思，与“若”意思一致，而“加”这个字没有“当”的这个意思，因此抄错的可能性极大。

【小结】

还是讲以慈悲为怀。因为慈爱，所以要重视战争的危害，既不去发动战争，更要重视预防战争，防止战争的爆发。拥有军队的目的不是为了发动战争，而是为了维护和平。不幸发生战争，要尽量减少伤亡。轻敌则是对战争残酷性和人民生命财产权的漠视，不是慈爱者所为。最后指出，为了抵抗侵略的正义战争，必定众志成城，获得最后胜利。

本章是对前两章的继续阐述。

七十章

【导读】

要按照前面阐述的原则办事，首先要做到明事理，即懂得说话、做事要有根据和遵循。

吾言甚易知，甚易行。天下莫[①]能知，莫能行。言有宗[②]，事有君[③]。夫唯无知，是以不我知[④]。知我者希，则[⑤]我者贵。是以圣人被褐[⑥]怀玉。

【译文】

我的话很容易理解，很容易实行。天下人却不能理解，不能实行。说话有根据，做事有遵循。正是因为天下人没有明白这个道理，所以才不理解我说的话。理解我的人很少，效法我的人很可贵。所以圣人虽然衣着简陋，但拥有宝玉一般贵重的品质。

【注释】

① 莫：不。
② 言有宗：说话有根据。宗：本源，根据。
③ 事有君：做事有主导。君：主宰，主导。
④ 不我知：倒装句，不知我，不理解我。
⑤ 则：效法，学习。
⑥ 被褐：穿着粗布衣服。被（pī）：穿着，后写作“披”。褐：用大麻、兽毛等经简单加工而织成的衣服，指粗布衣服。

【解读】

吾言甚易知，甚易行。天下莫能知，莫能行。

前面讲了这么多，我的话很容易理解，也很容易做到。但天下的人却不理解，不去做。为什么呢？

言有宗，事有君。

说话要有根据，不能凭主观想什么说什么，否则就是信口开河，毫无信用可言；做事要有遵循，不能凭主观为所欲为，否则就是毫无章法的胡乱作为。

这是说话、做事应当遵守的基本原则。《道德经》通篇贯彻这一原则，因此逻辑缜密。同时也强调，《道德经》里所说的话、所倡导做的事都有依据，并非主观臆想。

夫唯无知，是以不我知。

天下人不明白这个道理，不懂得按照这个原则说话、做事，因为他们想怎么说就怎么说、想怎么做就怎么做，毫无章法。所以，对于我说的道理他们不明白，也不想明白。也就是说，我说的道理和他们的行事方式是两条互不相交的平行逻辑，所以他们听不懂、做不到。

知我者希，则我者贵。是以圣人被褐怀玉。

现实情况是，懂我的人很少，按照我说的去做的人非常难得。圣人就是属于这一类。所以圣人虽然衣着简单，生活朴素，但却胸怀大道，品德高贵。

【小结】

本章阐述了大道很容易实行但却行不通的原因。是因为人们（主要是统治者）只愿意按照自己的主观意愿去说去做，而不懂得说话要有根据、做事要有遵循的基本道理。

七十一章

【导读】

接上一章。要做到明事理，需要树立怎样的认识观？

知不知①，上②；不知知③，病④。夫唯病病⑤，是以不病。圣人不病，以其病病，是以不病。

【译文】

知道自己有不知道的事情，是优点；不知道却自以为知道，是毛病。只有害怕患上这个毛病，所以才不会有这个毛病。圣人不会有这个毛病，因为害怕患上这个毛病，所以才不会有这个毛病。

【注释】

① 知不知：知道自己有不知道的事情。

② 上：上等，优点。有的传本作“尚”，意思一致。

③ 不知知：不知道装作知道。
④ 病：毛病，缺点。
⑤ 病病：害怕患上这种毛病。第一个“病”，担心、忧虑、害怕。第二个“病”，毛病、缺点。

【解读】

知不知，上。

人的认知能力极其有限，我们对世界上大多数的事物都不知道或搞不清楚，对未来也是如此。知道自己有不知道的东西，这是认识世界的客观态度，是值得肯定的。知道自己有不知道的东西，就会有所敬畏而不会凭主观而轻举妄动，就会正视自己的不足而努力学习、修正，就会少犯错误。

不知知，病。

明明不知道，却根据主观想象、推测以为自己知道，或者装作知道，这就是毛病了。这样的人做事想当然，是主观主义，是人的通病。在日常生活中，这样的情况很多。

夫唯病病，是以不病。

把不懂装懂、做事想当然作为毛病看待，时刻远离它、预防它，这样就不会犯这个毛病。就如第十三章的“贵大患若身”。

原文校对情况：

帛书甲、乙本均无“夫唯病病，是以不病”这句。

圣人不病，以其病病，是以不病。

圣人是不会得这个毛病的。因为他客观看待世界、因循自然而为，把不懂装懂、自以为是当成毛病去对待，因此不会有这种毛病。

【小结】

此章讲认识世界的正确态度，指出客观认识事物的重要意义。只有客观地认识世界，就会做到不自见、不自是、不自伐、不自矜。

本章是对上章“知”与“行”的进一步论述。下章开始讲“知”在治国实践中的重要作用。

七十二章

【导读】

接上一章。做到了明事理，在社会治理上就会去做该做的事、不做不该做的事，这就是“事无事”原则。本章予以阐述。

民不畏威①，则大威至。

无狭②其所居③，无厌④其所生⑤。夫唯不厌，是以不厌⑥。

是以圣人自知不自见⑦，自爱不自贵。

故去彼取此。

【译文】

在治理混乱的社会，民众不害怕统治者的惩罚了，统治者就会用更严厉的惩罚手段来对付他们，社会矛盾就会进一步升级。

正确的做法是，不要限制民众的生活方式，不要压迫他们的生存空间。因为不压迫民众，所以才不会引发民众的厌恶。

所以圣人自己知道这些道理，不会做出限制、压迫民众的事情；圣人爱惜自己，却不会把自己看得比别人高贵。

因此，采取正确的治理方式，抛却错误的做法。

【注释】

① 威：惩罚，威慑。
② 狭：使狭小，指挤压、限制。
③ 居：生活。
④ 无厌（yā）：不压迫。厌：逼迫，压迫。下句“夫唯不厌”的“厌”也是此意。
⑤ 生：生存。
⑥ 厌（yàn）：厌恶。
⑦ 见：同“现”，出现，表现。

【解读】

民不畏威，则大威至。

在主观妄为、阶级对立的社会，统治者与民众是压迫与被压迫、剥削与被剥削的矛盾关系。有压迫就有反抗，当民众无法忍受统治者的暴虐统治时就会进行挣扎、抗争，统治者就会用更严厉的手段去对付民众。这样，双方的矛盾就会不断加深，彼此的对立斗争就会不断升级，局面就失控了。出现这样的社会问题，说明治理方式是错误的。

无狭其所居，无厌其所生。夫唯不厌，是以不厌。

正确的做法是和谐共处。不与民众搞成对立，不要去挤压民众的生存空间，不去压迫他们的生活。没有压迫自然也就没有了反抗。民众安居乐业，社会就会长治久安，统治者就会永享太平，何乐不为？

原文校对情况：

“狭”，河上公本、严遵本、张镇南本如是，帛书甲本作“闸”、乙本作“伄”，王弼本、傅奕本作“狎”。

是以圣人自知不自见，自爱不自贵。

圣人深知这其中的利害关系，所以不会做出限制民众、压迫民众、让民众厌恶反感的事情。“见”，是“表现，做出”的意思。

人生在世，都要爱惜自己，好好生存。圣人爱惜自己，推己及人，也会爱惜别人，所以不会把自己看得比别人贵重而轻视别人。一方面，圣人爱惜自己的生命，当然不会将自己置于矛盾对立的危险旋涡之中，这与第三十六章的“鱼不可脱于渊”一致；另一方面，圣人知道互相尊重、和谐共处才是长久之道，所以爱惜自己，也会爱惜别人，这是互相尊重、平等相处思想的体现。这与第二十章的“人之所畏，不可不畏”相呼应。

故去彼取此。

因此，哪种治理方式正确也就一目了然了。抛弃强权统治，走和谐共处之路。

【小结】

本章揭示了人类社会管理上的规律，也是客观规律的组成部分。

压迫民众，必然遭到民众的反抗。所以统治者不要去限制民众、压迫民众，而要与民众和谐共处、平等相待。

七十三章

【导读】

明事理，做事就要有底线。没有底线的胆大妄为与守底线的谨慎作为，各自有什么样的后果？这背后又有怎样的玄机和因果？本章予以阐述。

勇①于敢②，则杀③；勇于不敢，则活。此两者或利或害。天之所恶，孰知其故？是以圣人犹难之④。

天之道⑤，不争而善胜，不言而善应，不召而自来，繟然⑥而善谋。天网恢恢⑦，疏而不失。

【译文】

敢于去做胆大妄为的事情，通向的是死路；敢于不去做胆大妄为的事情，通向的是生路。这两种做法，一种有利，一种有害。上天所厌恶的，有谁知道其中的缘故吗？所以圣人对待胆大妄为像对待灾难一样。

大自然的运行法则是，不争却善于取胜，不干预却善于妥善应对，不用邀请却能自动而来，不慌不忙却善于规划好一切。天网广大，虽然网眼稀疏无形，但不会漏掉任何东西。

【注释】

① 勇：勇敢，敢于。
② 敢：有胆量，指胆大妄为、无所畏惧。
③ 杀：死。
④ 犹难之：像看待灾难一样重视它。难（nàn）：灾难，危险。
⑤ 天之道：上天的运行法则，大自然的运行法则。天：上天，大自然。
⑥ 繟（chǎn）然：坦然，不慌不忙的样子。严遵本作“坦然”。
⑦ 恢恢：广大，宽广。

【解读】

勇于敢，则杀；勇于不敢，则活。

天下没有不敢干的事情，没有不敢去的地方，没有害怕的东西。敢于冒险，不怕危险，看起来确实很勇敢，但这样的人往往死路一条。原因很简单，不拿命当命。

小心谨慎，不敢去做冒险的事情，这样的人却活得长久。原因也很简单，始终把健康安全放在首位，把命看得比什么都重要，这符合生存第一的原则。所以这样的人才是真的勇敢。

这两句简单地说，胆大妄为是死路，小心谨慎是活路。

此两者或利或害。

胆大妄为有害，谨慎小心有利。

天之所恶，孰知其故？是以圣人犹难之。

上天为什么厌恶胆大妄为的人呢？通过前面的学习我们知道，世界是规律运行，是讲秩序的，作为顺应规律而产生的人类，遵循规律法则是必须的，是有底线的。而无所畏惧、为所欲为显然与之相悖。

不符合大自然的，不做就是。所以圣人把上天所厌恶的胆大妄为像灾难一样去对待。既然不是主宰者，就做好遵从者。

原文校对情况：

“是以圣人犹难之”，帛书乙本、严遵本、张镇南本没有这句话，王弼本、河上公本、傅奕本有。

天之道，不争而善胜，不言而善应，不召而自来，繟然而善谋。天网恢恢，疏而不失。

以道为核心的大自然是一个成熟的运行体系，它的运行法则是：从来不与万物争什么，但也没有什么能争得过它，因为它是主宰，一直在有序运行；从来不说什么，但把世界打理得有条不紊，把万物管理得妥妥当当；它不请自来，因为它本来就无处不在；它看起来松松散散、不慌不忙的样子，却把一切都计划得周密细致，让世界按固有的规划运行。上天就好像一张大网，装着整个世界，虽然网眼很稀疏，但一切尽在掌控，无一遗漏。

意思很明确，这个世界有说了算的，是按照规律法则有序运行的。大家都应该守规矩。

这既是对“天之道”的描绘，也是“天之所恶，孰知其故”的答案。

原文校对情况：

“繟然”，王弼本、河上公本如是，帛书甲本作“弹然”、乙本作“单”然，严遵本作“坦然”，傅奕本作“默然”，张镇南本作“不言”。“繟然”与“坦然”意思相近。

【小结】

要正确认识“敢”与“不敢”。人生真正的勇敢是遵循规律、谨慎行事；胆大妄为、我行我素不是勇敢，而是冒险。

上天（大自然）有自己的运行规则和因果之道。人应该遵循规则，重视因果，以不争的态度处世。

后半部分是前半部分的依据。

七十四章

【导读】

正如上一章所说，大自然的有序运转得益于有一个好的运行机制，人类的社会治理也一样，而带有强制性的律法只能起到辅助作用。

民不畏死，奈何以死惧之？若使民恒①畏死，而为奇②者，吾得③执④而杀之，孰敢？

恒有⑤司杀者⑥杀。夫代司杀者杀，是代大匠⑦斲⑧。夫代大匠斲者，希有不伤其手矣。

【译文】

社会矛盾激化，民众被逼迫到了不怕死的地步，用死来吓唬他们还管用吗？如果做到了让民众生活幸福，一直害怕死亡，而对于作恶的人，我们可以抓起来杀掉，谁还敢作恶呢？

要一直设有负责杀人的机构去做杀人的事情。代替负责杀人的机构去随意杀人，就是代替高明的木匠去砍木头。那些代替高明的木匠砍木头的人，很少不砍伤自己手的。

【注释】

① 恒：永远，一直。王弼本作“常”。下文“恒有司杀者杀”的“恒”同此。
② 为奇：作恶。奇：诡诈，邪恶。
③ 得：可以。
④ 执：捉拿，抓起来。
⑤ 恒有：一直设有。恒：王弼本作“常”。
⑥ 司杀者：负责杀人的机构。司：掌管，负责。
⑦ 大匠：技术水平很高的木匠。
⑧ 斲（zhuó）：砍，砍削。

【解读】

民不畏死，奈何以死惧之？

因为治理体制有问题，导致社会混乱，民不聊生，矛盾突出，民众被逼迫到了活不下去、不怕死的地步，用杀人来威胁还管用吗？如果到这种地步，局面已经失控，统治者与被压迫的大众只有你死我活的斗争了。发生这样的问题，根本原因在于治理方式是错误的。

同时也说明，如果治理体制有问题，必然导致社会混乱、问题多发，即使律法再严苛也无法扭转社会乱局。

若使民恒畏死，而为奇者，吾得执而杀之，孰敢？

如果采取正确的治理方式，则社会和谐，民众富足，人们的生活充满幸福感。如果社会一直保持这样，人们自然珍爱生命，留恋生活，害怕死亡。这时候如果还有人敢为非作歹，就可以动用律法，把他抓起来杀了，那么就不会再有人敢胡作非为了。

这也同时说明，一个好的治理体制会让社会沿着正轨发展。问题少，律法就容易发挥作用。

因此，治理体制才是社会健康发展的根本，律法发挥的是辅助作用。

道、德、仁、义、礼这五种治理体制好比是不同的道路，而律法好比是道路两侧的护栏。道和德代表的道路很平坦，人们走在这样的道路上很舒服，所以即使护栏非常低矮，甚至没有，也很少有人会翻越护栏。而仁、义、礼代表的道路，路况一个比一个崎岖、一个比一个难走，所以即使将护栏修得再高，也难以阻挡越来越多的人去翻越护栏出去走别的道路。

恒有司杀者杀。

人命关天。剥夺他人生命是一件非常严肃、慎之又慎的事情，所以必须设置专门的机构去做杀人的事情，包括立法、审理、定罪、执行死刑。其他任何人没有权力去非法剥夺他人生命。否则，诸侯、士大夫人人都可以私设刑场，随意剥夺他人生命，这是非常可怕的。

这也同时说明，律法应当由专门的机构去按程序执行。

夫代司杀者杀，是代大匠斲。夫代大匠斲者，希有不伤其手矣。

残酷的事实是，周朝的诸侯、士大夫都有私设刑狱的权力，视民众生命如草芥。《道德经》打了一个形象的比喻，说那些代替专门负责杀人的机构去杀人的人，就像是替技术高超的木匠砍木头，很少有不砍伤自己手的。强调随意杀人、私自杀人会带来祸患，以此来警告统治阶层尊重生命权。你随意杀人，别人也就有了随意杀你的想法，一旦因利益起争端，对手会果断出手要你的命，于是大家的命就都不值钱了。一部春秋史，统治阶层有很多父子兄弟相残、士大夫弑君的事例，原因就在于妄杀、滥杀。天有好生之德，尊重生命才是正道。

以上既是对尊重生命、保障生命权的阐述，也是对以道德为主、以法治为辅治理社会的阐述。

关于道德与法的关系。道德是正道的代名词，它决定着人类前进的方向，因此是社会治理的根本途径。而法是对绝大多数人的保障和对极少数违规者的惩罚，所以只能处于辅助地位。

【小结】

本章很重要，阐述了以遵循自然规律（道德）为主、以法律规范为辅的治国思想。

以道治国，让民众过上幸福的生活，则民众必然珍爱生命，而对于个别作奸犯科的人，用法律加以惩罚，保障社会和谐安定。同时强调必须尊重人的生命权，要设立专门的机构审理、执行杀人事宜，避免随意剥夺他人生命。

这也许是我国最早提出以道德为主、法治为辅治理国家，最早提出依法保障人的生命权的著作。韩非作《解老》《喻老》，后为法家代表。所以史学家称法家出自道家，这是有一定道理的。

七十五章

【导读】

人生在世，应该树立怎样的人生观？本章将对“味无味”原则进行论证。

民之饥，以其上[①]食税[②]之多，是以饥。
民之难治，以其上之有为，是以难治。
民之轻死，以其求生之厚[③]，是以轻死。
夫唯无以生为[④]者，是[⑤]贤[⑥]于贵生[⑦]。

【译文】

民众之所以吃不饱，是因为统治者征收他们的粮食赋税太多，所以吃不饱。

民众之所以难以治理，是因为统治者太主观妄为，上行下效，所以难以治理。

民众之所以不把死当回事，是因为他们过于追求优厚的生活，甘于冒险，所以不把死当回事。

只有不认为人生应当有作为的人，才比那些太把人生当回事的人高明。

【注释】

① 上：统治者。
② 食税：征收粮食赋税。古代以农业为主，所以赋税也以粮食为主。泛指收税。
③ 求生之厚：追求优厚的生活，追求生活享受。
④ 无以生为：不认为人生应当有作为。以：以为，认为。
⑤ 是：表示肯定或加强肯定之词。
⑥ 贤：好。
⑦ 贵生：重视人生价值，太把人生当回事。贵：重视。

【解读】

民之饥，以其上食税之多，是以饥。

在古代，虽然生产力水平低下，产出低，民众辛苦劳作也能吃饱维持生计。然而，由于不劳而获的统治阶级的横征暴敛，赋税之后人们剩下的粮食就不够吃了，忍着饥饿从事劳动是他们的生活常态，这也是古代民众寿命一直很短的主要原因。如果再碰上战争，不多的粮食也会被征走、抢夺，日子就难以维系了。在统治者压榨之下，民众生活异常艰难。让种粮食的吃不上饭，让广大民众长期生活在苦难之中，把压迫、剥削他人作为成功者的标志，这是自诩文明的人类的最大悲哀。

本是同根生，相煎何太急！

民之难治，以其上之有为，是以难治。

统治者不遵守自然规律去治理社会，而是凭借自己的主观意愿任意作为。上行而下效，民众也主观作为，各行其是，所以难以治理。

民之轻死，以其求生之厚，是以轻死。

在统治者有为的统治模式下，人们的欲望之门已经被彻底打开，享受生活成了全社会的目标追求。一方面，人们为了最大限度地满足自身感官需求而拼命获取更多的物质财富、掌控更多的社会资源；另一方面，人们为了满足精神上的虚荣而拼命追求更高的名声地位，在比别人生活得更好的对比中去追求幸福感。但社会资源有限而追逐者无穷，个人能力有限但欲壑难填，因此追求享受必然是一条凶险的道路，把生命置之度外也就在所难免了。另外，在有为的体制下，人人对未来没有安全感，所以只有把占有更多的资源来作为心理保障。

当今社会，过度享受生活所带来的安全健康隐患同样不容小觑。这从另一个角度说明了追求享受的危害。

原文校对情况：

“以其求生之厚”，在主要参考传本中，只有傅奕本在“其”后有“上”，其他均没有。在其他参考传本中，只有杜道坚本、北京延祐石刻本有“上”，其他均没有。

注意，本句与前两句不同，绝大部分传世古本在“以其”之后都没有“上”。这是说人的共性，而不仅仅局限于统治者。但不能否认，统治者确实是始作俑者。

夫唯无以生为者，是贤于贵生。

从前文可以看出，在有为的社会，统治者不劳而获，剥削、压榨民众的劳动成果被看成是有地位、有作为的表现，却造成了民众连饭都吃不饱；统治者凭着自己的主观意志为所欲为，却把社会搞得一团混乱而难以治理；人们为了追求生活享受，都到了把生死置之度外的程度。这些乱象都是因为社会推崇大有作为的价值观导致的。

出人头地、荣华富贵、人过留名的价值观，让多少人前赴后继为之争斗。争斗过后不过是遍体鳞伤、一片狼藉。几千年古代社会的乱象已经说明了一切。而当今人类生存环境的急剧恶化，更应该引发我们的思考。在茫茫宇宙中，人类不过是世界演化过程中的瞬间。所以，那些顺应自然、不把人生当回事的人，比重视人生作为、重视人生发挥价值的人高明得多。也就是无为高于有为。

注意，贵生不是摄生。摄生是养护生命，贵生是让生命发挥人们主观认为的价值。

【小结】

本章阐述了民众食不果腹、难以治理、漠视生死等社会问题的根源是崇尚有为。

七十六章

【导读】

为人处世、社会治理，要有正确的行事方式，那就是第三十六章所阐述的“柔弱胜刚强”。本章将进行具体论证。

人之生[①]也柔弱[②]，其死也坚强[③]。万物草木之生也柔脆，其死也枯槁[④]。故坚强者死之徒，柔弱者生之徒。

是以兵强[⑤]则不胜，木强[⑥]则共[⑦]。强大处下，柔弱处上。

【译文】

人在活着的时候身体是柔软的，死后就变得坚硬了。万物中的草木在活着的时候是柔脆的，死后就变得干枯了。所以，强硬的东西属于死的一类，柔软的东西属于有生命的一类。

所以，用武力逞强并不会取得最终的胜利，树木长得太快就会弯曲。追求强大是下策，柔弱处事才是上策。

【注释】

① 人之生：人活着。
② 柔弱：柔软。
③ 坚强：强硬，坚硬。
④ 枯槁（gǎo）：干枯。
⑤ 兵强：武力逞强。
⑥ 木强：树木逞强，指树木急于长高长大。
⑦ 共：同“拱”，弯曲成弧形。如拱桥、拱门。

【解读】

人之生也柔弱，其死也坚强。

人活着身体既柔软又有韧性，死了就变得僵硬了。

万物草木之生也柔脆，其死也枯槁。

万物之中的草木一类，活着的时候是柔脆的，死后随着水分的蒸发，就变得干枯。

故坚强者死之徒，柔弱者生之徒。

通过上面两个例证，说明强硬是死亡者表现出的特点，柔弱才是生存的表现。以此推出人生应当以柔弱的态度面世，而不应该强硬。

是以兵强则不胜，木强则共。

因此，依靠强硬的武力手段去称霸天下并不能赢得天下，即使暂时得逞也不会维持长久，只有得民心者才能真正得天下。另外，拥有强大的军队耗费巨大，国家容易被拖垮，前文已经做过阐述。唐太宗李世民也说过：“兵者，凶器，不得已而用之……自古以来，穷兵极武，未有不亡者也。”（见《贞观政要》）

树木一味追求快速长高，终究会因营养跟不上造成木质疏松而弯曲变形。

这都违反了“弱者，道之用”的规律，违反了潜移默化、循序渐进的自然发展规律，是欲速则不达，所以不会成功。

对于社会个体而言，道理也一样。

原文校对情况：

“共”，河上公本、严遵本、傅奕本、张镇南本如此；《列子·黄帝篇》《淮南子·道训》作“折”，折有“弯曲”的意思；王弼本作“兵”，帛书甲本作“恒”，帛书乙本作“兢”。

强大处下，柔弱处上。

因此，追求强大是下策，用柔弱之法才是上策。第三十六章提出“柔弱胜刚强”的行事理念。其源头依据是第四十章的“弱者，道之动”。第四十二章根据世界产生过程推出“强梁者不得其死”的论断。第五十二章又根据“母子”（本源与被产生者）的逻辑关系，推出作为“子”一方行事应当“守柔”。加上本章的内容，都是在论证“柔弱胜刚强”。

【小结】

本章通过生命的柔弱和死亡的强硬为例，讲述了柔弱处上、强大处下的道理。

七十七章

【导读】

要实现社会和谐稳定，对生产生活资料的分配制度有怎样的要求？本章进行论证。

天之道，其犹张弓[①]欤[②]？高者抑[③]之，下者举[④]之，有馀[⑤]者损之，不足者补之。

天之道，损有馀而补不足。人之道则不然，损不足以奉有馀。孰能有馀以奉[⑥]天下？唯有道者。

是以圣人为而不恃，功成而不处。其不欲见贤[⑦]。

【译文】

大自然的运行法则，不就和拉弓射箭一样吗？射高了就向下压一压，射低了就往上抬一抬。多了的就减一减，不足的就补一补。

大自然的运行法则是，减损宽裕的去补充不足的。现实中人类的做法却不是这样，衣食不足的民众在供养富有的统治者。谁能将宽裕的部分供给天下不足的群体呢？只有按道行事的人才会做到。

所以圣人为天下做了事情而不仗着自己有本事，为天下做出了成就而不看作自己的功劳，这是不想表现出比别人高明。

【注释】

① 张弓：开弓射箭。
② 欤（yú）：疑问词，用于句末，相当于“吗”。
③ 抑：向下压，按。
④ 举：抬起。
⑤ 馀：剩余，有余。帛书本、张镇南本作“余”。
⑥ 奉：献给，供给。
⑦ 见贤：显示高明。见（xiàn）：同“现”，表现，显露。

【解读】

天之道，其犹张弓欤？高者抑之，下者举之，有馀者损之，不足者补之。

大自然的运行遵循均衡的法则。就像射箭一样，射高了就向下一些，低了就向上一些。给多了的减一减，给少了的补一补。

天之道，损有馀而补不足。人之道则不然，损不足以奉有馀。

大自然的做法是减损有余的去弥补不足的。人也应该效法大自然这样去做。但现实却是，衣食不足的民众一直在供养着富有的统治者。结果贫富差距越来越大，造成了“朱门酒肉臭，路有冻死骨”的社会悲剧。这是有违自然法则的。

“损有馀而补不足”延伸到个体的意义就是，以平等均衡之心对人，就能做到心态平和，减少人与人之间的矛盾，实现和谐相处；以均衡之法对己，把人的一生作为一个整体来看，比如对待身体，在年轻鼎盛时期节约身体用度，就能在年老体衰的时候保持身体健康；反之如果年轻时太能折腾，年老时必会疾病缠身而痛苦不堪。

孰能有馀以奉天下？唯有道者。

消除这种不均衡的现象，让人人都能有饭吃有衣穿，获得最起码的生存条件，只有按道行事的人才能做到。这句既提出了天下均衡的治理理念，也表达出了有道之人达济天下的慈悲之心。均衡，对民众确是有很大的吸引力。历史上有多次农民起义的发起者，都因为打着“均田地”或“均贫富”的口号而得到广大生活艰难的农民响应，但口号归口号，等到他们成功了还是沿用老一套剥削机制，从未实现过真正的均衡。

天地生万物，就有养活万物的能力。天下的资源如果均衡使用，能满足每一个人的需求；但如果有多占的，就有不足的。损有余以补不足，就是让满足者不贪占不浪费，让多余的东西给需要的人，避免两极分化。比如人赖以生存的粮食，多占的用不了造成浪费，缺少的却会忍饥挨饿甚至丧命。如果均衡处理，就没有饥饿，没有浪费。在功利主义、剥削体制下，人人都喜欢锦上添花，很少人愿意雪中送炭。而有道之人则不同，他们遵循大道精神，以均衡发展、和谐共生为治理理念，在施行制度扁平化的基础上，重点帮扶弱势群体，减少贫富差距，消除矛盾对立。

是以圣人为而不恃，功成而不处。其不欲见贤。

既然上天（大自然）采取的策略是均衡，圣人再显山露水、出人头地就不合适了。所以，虽然做了贡献但不会自恃能力出众，成功了也不会将功劳算在自己头上。这也是效法大道无名无欲的精神。

【小结】

本章提出了治理天下的均衡理念。

要想天下太平，治理就要向大自然学习，倡导均衡公平，而不是贫富差别，更不是剥削和压迫。

七十八章

【导读】

向水学习，一个合格的统治者应该具有怎样的包容担当？本章予以阐述。

天下莫柔弱于水，而攻坚强者[①]莫之能胜[②]，以其无以易[③]之。

弱之胜强，柔之胜刚，天下莫不知，莫能行。

是以圣人云："受国之垢[④]，是谓社稷[⑤]主；受国不祥[⑥]，是谓天下王。"

正言若反。

【译文】

天下没有什么比水更柔弱的了，然而攻打它的坚硬物体没有能胜过它的，因为坚硬的物体没有办法改变它。

弱的行事方式胜过强硬，柔的行事方式胜过刚猛，天下没有人不知道，但没有人这样做。

所以圣人说："能够为国家忍辱负重的，才是称职的君主；在国家危难之时能够经受住考验的，才能成为天下的君王。"

正面的话听起来像反话一样。

【注释】

① 攻坚强者：攻击水的坚硬东西。坚强：坚硬。

② 莫之能胜：即莫能胜之，没有谁能胜过它。

③ 易：改变。

④ 受国之垢：能够承受国家的耻辱。垢：耻辱。

⑤ 社稷：国家。"社"指土神，"稷"指谷神，古代君主都祭社稷，后用"社稷"代表国家。

⑥ 不祥：灾难，灾祸。

【解读】

天下莫柔弱于水，而攻坚强者莫之能胜，以其无以易之。

水是天下看得见的最柔软的物质。任何坚硬的东西，不管是金属还是石头，对水发起攻击都不会取胜。因为坚硬的东西击打水后，水又很快恢复原样，不屈不挠，始终保持本色。它能屈能伸、能进能退、能包容能忍让，坚硬的东西拿它无可奈何。正是：投石击水水花落，抽刀断水水照流。《淮南子·原道训》说水"击之无创，刺之不伤，斩之不断，焚之不然，淖溺流遁，错缪相纷，而不可靡散"。

原文校对情况：

"莫之能胜"，王弼本、帛书甲本、河上公本如此，严遵本、傅奕本、张镇南本作"莫之能先"。先，领先，胜过。意思一致。

"以其无以易之"，帛书本、傅奕本作"以其无以易之也"，河上公本作"以其无能易之"，王弼本、严遵本、张镇南本作"其无以易之"。

弱之胜强，柔之胜刚，天下莫不知，莫能行。

柔弱的行事方式胜过刚强，这个道理天下人都懂，却没有人去做。

为什么？十年育树，百年育人；杀人容易，而教化人难。在功利社会，倡导见效快，喜欢一蹴而就，不愿意多花时间和心思，也不愿意忍让包容。所以在奴隶社会、封建社会，对待大众采取的手段是高压暴力，斩草除根是常见的惩罚措施，因为简单易操作。

是以圣人云："受国之垢，是谓社稷主；受国不祥，是谓天下王。"

水的特点就是隐忍、能屈能伸。流水遇到阻挡就绕行，绕不过去就停下来，汇聚成水洼、湖泊，而一旦越过阻挡就继续前行。作为国家的君主，当国家遭受耻辱时，为了国家大局，需要忍辱负重。比如强敌发难、无力与之对抗时，不要与之硬拼，而是像水遭受坚硬物体打击一样与之周旋，隐忍待发；当国家遭受灾难时，要勇于担当，要经得起考验，像水遭受硬物入侵一样不言放弃，带领国民一起应对灾难，战胜灾难。欲握玫瑰必承其伤，欲戴王冠必承其重。比如汉文帝刘恒就下诏声明：百官的错误和罪过，皇帝要负责。这是一种担当。

原文校对情况：

"是谓天下王"，帛书本、河上公本、严遵本、傅奕本、张镇南本、淮南子本如是，王弼本作"是为天下王"。

正言若反。

正面的话听起来像反话。这里是说，"受国之垢是谓社稷主，受国不祥是谓天下王"和"弱之胜强，柔之胜刚"一样，正话听起来都像反话。

【小结】

坚硬的东西入水，水的原则是你进我退，你退我进，让你无可奈何。这是一种包容式的以柔克刚的处事方式。

只有为了国家利益像水一样能屈能伸、包容担当的统治者，才是称职的君主。

七十九章

【导读】

第六十三章提出了解决社会矛盾用“报怨以德”的方法。本章将予以论证。

和大怨①，必有余怨，安②可以为善？
是以圣人执左契③，而不责④于人。
故有德⑤司契⑥，无德司彻⑦。
天道无亲⑧，恒与善人⑨。

【译文】

大的矛盾虽然暂时得到化解，必然会留有残余的矛盾无法根除，这怎么能算是好的治理方式呢？

所以圣人治理天下，类似把东西借给别人只保留借据，却不向别人索要借出的东西。

因此，有德的统治者帮助民众，而不要求回报；无德的统治者却只管向民众征税。

自然法则无所偏爱，总是帮助善于按照自然法则（规律）行事的人。

【注释】

① 和大怨：化解了大的怨恨、矛盾。怨：怨恨，矛盾。

② 安：怎么，哪里。

③ 执左契：拿着契约的左券。古代的契约，用竹木制成，中间刻横画，两边刻相同的文字，记财物的名称、数量等。劈为两片，左片就是左契，刻着负债人姓名，由债权人保存；右片叫右契，刻着债权人的姓名，由负债人保存。财物归还时，以两契相合为凭据。

④ 责：索取，索要。

⑤ 有德：指遵道而行的人。德：遵道而行的品质。

⑥ 司契：掌管契约。司：掌管。

⑦ 司彻：掌管税收。彻：周代的田税制度。

⑧ 无亲：无所偏爱。

⑨ 恒与善人：总是帮助善于按照自然法则（规律）行事的人。恒：一直，总是。王弼本作“常”。与：帮助。善人：善于按照自然法则（规律）行事的人。

【解读】

和大怨，必有余怨，安可以为善？

如果社会治理不走正道，即使能够将大的矛盾暂时化解掉，但矛盾产生的根源还在，留下的小矛盾一定会再次发展成大矛盾而反复爆发。治标不治本，这样的治理方式怎么称得上好呢？

为人处世也是一个道理。

是以圣人执左契，而不责于人。

以大道为核心的大自然有好生之德，向万物提供各种生存所需，但从来没有让万物归还，也不与万物相争。圣人遵道而行，向大众提供帮助却不与民争利，就像借东西给人，只保存借据而从不追讨借出的东西。说得再直白一点，就是对你好但不要求回报。这样统治者与大众之间就没有纠纷，自然也就不存在大的矛盾和怨恨。这就是“报怨以德”（第六十三章），即以按照道对待万物的方法去化解社会矛盾。为人处世也是这样，少一些斤斤计较，多一些互相帮助，人与人之间的关系会和谐很多，虽然在竞争的社会里做到这样会困难一些。

故有德司契，无德司彻。

按道办事的人、遵道而行的人被称为有德之人。因此这句话透彻解读应该是这样：按道治理的统治者是帮助民众而不索取，就像借给民众东西只保留借条而不去追讨一样；而不按道治理的统治者却只管向民众征税，盘剥民众。一个是无私帮助，一个是索取压榨，对比鲜明，高低一目了然。

原文校对情况：

“故”，帛书本、傅奕本、张镇南本在句首有“故”字，王弼本、河上公本、严遵本没有。

天道无亲，恒与善人。

虽然大自然的法则不会去有意偏爱什么人（“天地不仁”），但是遵道而行的人、按规律办事的人，是走在光明的正道上，自然会得到大自然的帮助。因为他搭上了自然的顺风车，就像顺风行舟，得到的是大自然的助力。而主观妄为、不遵守规律的人，行走在坑坑洼洼的小路上，只有错误相伴，自然得不到正道上的待遇。“同于道者，道亦得之……同于失者，道亦失之”（第二十三章），因果使然。

【小结】

本章是对第六十三章“报怨以德”理念的具体阐述。

圣人治理天下，采取的是像借东西给别人只保留契约的方式去帮助民众，而不是去向民众强行索取，更不会与民争利。不产生怨恨、矛盾的社会，才是真正的和谐社会。而这样的方式，与大自然相符合，所以是正确的，而且会得到大自然的助力。

八十章

【导读】

用道德治理天下，未来社会将是一个美好的世界。本章将展示这幅人类生存的理想画卷。

小国寡民。

使有什伯之器[①]而不用，使民重死[②]而不远徙[③]。

虽有舟舆[④]，无所乘之；虽有甲兵[⑤]，无所陈[⑥]之。使民复[⑦]结绳[⑧]而用之。

至治之极，民各甘[⑨]其食、美[⑩]其服、安[⑪]其居、乐其俗；邻国相望，鸡犬之声相闻，民至老死不相往来。

【译文】

国家要很小，国民要很少。

让拥有数十人、上百人能同时使用的大器具用不上，让民众因为珍爱生命而不愿冒险向远方迁徙。虽然有船和车，却没有什么事情需要乘坐；即使有军队，却没有用武之地。让民众恢复到用绳子打结来记事的无忧无虑状态。

在治理最好的社会里，民众人人都过着吃饭可口、衣着满意、居住舒适、习俗快乐的生活；相邻国家的人们虽然彼此可以看见，鸡犬的叫声互相可以听见，但一辈子也不会来往交流。

【注释】

① 什伯之器：数十人上百人能同时使用的大器具。什（shí）：十。伯（bǎi）：通“佰”，百。
② 重死：重视死亡，珍爱生命。
③ 徙：迁徙。
④ 舆：车，主要指专门载人的有车厢的车。
⑤ 甲兵：军队。
⑥ 陈：陈列，列阵。
⑦ 复：恢复。
⑧ 结绳：结绳记事。古代在绳子上打结来记事，大事打大结，小事打小结。
⑨ 甘：可口。
⑩ 美：好，指满意。
⑪ 安：舒适。

【解读】

小国寡民。

国家很小，国家的民众很少。这样小的国家既容易治理，又不具备做大做强的野心和实力，国与国之间彼此会相安无事，避免了兼并带来的无休止的战乱，可以维持社会长久的和平。这是社会治理的理想状态。就像村落与村落之间的关系。试想，一个村子的领导者能产生统一全世界的野心吗？

使有什伯之器而不用。

在这么小的国家，这么少的人口，根本用不到数十人甚至上百人共同操作的器械，因为没有那么大规模的项目需要做。

原文校对情况：

“使有什伯之器”，王弼本、傅奕本、张镇南本如此，帛书甲本作“使十百人之器”、乙本作“使有十百人器”，河上公本作“使有什伯人之器”，严遵本作“使人有什伯人之器”。

使民重死而不远徙。

在交通不发达的古代，出行基本靠步行和马车，木轮的马车装载量很小且是奢侈品，一般家庭很少能拥有，道路又不平坦，所以举家向远方迁徙是一件艰苦且具有一定危险的事情。只有日子实在过不下去的人才会冒险迁徙。所以，让民众生活安定，日子过得有保障，自然就会珍爱生命，谁也不会冒险迁徙。

原文校对情况：

“不远徙”，帛书本作“远徙”。

虽有舟舆，无所乘之；虽有甲兵，无所陈之。

即使有船和专门坐人的车，因为不远行，所以没什么需要。即使有军队，因为国与国相安无事，天下太平，也用不上。

使民复结绳而用之。

这是对民众生活无忧无虑的写照。让民众回复到用绳子打结来记事的状态，有先进的计算方式不用而强制用落后的方法？不是的，因为民众生活安定、简单，忧心事、挂心事少，因此需要记的东西很少，先进的记事工具根本用不上，用绳子打个结就够了。采菊东篱下，悠然见南山。能不操心，谁愿意费心劳神呢？

有人说这是复古。其实不是，而是一种最高的生存境界。

至治之极，民各甘其食、美其服、安其居、乐其俗；邻国相望，鸡犬之声相闻，民至老死不相往来。

在最好的社会治理状态，大家过着什么样的日子呢？

一是吃饭可口。有饭吃，吃得饱，吃得好，最关键是喜欢吃。喜欢吃并不是说多姿多味、丰富多彩，否则为了嘴即使是山珍海味也无法满足，而是对平淡有营养的饭菜像美食一样吃得津津有味。

二是穿得好。好，是重在质量，感觉好。既能达到遮体、保暖的功能，穿在身上又舒服。不在于外表的华美和式样的好看。

三是居住舒适。有安全、稳定、舒适的居住环境。

四是生活愉快。一方水土一方人，各有风俗和娱乐之道。重要的是能够在轻松自然的社会风俗中感到快乐、满足。乐在其中，这是精神层次的愉悦。

综上所述，社会和谐稳定，人们生活有保障，心情很愉悦，没有竞争压力，没有后顾之忧，过着幸福、安然、满足的日子。既然安于这种幸福的日子，就不会有攀比和见异思迁，自然也就没有了你来我往的情趣。

一句“至治之极”（最好的社会治理状态），道出了本章的真谛。

原文校对情况：

“至治之极”，傅奕本、司马迁《史记·货殖列传》引用中有，《庄子·胠箧》为“若此之时，则至治已”，王弼本、河上公本、帛书本、严遵本、张镇南本没有。

“民各甘其食、美其服、安其居、乐其俗”，傅奕本作“民各甘其食、美其服、安其俗、乐其业”，司马迁在《史记·货殖列传》中对本句的引用是：老子曰“至治之极，邻国相望，鸡狗之声相闻，民各甘其食，美其服，安其俗，乐其业，至老死不相往来”。王弼本、河上公本作“甘其食、美其服、安其居、乐其俗”，帛书本、严遵本、《庄子》作“甘其食，美其服，乐其俗，安其居”，张镇南本作“甘其食，美其服，安其处，乐其俗”。

【小结】

这是一幅社会大治的理想画面。

国家的轮廓是面积小、人口少，治理水平达到大型器械不需要，人民安居乐业不愿迁徙；出行的车船用不上，军队用不着；民众无忧无虑，没什么挂心事。民众都过着吃得可口、穿得满意、住得舒适、活得快乐的日子，心境安然，社会稳定和谐。

八十一章

【导读】

本章是画龙点睛的收尾之作，既是总结，也是呼应。看看老子是如何说的。

信言①不美②，美言不信。
善者③不辩，辩者不善。
知者④不博，博者不知。
圣人不积，既⑤以为人己愈有，既以与⑥人己愈多。
天之道，利而不害。圣人之道，为而不争。

【译文】

真实可信的言语不用美化，美化的言语不可信。

善于按道行事的人不争辩，喜欢争辩的人不善于按道行事。

懂得按道行事的人不追求知识广博，追求知识广博的人不懂得按道行事。

圣人不为自己积累什么，越是尽力去为民众谋利益，他自己越富有，越是尽力去帮助民众，他自己收获越多。

大自然的运行法则是，利于万物而不妨害万物。圣人的处事原则是，为大众谋利益而不去与民相争。

【注释】

① 信言：真实可信的话语。
② 美：美化。
③ 善者：善于按道行事的人。
④ 知者：知道按道办事的人。
⑤ 既：尽，尽力。
⑥ 与（yǔ）：帮助。

【解读】

信言不美，美言不信。

真理、实话，是什么就是什么，没有溢美之词，所以是可信的。而那些添油加醋、天花乱坠的话语，往往是不可信的。良药苦口利于病，忠言逆耳利于行。但有的人就愿意听好听的话，不愿意听实话，这正是有为社会的通病。

善者不辩，辩者不善。

真理不是辩出来的，它是自然存在的。所以善于行道的人按照规律办事，注重践行，而不去争辩是非长短。善于狡辩的人，只注重卖弄口舌之利，自然不善于践行大道、按规律行事。

知者不博，博者不知。

大道至简，放诸四海而皆准，表现在万物上则形态各异，无穷无尽，难以把握。人的生命是有限的，而大千世界是无限的。纲举目张，所以懂道的人不需要花很多精力用在掌握太多表象上，抓住根本就够了。而知道太多外在的人往往被虚华万象所迷惑，虽耗费巨大精力却不得要领，丧失了对根本的认知。

原文校对情况：

以上三句，王弼本、河上公本如此，傅奕本作“信言不美，美言不信。善言不辩，辩言不善。知者不博，博者不知”，严遵本、张镇南本作“信言不美，美言不信。知者不博，博者不知。善者不辩，辩者不善”，帛书乙本作“信言不美，美言不信。知者不博，博者不知。善者不多，多者不善”。

圣人不积，既以为人己愈有，既以与人己愈多。

圣人从不为自己谋取什么利益，越是尽力地去为大众谋利益、尽力地去帮助民众，他自己得到的越多、拥有的越多。私者一时，公者千古。大公无私者，必被天下人所共爱。

天之道，利而不害。圣人之道，为而不争。

大道生养万物。所以大自然的运行法则是为万物生存提供一切便利，而不会去妨碍万物。圣人效法自然，只为大众做贡献而不去做与民争利的事情。“为而不争”，就是无为的本质。

原文校对情况：

“圣人之道”，王弼本、河上公本、严遵本、傅奕本、张镇南本如此，帛书乙本（甲本缺损）作“人之道”。

特别说明的是，帛书本将第八十章、八十一章放在了第六十六章之后、第六十七章之前，这是与其他传本不一致的地方。

【小结】

本章是全书的结束语。

第一，表达了行道者的立场。一是实话实说，不说大话、虚话；二是注重践行，不做无谓的争辩；三是把握世界的根本规律，不把精力耗费在表象上。

第二，表达了最高明的统治者的价值观：全心全意为大众谋利益。

第三，全篇总结，与第一章呼应：大道运行，只会利于万物而不会妨害万物；最高明的领导者做事与大道一脉相承，为民做事（效法道的“有欲”）而不与民相争（效法道的“无欲”）。

参考资料

《老子集成》（宗教文化出版社 2011 年 5 月版）
《老子疏解》（黄克剑著，中华书局 2017 年 6 月版）
《老子注译及评介》（陈鼓应著，中华书局 1984 年版）
《老子道德经注》（［魏］王弼注 / 楼宇烈校释，中华书局 2011 年 1 月版）
《〈老子想尔注〉导读与译注》（刘昭瑞著，江西人民出版社 2012 年 10 月版）
《郭店楚简老子集释》（彭裕商、吴毅强著，巴蜀书社 2011 年 11 月版）
《道德经注释》（［清］黄元吉撰，蒋门马校注，中华书局 2012 年 11 月版）
《〈老子〉今读》（孙以楷著，安徽大学出版社 2013 年 3 月版）
《道德经》（［英］Arthur Waley 译，外语教学与研究出版社 1999 年版）
《〈老子〉感悟》（钱怡岳著，广西师范大学出版社 2010 年 1 月版）
《老子说解》（张松如著，齐鲁书社 1998 年 4 月版）
《老子校诂》（蒋锡昌著，商务印书馆 1937 年版）
《老子注译》（高亨著，清华大学出版社 2010 年 8 月版）
《先秦学术概论》（吕思勉著，东方出版中心 2008 年版）
《说文解字：全注全译版》（［东汉］许慎撰，中国戏剧出版社 2008 年 5 月版）
《贞观政要（中华经典藏书 · 升级版）》（骈宇骞译注，中华书局 2016 年 1 月版）

图书在版编目（CIP）数据

读懂老子道德经 / 张毅解注 . -- 上海 ：文汇出版社，2025. 1. -- ISBN 978-7-5496-4366-0

Ⅰ. B223. 15

中国国家版本馆 CIP 数据核字第 202400Y7J8 号

读懂老子道德经

解　　注　张　毅
责任编辑　徐曙蕾
装帧设计　高静芳

出版发行　文匯出版社
　　　　　上海市威海路 755 号
　　　　　（邮政编码 200041）
照　　排　南京理工出版信息技术有限公司
印刷装订　上海颛辉印刷厂有限公司
版　　次　2025 年 1 月第 1 版
印　　次　2025 年 5 月第 2 次印刷
开　　本　710×1000　1/16
字　　数　330 千
印　　张　21.5

ISBN 978-7-5496-4366-0
定　　价　68.00 元